文春文庫

敗れざる者たち

沢木耕太郎

文藝春秋

目次

敗れざる者たち

「あっしは闘牛士なんでさ」
と、マヌエルは言った。

A・ヘミングウェイ

クレイになれなかった男

1

リングの方からは観客の熱狂的な声援が聞こえてくる。セミファイナルは韓国人同士の対戦だが、激しい打ち合いになっているようだ。

《いまやってる金《キム》なんとかっていう人ね、ぼくが韓国で試合するといつも前座に出てくるんだな。いつも勝つ、そしてぼくはメインイベントでいつも負ける》

そういってカシアス内藤は少し笑った。そこへ金が引き上げて来た。顔が腫《は》れ、血が流れている。

《勝ったんでしょ？》

内藤が訊《たず》ねた。金は一瞬とまどったような表情を見せたが、首を振った。内藤は肩をすくめて、ぼくと顔を見合わせた。しかし悪い辻占《つじうら》ではなかった。いつも前座で勝つ金が今日は負けた。それなら彼のあとで三度が三度とも負けている内藤は、もしかしたら……。ぼくが笑うと、内藤も笑った。互いにチラとそう考えたことがよくわかったからだ。

《早くやって、早く帰ろう。暑くてたまらん》

マネージャー兼セコンドの伊藤良雄がそういった。確かにこの控室は暑すぎた。ガラーンとしたコンクリートむき出しの空間に、裸電球がひとつだけぶら下がっている。窓もなく暗くジメジメしていた。椅子ひとつ用意されているわけでもない。ドサ回りのボクサーには相応《ふさわ》しい待遇といえるのかもしれなかった。しかし、これからカシアス内藤が戦わなければならなかったのは、「東洋ミドル級タイトルマッチ」だったのである。

七月十四日。韓国。釜山《プサン》の九徳《クドク》体育館には六千人あまりの客が入った。韓国の英雄、東洋ミドル級チャンピオン・柳済斗《ユジェドゥ》と元東洋同級チャンピオン・カシアス内藤の十二回戦を見るために、さらにいえば柳が日本人とアメリカ人とのハーフを叩《たた》きのめすのを見るために、だ。

内藤が純白のガウンを着た。いよいよ入場。試合場に内藤が姿を現わすと、ホォーというようなざわめきが生まれる。そしてパラパラと拍手。

リングにはすでに柳済斗が上がっている。内藤がロープをくぐると、待ちかねたようにセレモニーが始まる。内藤はその間しきりに肩を動かし小刻《こきざ》みに足を振る。柳はほとんど体も表情も動かさない。リングアナウンサーに名を呼ばれた時だけ少し手を上にあげ観客の拍手に応《こた》えた。内藤は両手をあげ、ひとまわりしながら何度も頭を下げた。

《なーとー》

と妙なアクセントの声援が飛ぶ。内藤は不思議そうに顔を上げる。しかし、この中に日本人がいるのかどうかは、日の丸でも振らないかぎり区別がつかない。だが、日本人がわざわざこの試合を見に来るはずもなかった。

柳と内藤がレフェリーから注意を受ける。二人ともうなずいてはいるが明らかに面倒臭そうだ。コーナーに戻る。内藤はロープにつかまり、首を回す。不意に両手をダラリと垂れ、眼を閉じたまま顔を天井に向けた。それは何ものかに祈りを捧《ささ》げているかのような姿だった。しばらくジッと動かない。

ゴングが鳴った。内藤は突然眠りを醒《さ》まされたような不機嫌な表情で振り向いた。

《やれよ！》

ぼくがリングの下からいうと、マウスピースの上から動かしにくそうに、しかしニヤッと笑った。内藤はまだやる気がある。彼とぼくとの暗黙の約束を守ろうとしている。そう思うとぼくの胸も少し震えた。

内藤はリングの中央で、柳とグラヴを交じえた。四度目の対戦だった。最初は悲劇でも二度目は茶番だという。なら三度目は話にもならぬナンセンス劇なのかもしれない。まして柳―内藤戦は四度目なのだ。しかし、とぼくには思えた。二度目が茶番で三度目がナンセンスであっても、四度目にもなればこれはもう再び悲劇なのだ、と。

肩をゆすりながら、内藤は柳の左に廻り込む。ライトに照らされて彼の黒い肌は艶《つや》やかに美しく映《は》えた。

《シュッ！》

鋭い息を吐いて、柳が左のストレートを繰り出した。それがこの暑く長い試合の始まりだった。

カシアス内藤は不思議なボクサーだった。

少なくともぼくにとっては気になるボクサーだった。デビュー以来、連勝街道を驀進《ばくしん》している時でさえ彼は常に中途半端なボクシングしかして来なかった。時折、テレビで彼の試合を見ていると苛立《いらだ》たしくなって、スイッチを切りたくなることがあった。追いつめながら、あと一発でKOシーンだというのに、フッと打つのを止《や》めてしまうのだ。

ぼくにとってボクサーとは、たとえばジョー・メデル、たとえば金沢和良のことだ。ジョー・メデル。彼はついにチャンピオンとはならなかったが、「無冠の帝王」の名に相応しい最高級のボクサーだった。彼の鮮やかな二つのKOシーンはいまでも明瞭《めいりょう》に思い浮かべることができる。

その二つの試合はメデルにとっても最上の出来だったろうが、ぼくにとっても強烈な、忘れることのできない、酔うような試合だった。偶然ぼくは二つともテレビで見ていた。

ひとつは対関光徳戦。一度ダウンを奪われた関は五回にラッシュした。左右の連打が決まり、メデルを追いつめた。メデルは両手でしっかりブロックするのが精一杯だ。ぼくは《関、やれ！　最後だ！》と熱狂して叫んだ。それが耳元に届いたかのように関はとどめの一発を放った。次の瞬間、崩れるように倒れたのは関だった。何がどうなったのかよくわからなかった。カウント・テン。関は起き上がれなかった。スロービデオが出て、やっと事態がのみこめた。メデルは打たれていたのではなく、打たせていたのだ。打たせながら冷静に関を見ていた。大きく眼を見開いているのがスロービデオではよくわかった。関が最後の一発、と踏み込んだ時、メデルの右フックが関の顔面を強烈なカウンターとして見舞ったのだ。たったその一発で関はマットに崩れ落ちた。

もうひとつは、それから二年後の対ファイティング原田戦。ラッシャーの原田は、足を使って逃げるメデルに接近し、もちまえの馬力でインファイトに持ち込んだ。原田のラッシュにメデルのアウト・ボクシングも封じられたかに思えた。少なくとも五回まで一方的に原田が攻めまくった。六回に入っても原田は追いかけ、ついにロープに追いつめた。原田のラッシュ。左右の連打がとめどもなくメデルを襲う。ファンは熱狂した。

《原田、ゴー、ゴー》

その時、ぼくはメデルだけを見ていた。関とのあのシーンを思い出したからだ。亀のように丸くなってカバーリングしているメデルに、原田のパンチは実のところ一発も入っていなかった。すべて腕の上を叩いているにすぎなかったのだ。打たれながら、いや打たせながらコールマンひげのメデルは、冷たい顔でじっと原田を見ていた。それは明らかに獲物を狙《ねら》っている獣の冷たさだった。突然、メデルの右アッパーが原田の顎《あご》を抉《えぐ》った。もうその次の瞬間には、メデルはスタスタと自分のコーナーに戻っていった。六回一分五秒、いままでの攻勢が信じられないほど無惨に原田は敗れた。メデルは表情ひとつ変えなかった。

ボクシング年鑑で調べるとそれはぼくが中学生の頃なのだが、この二つのKOシーンの印象は強烈だった。たった一発のパンチで、攻めている者がマットに這《は》い、勝敗が逆転する。いわば世界が一瞬のうちに変わるのだ。こんなことが世の中にはあるのだ！少年時代のぼくにとって、それは世界へのひとつの開示だった。

メデルは世界バンタム級第一位が最高の、最後まで無冠のボクサーだった。それは史上最強のバンタム級王者、エデル・ジョフレと同時代に生まれた者の不運だったかもしれない。メデルは、ブラジルでジョフレに挑戦した。しかし、メデルは原田を一発で屠《ほふ》った六回一分五秒と寸分違わぬタイムで、ジョフレにマット上に沈められた。だが、このジョフレも昭和四十年には、メデルに敗れた原田によって王座を奪われる。メデル、ジョフレ、原田が不思議な因縁で結ばれていたこの時代こそが、バンタム級の黄金時代だった。

が、ともかく、メデルの冷たい眼とそれに相応しい冴《さ》え冴《ざ》えとしたパンチの鋭さ、これこそがボクサーであり、ボクシングだとぼくには思えた。以後、現在に至るまでこれほど神話的なノックアウトは一度も見ていない。

金沢和良。金沢は必ずしも一流のボクサーではなかったが、彼にとってのラストチャンスに見せたファイトの魂は、もうひとつのボクシングの極をいくものだった。ぼくはそう思う。

昭和四十六年十月、金沢はルーベン・オリバレスの世界バンタム級に挑戦した。下馬評は圧倒的にオリバレス有利、金沢のチャレンジは無謀とされた。だが、金沢は健闘した。主武器の右ストレートを有効に使い、十三回にはあと一発というところまで追い込んだ。そして十四回、もう金沢には余力がなかった。オリバレスは反撃に出た。一発、二発、金沢の体にパンチがめり込む。金沢ダウン。起き上がる。オリバレスのパンチ。二度目のダウン。しかしヨタヨタしながら金沢は立ち上がった。そして、凄《すさ》まじい形相《ぎようそう》で、口を大きく開けて絶叫したのだ。もちろん歓声によってかき消されはしたが、ぼくには彼が何といっているかはっきりわかった。

《このヤロー!》

そう叫んでいたのだ。相手に対してというより、自分自身に向かって絶叫していたのだ。《このヤロー!》――大きなパンチをふるってオリバレスに向かっていったが、五秒とたたぬうちに、三度《みたび》マットに這わされた。

負けはしたが、そして「やはり金沢敗れる」という調子でジャーナリズムに嘲笑《ちようしよう》されたが、プロスポーツとは、まさにこの叫びそのものではないか、とぼくには思えた。

メデルの「冷たさ」と金沢の「叫び」、その中にぼくのボクサーに対する物差しがある。しかし、カシアス内藤はそのどちらからも遠かった。小気味よいフットワークで彼のアウト・ボクシングのリズムに相手を引き入れる。効果的なジャブから一転してインファイトした時の左右のフック。どれをとっても見事だった。しかし、あと一息というところで、彼はいつも止《や》めてしまう。あたかも長距離ランナーが見舞われるブレーキのように、彼も足が動かなくなるのだった。恐る恐る相手を殴り、ためらいながらボクシングをする。

普通なら、それだけで興味は失われるのだが、内藤は違った。ぼくにはそのようなカシアス内藤というボクサーが、妙に近しく思えたのだ。同世代という言い方を用いるなら、正しく彼は同世代人だった。もちろん、単に年齢が近いというばかりではない。彼もまた迷っている。自分の宿命とどう折り合いをつけていいのか戸惑っている。その「迷い」が不思議な実在感をもってぼくに迫ってきたのだ。言葉にすれば、

《奴も苦労しているな》

という思いだった。

カシアス内藤は十六連勝し、二十歳で日本ミドル級チャンピオンになった。翌年、東洋ミドル級チャンピオン。しかし、その年のうちに柳済斗によって東洋タイトルを奪われてからは、ふっと消えたように彼のニュースが聞こえなくなった。たまに眼にする戦績は敗戦だけ。そして、それすらも眼につかなくなっていた。もうやめたのかもしれない。最近までそう思っていた。

ボクシングの雑誌にはなかなか面白い記事が載っているが、投稿欄以上に面白いというわけにはいかない。中でも「文通しましょう」などという欄は読んでいて吹き出したくなるほどの傑作揃《ぞろ》いだ。

同じページには、「ボクシングQ&A」というコーナーもある。ほんのわずかな行数のうちに長大な文章も及ばぬ衝撃を与えられたりする。

「〔問〕世界J・ウェルター級チャンピオンの藤猛《たけし》は、誰にタイトルを奪われ、いまはなにをしていますか　品川区・山中国彦

〔答〕四十三年の十二月十二日、東京・蔵前国技館でニコリノ・ローチェ（アルゼンチン）に十回五秒のKO負けで王座を奪われました。

現在は本誌六月号で報じられているようにハワイで自分の車を運転しながら観光ガイドをやっております」

ローチェの鋭いジャブによって顔がぶくぶくに腫れあがり、眼がつぶれ、ただ両手を振り回すだけだったあの日の無惨な藤を思い出して、ある悲哀を感じないわけにはいかなかった。第十ラウンド、彼はゴングが鳴っても立たず、椅子に坐ったままKOを宣言されたのだった。

ある時、何気なく読んでいたボクシング雑誌のそうしたQ&Aのひとつに、ぼくの眼は強く惹きつけられた。

「〔問〕カシアス内藤選手のファンです。最近ちっとも新聞や雑誌で採りあげられませんが、どうしているのですか。試合はやりますか　船橋市・広田哲二

〔答〕船橋ジムの話では、練習はやっているそうです。しかし、試合についてはまだ決まっていないとのことです。内藤選手としてもこのまま引っ込んではいないでしょう」

カシアス内藤はまだボクシングをやめていなかった。なぜだろう。一時期の眼も眩《くら》むような栄光を奪われ、みじめに敗れつづけながら、奴はなんだってボクシングをやめないんだ。その時、テキ屋をやっている秋田明大《あけひろ》が酔っ払いながら小さく呟《つぶや》くようにいった言葉を思い出した。

《俺たち……あがいて、あがいて、あがき抜くより仕方ない》

カシアス内藤。そうか、奴もぼくたちと同じようにあがいているのかもしれない。世の中と、人々と、自分自身と……いったいどのように折り合いをつけていいのかわからないのだ。内藤に会ってみようか、なぜかふとそう思った。

2

ぼくがソウルから釜山についたのは午後四時頃だった。空港から市内に向かうタクシーの中で、思わず苦笑してしまった。カシアス内藤と会っているうちに、とうとう韓国にまで来るはめになった自分が奇妙だったからだ。

韓国に来る前に内藤と会ってはいた。しかし、話しているうちに彼と本当に語り合うには試合場で、リングの上と下でするよりほかはないと思ってしまったのだ。その彼には、ここ半年、国内での試合がなかった。

「日本がダメならハワイがあるさ――。ボクシング界でにわかに脚光をあびているのがハワイ。日系人ファンも多く、もともとボクシング熱の盛んなところだが、最近、食えない日本を離れて〝熱烈歓迎〟されるハワイで一稼ぎを、という日本人ボクサーが続出している。

なかでも、この日本ブームに巧みに便乗しているのが『笹崎ジム』。ライオン古山、牛若丸原田、ブル加藤の看板選手に若手の二人を加え、七月中旬から一カ月以上の長期滞在中だ。一人ならいざしらず、一族郎党？　を引きつれるとは前代未聞だが、『笹崎ジムには、客を呼べる人気選手がいない。だから苦労して日本で興行するより諸経費すべて先方もちのハワイに目を向けた』（某関係者）。元東洋ミドル級の王者・カシアス内藤も東南アジアで稼いでいるというし、今後はますます〝日本脱出〟組がふえそうだ

そう週刊誌にも報じられていた。

確かに内藤は韓国とインドネシアで試合をしている。日本では当分のあいだ予定されている試合がない。デビュー時の一カ月に一試合というペースから見れば、信じられないくらいだ。それだけ彼の人気が落ちていることも確かだが、日本のボクシングが全体的に下り坂であることも間違いなかった。

白井義男が日本人初の世界チャンピオンになった頃を第一期黄金時代とすれば、原田・海老原《えびはら》博幸・青木勝利のフライ級三羽ガラスが活躍した時代が第二期黄金時代、第三期黄金時代は原田・藤・海老原・西城という見事な世界チャンピオンが輩出した頃である。西城正三の王座転落とキック転向、そしてその無惨な失敗という一連の出来事が、

ボクシングの「落ち目」を確認させる決定的な事件となった。
かつて、日本ボクシングが興隆期にあった頃、韓国やフィリピンのボクサーを連れて来ては負け犬に仕立てたものだ。若手の可能性のあるボクサーに自信を与えるために、あるいはランクを上げさせるために、東南アジアのボクサーを「嚙《か》ませ」るのだ。しかし現在、立場は逆転してしまった。いまでは日本のボクサーが食うために「嚙まれ」に行っているのだ。
たとえば韓国。近年、数多くの日本人ボクサーが遠征する。しかし、そのボクサーがただのひとりも韓国人に勝つことがない。いや、ひとりだけいる。だが、それも韓国籍の在日韓国人だったという。この嘘みたいな本当の話をしてくれたのは、韓国でも有数の新聞社の運動部長である呉道光《オドクワン》だった。
《それが、この頃、韓国でも、ボクシング、人気なくなってくる、理由です》
少しずつ時間的には遅れながら日本とほとんど同じ道をたどっているというわけだ。
《この頃、ソウルじゃ客が入らなくて困るんだよ》
というのは、柳済斗とカシアス内藤をプロモートした西山正治。流暢《りゅうちょう》な日本語だ。あとで聞くと、八年前まで日本にいたらしい。韓国人だが日本にいた期間の方が長いそうだ。
《テレビのおかげで、試合場まで客が来なくなっちまった》
が、テレビの中継では視聴率が九十パーセントを超えるという。びっくりすると、

《柳が出れば九十五パーセントくらい行くな》
《じゃ、まだボクシングは安泰……》
《いや、もう落ち目だ。まあ、日本ほどじゃないけんども》
釜山空港からタクシーで三十分ほどすると半島《バンド》ホテルに着く。しかし、日本から直行して来ているはずのカシアス内藤の一行はまだ来ていないという。翌日は試合だというのにいったい何をしているのだろう。柳はすでに着いていて、喫茶室でプロモーターの西山と話をしていた。
《内藤たちはどうしたんですか》
《なんかマネージャーがビザの申請を間違えて、今日の夜にやっと来られるそうだ。考えられないことだが……》
いや、考えられないことではなかった。船橋ジムにとって、あるいはマネージャーの伊藤にとって、カシアス内藤はその程度の価値の選手になっていたのだ。
それは二週間ほど前に行なわれた、高山将孝対バズソー山辺の日本ライト級タイトルマッチを見に行った時にもよくわかった。バズソー山辺はこれから船橋ジムが売り出そうとしている新鋭だった。その後楽園ホールで、船橋ジム会長の石川昭二、マネージャーの伊藤良雄、トレーナーの関根利夫、加藤正弘などに会った。
《沢木さん、こちらが姐《あね》さん》
と紹介された女性は会長夫人だった。カシアス内藤に会いたいというと、みんないい返事はしなかった。出てくるのはグチと非難ばかりだった。
《内藤も、姐さんには世話になっているんですよ、ね、姐さん》
伊藤がいう。
《そうね。家にいる時もちょっと会長が家をあけると、ボストンバッグに荷物をつめて二階から下へ放り投げて、ちょっとそこまでなんて外に出て、バッグ拾って横浜へ逃げちゃう。そんな時も会長にワビを入れるのは私だったんだからね》
《本当に内藤は練習が嫌いだったから、しようがない》
その場で、内藤が二週間後に韓国で試合をやるという話を聞いた。相手は誰と訊ねると、何てったかなとマネージャーはいった。内藤はそういう選手になっていた。
バズソー戦には内藤も来るはずだったが、とうとう来なかった。試合内容にはさほど見るべきものはなかったが、山辺の荒っぽいストリート・ボクシングにアマ育ちの巧者・高山は圧倒された。山辺は高山のチャンピオン・ベルトを奪い、控室で茫然《ぼうぜん》としていた。大勢の記者に囲まれて、返事もよくできない。代わりに石川会長が答えてしまう。ただ一度だけ、不意に立ち上がり、遠くの方を見ながら、記者に質問もされないのにいったひとことが印象的だった。
《俺は、やります！》
その姿を遠くから川端光男が嬉《うれ》しそうに見つめている。実質的に山辺を育てたのは川端だった。山辺がハワイで戦っているあいだ中、川端はよきマネージャーであり、トレーナーだった。山辺は《川端さんのいうことなら何でもします》という程である。一方、川端はぼくにこんなことをいっていた。

《山辺のためだったら、腕の一本へし折られても我慢します》

内藤もこの夜のバズソー山辺のような瞬間を迎えたことはある。しかし、内藤の不運は山辺における川端のような人物がいなかったことかもしれない。命を賭《か》けても、と惚れ合う人が現われなかった。もちろん、エディ・タウンゼントというすぐれたトレーナーに指導は受けた。エディはかつて藤猛、田辺清、海老原博幸を育てた有能なトレーナーだ。それだけにエディは職業的なトレーナーだった。たとえば、海老原には金平正紀《かねひらまさき》という「惚れ合った」相手がいた。内藤にはいなかった。

エディが内藤のトレーナーとしてついたのは、昭和四十四年四月である。それまでは彼は六戦六勝二KO。デビュー戦は高田時男（白鷺）を一回二分にKOした。

第二戦　対高林和生　判定勝ち

第三戦　対中村一夫　一回二十六秒KO勝ち

これですぐ六回戦になり、二戦二勝。八回戦になり一戦一勝。そして、対木元茂戦の直前にエディが船橋ジムへやってきた。エディの狙いはひとつだった。足を使って逃げるアウト・ボクシングから、インファイターへの転換をはからせようとした。鶴岡一人流にいえば、「ゼニをとる」ためにはインファイトでファンをつかまなければダメだ、という哲学がエディにあったからだ。

急造インファイター・カシアス内藤は、しかし見事なインファイトで、一回、それも一分二十七秒で木元をKOした。彼には天性の素質がある、とその時エディは思ったという。その試合を最後に彼は十回戦のボクサーになる。だが、彼の名はまだカシアス内藤ではなく、内藤純一という本名をリングネームにしていた。

内藤純一。昭和二十四年横浜生まれ。父はロバート・ウィリアムズ、進駐軍の黒人軍曹だった。母は内藤富美子、キャンプの将校クラブでウェイトレスをしていた。二人の間に生まれた子供に純一と名付けたことは、二人の、とりわけ母親の世間への張りつめた気持をよく表わしている。二人目の子供を妊《みご》った時、ウィリアムズは朝鮮戦争のために召集され、戦死。しばらくして二人目の子供を生んだ。母親はその男の子を清春と名付けた。以後、文字通り女手ひとつで二人の子供を育てなければならなかった。

《子供の頃はおとなしい子でした。それはいじめられもしたでしょうけど、兄弟がいたことでずいぶん救われたんでしょうね》

彼がボクシングを始めたのは高校に入ってからである。陸上部で見事なハードリングをしている黒人ハーフを見て、新任教師でボクシング好きの吉村芳雄はボクシング部に入れたいと思った。重量級の人材が乏《とぼ》しかったことと、その重量級には珍しいスピードとバネがあったことで、これはものになるかもしれないと思ったのだ。説得してもなかなかいい返事をしなかったが、吉村の熱意の方が上回っていた。

入部したもののあまり練習熱心ではない。だが、すぐ試合に出たがった。重量級の頭数を揃えるために出してみると、アッという間にKOされた。無理もなかった。しかし、その時から驚くほど練習熱心になった、と吉村はいう。

《普通の練習が終わって、それからまた三時間くらいやるんですからね。先生お願いしますといわれりゃ仕方ない。マンツーマンで遅くまでやりました》

だから、プロの世界で内藤が「練習嫌い」といわれるのが納得できない、ともいう。

事実、高校時代の内藤はよくがまんしたようだ。練習ばかりでなく減量も、である。母の富美子は息子が減量している姿を見て死んでしまうのではないかと思ったという。

ある日、キャベツを一俵買ってくれと頼まれた。その通りにすると、毎日の食事はキャベツに塩をかけてバリバリ食べる、それだけだった。家族が普通の食事をしている中で、腹を空かしている伸びざかりの少年が、よくがまんできたものだと母親はいう。

《スタミナがつかないからって、学校へ行く時にはニンニクの大きな塊《かたまり》を齧《かじ》りながら……周りの人は臭かったでしょうけど》

三年になって、インターハイに出場した。その一カ月前、吉村は内藤をオーソドックスのスタイルからサウスポーにスイッチした。それまで、内藤はどうも腰がフラフラして決まらなかった。試しにサウスポー・スタイルをとらせてみると、驚くほど腰が安定し滑らかに体が動いた。しかしインターハイまで一カ月しかない。そんな短期間にスイッチしたスタイルをマスターするなど、天才でもなければできはしない。

《それが、内藤はできたんです。サウスポーで敵をやっつけ、優勝してしまった。ほんとに天才でした》

この「異色」のボクサーに眼をつけたのが、新興ボクシングジムの船橋だった。船橋は興行の看板になりうるスターがほしかった。その交渉の使者がマネージャーの伊藤だったのだ……。

釜山の半島ホテルに、カシアス内藤と伊藤が姿を現わしたのは午後八時を過ぎていた。

《ひでえ目に遭いました。もう五時間も空港でダラダラ待たされて、参りました》

と伊藤はこぼした。内藤は近くの体育館に汗を流しにいった。

《まだだいぶ重いんですよ。まあ仕方ありませんけどね、ゼンゼン練習しないんだから》

《ゼンゼン？》

《ゼンゼンですね。いまが初めてのトレーニングじゃないですか》

伊藤は自慢でもするようにいった。ぼくは少し不安になった。彼はあの時の台詞《せりふ》を忘れたのだろうか。

――ぼくが初めて内藤と会ったのは、高山対バズソー山辺戦から二、三日してからだった。横浜のホテルの喫茶室に坐っていた大柄な黒い肌の若者は、記憶にある新聞や雑誌の内藤とかなり違っていた。ヘアーはちりちりのアフロスタイル、細い銀縁の眼鏡をかけている。

《韓国で誰とやるの》

《柳済斗》

《船橋の会長は、内藤は韓国ではいい試合ができないだろうといっていたよ》

《そうかな……》

《……》

二時間くらい話したろうか。

《あの時、初めて柳に負けた時だって、あいつの肘打《ひじう》ちに負けたんだ。あいつは汚い》

そして最後に彼はこういった。

《やりますよ、今度は！》

その時、ぼくも一緒に韓国へ行ってみようと思ったのだ。

3

朝。試合当日。七時からの計量に立ち会うために、ぼくもまた早起きしなくてはならなかった。

計量は「釜山拳闘委員会」でする。連れていかれたのは半島ホテルの裏手に当たる薄汚い二階屋。狭く急で、しかも真暗な階段を上ると、六畳くらいの板の間がある。そこに十人あまりの男がたむろしている。ぼくたちにはまったくわからない言葉で冗談をいい合い、野卑《やひ》に笑っている。

柳は先に来てパスしたという。もう姿はなかった。それを聞いても伊藤は何もいわない。地元の、いわば味方の中で計量すれば少々の重量オーバーは見逃されてしまうのではないか。少なくとも内藤側の誰かがいる前で計量すべきではないか。素人《しろうと》でも考えつきそうな疑問には、伊藤は関心がないようだった。思いつかないのか、委員会を信頼しているのか、それともどうでもいいのか。部屋には朴《パク》大統領の額があり、それと向かいあうようなかたちで内藤は裸になりパンツをぬいで秤《はかり》にのる。

わびしい計量風景だった。

それはたとえば、同じ「カシアス」の計量風景の華やかさにくらべると、やはり「噛まれる」ためにきている無惨さを感じないわけにはいかない。

モハメッド・アリがまだカシアス・クレイといっていた一九六四年、彼はソニー・リストンと世界タイトルマッチを行なうためにマイアミビーチへやって来た。二月二十五日の朝。計量の場でクレイは興奮状態におちいり、叫び出した。

“Float like a butterfly, sting like a bee!”

俺は蝶のように舞い蜂のように刺すのだ、とクレイはいったわけだ。しかし、リストンがやってくるや、彼の興奮状態はほとんど恐慌状態にまで達した。
《おまえさんはあまりに醜い。おまえは熊だ。おまえをがつーんとやっつけるぞ。うすのろ、うすのろ、うすのろ……》
　クレイの声はかん高くなり、跳び上がり、叫びつづけ、眼は据わっていたという。
　リストンは、その一年半前、チャンピオンのフロイド・パターソンを一回二分六秒でマットに沈め、続いて行なわれたリターンマッチでも一回二分十秒でケリをつけていた。その凄絶《せいぜつ》さにアメリカのジャーナリストは「不敗の男」という名を与えていた。クレイの恐慌状態に、リストンは微笑を浮かべ静かにいった。
《よそにはいうな。そんなことをみんなにいってはいけないぜ》
　賭け率は七対一でリストンだった。ブラウン・ボンバー、褐色《かっしょく》の爆弾といわれ、タイトルを二十五回防衛したジョー・ルイスは《クレイはなぶりものにされるぜ》といった。
　しかし、試合は意外な展開をみせた。リストンがクレイの足に追いつけず、ミスブロウが目立ちはじめたのだ。三回、逆にクレイがリストンを追いつめ、まさに蜂のように鋭いパンチを数かぎりなく浴びせた。リストンは左眼を深く切った。四回、クレイはリストンにパンチを繰り出しながら囁《ささや》いた。
《俺は最高だ》
　六回、リストンはほとんど死んだも同然だった。そして七回、ゴングが鳴ってもリストンは立ち上がろうとしなかった。

六回で簡単にケリがついてしまったのだが、この試合は計量の時から始まっていた一日がかりの長いファイトだったのだ。

だが、釜山の拳闘委員会で、内藤の敵は姿がなく、彼は黙って秤にのる。何度も目盛を動かしているひとりの男が西山に向かっていう。

《二百グラムオーバーだってよ》

《そんなはずないよ》

と内藤が抗議する。

《だって、昨日は百グラムしかオーバーしてなかったし、一眠りして汗をかけば三百は落ちる》

《昨日飲んだコーラ一本分よけいなんだよ》

伊藤がいう。内藤はブスッと西山に訊ねた。

《じゃ、何時まで？》

《なにが？》

《何時までに落とせばいいの》

《十時頃かな》

《三十分したら来ます》

内藤はひとりで階段を駆け降りていった。仮に十時までに落とせなくとも、西山は時間を延ばすにちがいない。プロモーターとしてこの試合を流すわけにはいかないからだ。

西山は現在、韓国きっての大プロモーターである。柳済斗と金賢治《キムヒョンチ》という二人の東洋チャンピオンを擁し、韓国ボクシング界を牛耳《ぎゅうじ》っている。八年前まで日本にいた。
《あんたどこに住んでる》
とぼくに訊ねる。
《大田区の池上です》
《あそこなら、俺の庭みたいなところだ》
よく訊いてみると、彼は日本にいるころは碑文谷《ひもんや》を根城とする稲川会系碑文谷一家の「頭」だったという。
《稲川に眼をかけられて羽振りがよかったが、それが四十年のアラシでよ、一斉があったんだよ。そんな時、ソウルで世界タイトルマッチがあるんで、ちょっと密航して見に行ったのよ。そしたら日本でバレて、新聞がギャーギャー騒ぎやがって、「稲川会大幹部、韓国へ密航」なんてさ。そしたら今度日本に帰ろうとしたら、受け入れてくれねえのよ。不良外人てえわけだ。おかげで韓国にいるよりしゃあねえ。遊んでるわけにもいかねえから、ボクシングのプロモーターよ。いままでちっとも知らねえ世界でよ、まいったよ》
時折、日本の若い衆が挨拶《あいさつ》に来るが、昔を思い出すのであまり会わないという。が、ともかく彼は大プロモーターになった。それには日本をよく知っていることが最大の武器だった。

《日本人との試合以外は客なんか来ねえからよ》

伊藤はしばらく雑談をして部屋を出た。あとは十数人の韓国人とぼく。前座に出る選手が計量を済ませると、韓国語が部屋中を飛び交う。いつもは日本語の西山も当然のことだが韓国語で喋る。得体のしれない男たちの中にポツンと坐っていると少し恐くなってくる。外国に来ているんだな、とその時はじめて思った。

内藤が伊藤とやって来た。今度はパンツも脱がずに秤にのった。パス。

《柳はいくつだったの》

内藤が訊ねた。

《百五十九ポンド》

《そう》

外に出て内藤の顔を見て驚いた。顔の艶《つや》がなく黄土《おうど》色がかり、眼は落ちくぼみ頬《ほお》がそげている。思わずぼくはいってしまった。

《いったいどうやって落としたの？》

《いや、ちょっと散歩しただけさ》

《ほんと、そんなんで落ちるの》

すると傍で聞いていた西山が、いかにも嬉しそうに口笛を吹き出した。

――あとで内藤におこられた。

《西山さんのいる前で、風呂に入って落としたなんていえるわけないじゃない》

そうだ、西山は敵側の大将だった。うっかりしていた。しょんぼりすると、内藤がいった。
《でも、そんなこと西山さんにはわかっていますよ》
そうか、だからあの時、内藤の嘘がわかっていたので嬉しそうに口笛なんか吹いたのか。しかし、内藤のやさしさは有難かった。
《でも、どうして予定が狂ったのかなあ》
と内藤が不思議そうに呟いた。
《だってさ、昨日の夜は百グラムしかウエイト・オーバーじゃなかった。だから安心してコーラを飲んだんだ。コーラは二百グラム。一晩寝ればいつもは三百から四百は軽く落ちるはず……》
《計量がインチキ？》
《いや、昨日の夜に使った秤が狂っていたのかもしれない。狂わせてあったのか……》
ありえないことではないかもしれない。たとえ百グラムでも、オーバーすれば何らかのかたちで減量しなくてはならない。落とすためのエネルギーの消耗は極めて激しい。柳の勝利を信じていたとしても、柳陣営が完璧《かんぺき》を期すためにやったとしてもおかしくはない。
《西山さんたちも焦っているんですよ》
内藤がいった。

《なにを焦ってる？》

《柳のウエイト、さっき聞いたでしょ。あれはいつもよりだいぶ重い。柳はいままで三回ともウエイトには苦労してなかった。少な目で簡単にパス。それが今度はかなり重い》

《ということは、柳の時、ズルしなかったかな？》

《そんなことはないだろうけど、柳の調子はかなり悪いよ》

《ウエイトが重いから？》

《柳はね、いままで軍隊にいたからよかったけど、最近除隊になったらしいんだ。ぼくの経験からわかるんだけど、自由になってウエイトが重ければ、絶対調子は落ちてる》

内藤の論理には説得力があった。彼の明晳《めいせき》さに少し驚いた。

《ぼくが減量失敗したんで、西山さんホッとしてますよ》

ますますインチキ臭い。しかし、

《いけないのはおまえがコーラなんか飲むからさ》

伊藤が冷たくいう。

精神力が弱いというのが、カシアス内藤に最初に冠せられた「弱点」であった。それはエディもいっている。

《内藤はがまんができない子ね。練習のあと冷たいものを摂《と》るな、でもがまんできない。

打ちなさい、もう相手は倒れるから打ちなさい、でも打つことがまんできない》

どうしてだろうかと訊ねた。わからない、とエディは肩をすくめた。

《内藤はやさしい子、あんなにやさしい子いない、でもがまんできない……》

それが典型的に現われたのが対ベンケイ藤倉戦だった。赤坂義昭と日本ミドル級を争って勝ち、防衛第一戦にあたっていた。日本ミドル級三位の彼との対戦は、赤坂—内藤の勝者に義務づけられていた。

藤倉は典型的なブルファイターだった。何発もパンチを貰《もら》いながら、平然と殴られ、殴り返し、相手を倒してきた。しかし、というより、だからこそ彼は強度のパンチ・ドランカーになっていた。十七歳のデビュー以来、四十二試合ものあいだ殴られつづけてきたのだ。影響があらわれないわけがない。

パンチ・ドランク。ボクサーの宿命として頭部に常に強い震動が与えられることにより、脳に変化が起きる。軽症は酒酔いのように真直ぐ歩けなかったりする程度だが、さらに進むと網膜剝離《もうまくはくり》、やがて言語障害から廃人になることすらある。

内藤は藤倉がパンチ・ドランカーであることをよく知っていた。

《食うために藤倉さんは肉体労働をしていて、その時、一本足の荷車で砂を運ぶんだけど、どうしても真直ぐに押していけない。パンチ・ドランカーなんだな、とわかっていた》

昭和四十五年三月二十六日。カシアス内藤二十歳、ベンケイ藤倉二十二歳。ベンケイ藤倉は元チャンピオンであり、九カ月のブランクのあとこの一戦に再起のすべてをかけていた。

しかし、ベンケイ藤倉に勝機はなかった。内藤の右ジャブ、左ストレートが的確にヒット。藤倉も反撃を試みるがバランスを崩して尻もちをついてしまう。四回、内藤の右フックが藤倉を捉《とら》えた。ロープにつまる藤倉のボディへ左右の連打。

《できれば、テンプルには触りたくなかった。ボディだけで倒れてほしかった》

だが、試合前にトレーナーのエディ・タウンゼントにいわれていた。

《リングに上がったら獣同士ね。殺すつもりでパンチを出しなさい》

内藤は獣のようになれないタイプのボクサーだった。

《早く倒れてくれ、ベンケイさん。そう思ってました》

藤倉は倒れない。ロープにもたれながらもうろうとして打たれつづけている。レフェリーはロープダウンをとった。しかし藤倉はまだ戦う。左右のフックが顔面に決まってしまう。二度目のロープダウン。またグラヴをさし出す。戦おうとするが藤倉の体は動かない。内藤はいやいや殴っているとでもいうように右フックをボディに決めた。レフェリーはそこでKOを宣言した。ベンケイ藤倉はもう戦える状態ではなかったが、しかし一度もダウンしなかった。気力で立っていたのだ。コーナーに戻り、椅子に坐った時、ベンケイ藤倉は声を立てず大粒の涙を流して泣いていた。

《負けたら急に悲しくなった》

控室に戻ってそういった。彼にとってこれが最後の試合になった。
チャンピオンの認定証を受け取りベルトをしめながら、ベンケイの姿を見て内藤も涙をためていた。これは圧倒的な勝利ではあったが、不吉な影のさす勝利だった。それは関係者の誰もがわかっていた。
《そういえば、アマの時も相手が鼻血を出して弱ってしまうと、もう打てなくなることがよくあった》
高校時代のコーチであった吉村もいう。
昭和四十五年四月。内藤は米アリゾナ州ミドル級チャンピオンと対戦した。チャーリー・オースチン、十四年もボクサー生活をしているベテランだ。しかし予想では軽く内藤が勝つであろうといわれていた。世界ランク五位になった内藤。ランキングに顔すら出していないオースチン。だがオースチンの巧みな試合運びに内藤は翻弄《ほんろう》された。すっかりテンポが狂ってしまった。打たれるたびに腰が引け、打っても連打が出ない。だらだらと打ち合っているうちに最後のラウンドが終わってしまった。凡戦だった。判定はドロー。「勝つこと」以外になかった彼に初めて訪れた苦い判定だった。観客席から激しいヤジが飛んだ。
《それでも世界ランカーかよ！》
その声が耳に入ったように内藤はリングの中央で、不意に土下座した。そして両手をついて頭をマットにこすりつけるように深々と下げた。凡戦はしかたなかった。しかし土下座した時、彼の「気の弱さ」がボクサーとしての限界を作ってしまうのではないかと危惧《きぐ》された。

チャーリー・オースチンは別名「凶報オースチン」というのだった。相手のボクサーは、勝っても負けてもそれ以後ダメになっていく。カシアス内藤も、このオースチンと戦ってから、徐々に「下降」することになった。

《結局つくられたんですよ、カシアスは》

と「ボクシング」誌の記者はいう。

《相手を見てごらんなさい。落ち目の、力の衰えた選手とばっかりやってきた。だから、ちょっと巧い選手に会うとガタガタになってしまう。彼の十六連勝も作られた記録にすぎない》

確かに彼は「作られたスター」だった。

船橋ジムばかりでなく、日本ボクシング界にとって彼は必要だった。七〇年代に入って、スターに欠けるボクシング界は、かなり明瞭に陽が傾きはじめていた。

「ボクシング界に救世主」

すっかりこの通りに新聞の見出しになったこともある。世界チャンピオンをしのぐ人気を集めたといっても過言ではない。彼は黒いキリストだった。

「内藤、スカッとKO」

「内藤の強打爆発！　12連勝」

「〝世界〟へまっしぐら」

「内藤、世界へ〝ホップ〟ＫＯで王座に」

明らかに彼は「作られ」てきた。だが「作られ」ないスターなどありはしない。しかし、内藤純一がカシアス内藤という名で「作られ」た時点が、彼にとって大きなターニング・ポイントだったとはいえるだろう。

釜山の市場を歩いている時、露店で古雑誌を売っていた。その中に古い「ライフ」があり、表紙にはカシアス・クレイが腰に手をあててあたりを睥睨《へいげい》している姿が出ていた。その「ライフ」を手にとり、クレイの眼をよく見た時、内藤が「カシアス」と名付けられたことの悲劇が感じとれた。クレイの眼は、何かわからないものへの挑戦の意志をみなぎらせつつギラギラと輝いていたが、内藤に決定的に欠けているものはまさにそれだったからだ。

内藤がカシアスというリングネームをつけることになったのは、ハリケーン藤田を三回二分五十四秒でＫＯした直後だった。内藤自身はもしつけるなら、ウィリアムズ内藤にしたいと思っていた。ウィリアムズは彼の父親の名前だった。しかし、ネームバリューのあるクレイにあやかって、カシアス内藤に落ちついたのは、テレビ局とジムとの思惑に押し切られたからだった。エディ・タウンゼントは反対だったという。

《どうしてカシアスなんてつけるわけあるの。純一、いい名前ね、ベリーベリーいい名前ね。内藤純一、それで戦えるよ。もし、純一が普通の日本人なら、カシアスでもいいね。でも純一はハーフ、ハーフだからカシアスという名前、使わせたくなかったよ》
カシアス改名第一戦はハワイから来たジュン・アグォン。
翌日の新聞は「和製クレイ、鮮やかにKO」と報じた。
「和製クレイ」、これが彼の宿命となった。

4

午後からはパレードということになっていた。
内藤の部屋に行くと、ひとりで英語の書き取りをしていた。
《勉強？》
そういうと、内藤は少し照れた。
《うん。英語ね、喋るのは喋れるけど、単語のスペルがよくわからないから、よく書けないんだよ》
内藤がデビューした頃の雑誌記事に「カシアス内藤に質問パンチ50発」というのがある。その中で「いまどこか外国へ行けるとすれば、どこへ行きたいですか？」との問いにこう答えている。
《ボクシングでなら、やはりアメリカ、そうでなきゃ韓国へ行きたいな。オヤジが死ん

だ土地を見てみたいんです》

内藤にとって、共に父につながる国ではあったが、韓国は追憶のためであり、アメリカは明日に向かっての希望に輝く国だったのだ。しかし、彼はついにアメリカでボクシングをするという夢をかなえてもらえなかった。そしていま、追憶のためだけの国で戦おうとしていた。——だが、そんないまでも彼にとってアメリカは依然として希望の国だった。アメリカへ行けば何とかなる。オヤジの国に行けさえしたら！

パレード。軍隊で借りてきた二台のジープがオープンカーがわりで、一台は柳ともうひとりのボクサーが乗り、もう一台は内藤が乗る。横に坐る人がいないとしまらないとかで、ぼくがその横に坐らされてしまった。その前に大きな看板をくりつけたライトバンが、大きなラウドスピーカーでがなりたてている。

《東洋タイトルマッチ柳済斗対カシアス内藤、釜山初のビッグイベント、さあどうぞ隣り近所お誘い合わせの上、御来場下さいますよう……後ろにはチャンピオン、挑戦者が御挨拶にまいっております……》

などと多分いっているのだろう。パレードとはいえ、要するに客集めのためのチンドン屋だった。炎天下、灼けるように暑い。繁華街を流していくが、反応はたいしてない。時折、柳に手を振る人がパラパラといるくらいだ。内藤は面白くもなさそうに暑い、暑い、を連発する。細い路地に入った時、何人かの子供たちが恐ろしそうな顔つきで内藤を見つめた。内藤はその視線に気づいても何の反応もしなかった。馴《な》れているのだろう。

内藤、と呼ぶ声もあったが別にファンというのでもなさそうだった。柳は手をあげて挨拶することもあった。内藤はにこりともしない。少し腹を立てているようであった。

《こんな暑い中をひっぱり回されたんじゃ、スタミナがなくなっちまうよ》

後ろで、突然クラクションが鳴った。タクシーが盛んに鳴らしているのだ。そのうちにそれがぼくらのジープの横にくっついてきた。見ると、後ろの座席に二人の黒人兵がいる。内藤が気がつくと、窓から身を乗り出すようにVサインを送った。初めて内藤は顔をほころばせると、メキシコ五輪で表彰台に上った時の黒人ランナーのように、握りこぶしを空に突き上げた。

《オオー》

それを見るとタクシーはターンしてジープから離れていった。彼らはそれをするためにだけやってきたのだ。

《あんな風にされると、勝たなければと思っちゃうね。日本人なら何てことないけど》

内藤がぼくに語ってくれた最も美しいイメージ。

小さい頃。家の近くに横浜国大のグラウンドがあった。遊びにいくとよく黒人がいた。黒い肌に白いシャツ。彼はキビキビと何かを教えていた。彼は体育の教師だった。内藤は日に何度となくそのグラウンドへ行き彼を見ることを好んだ。

それだけである。しかし、その時から彼は体育の先生になるということが最大の夢になった。

インターハイで優勝し、船橋ジムからプロに誘われた時も、彼は簡単にイエスといったわけではない。まだ体育の先生になる夢は捨てていなかったのだ。いや、プロボクサーになっても、その夢は夢としてあった。例の「質問パンチ50発」で、一番尊敬するボクサーはという問いに、フレディ・リトルと答えているのでもわかる。リトルは当時の世界ジュニアミドル級チャンピオンだが、それだけではなく彼が体育教師の資格を持っていることがその最大の理由だったのだ。

船橋ジムの伊藤が日参し、強引に口説き落とした時、母親が内藤にいったという。

《プロになるのは構わない。でも、お客さんはおまえのファンばかりではない。相手のファンがおまえになんていうか決まっているんだよ。それがわかっていればいい》

それは中学生になった時にいわれたこととよく似ていた。

《おまえは人一倍勉強しなければ駄目なんだよ。たとえば入社試験を受けて同じ点だったら、おまえの方を落とすに決まっているのだからね》

彼の母親は、ハーフであることをウヤムヤにするより、しっかり自覚させる方法を選んだ。

ボクサーになり、夢は？　と訊ねられると《弟と自動車工場をやりたい》と答えるようになった。連勝が続き、それも不可能ではないかに見えた。

高校時代のコーチの吉村は、

《今年の年収は一千万に三万欠けるんです》
という報告を受けて驚いた。
彼の人気は凄まじかった。およそボクシングに縁のないものにまで登場させられた。映画、テレビ、週刊誌はいうまでもなく、婦人雑誌にまで取り上げられた。「女学生コース」には「内藤純一物語　リングに燃えろ！」などという小説が載る始末だった。一試合のファイトマネーも次第に上がり、ピークには百八十万円にまで達した。
実は、その時こそが柳済斗との第一戦だったのだ。
《内藤に五千ドルは高かったけど、柳にどうしても東洋チャンピオンを取らせたかったから、それだけのゼニを出してもおしくはなかった》
西山には冷静な計算があってのことだった。船橋ジムは法外な金に冷静さを失った。韓国で試合をすることの危険を過小評価しすぎていたのだ。
結果は六回KOで柳がチャンピオン・ベルトを奪った。しかし、このKOにもいくつかの問題があった。内藤は一分あまりも卒倒しつづけていたが、それはあるいは肘によるパンチだったかもしれないのだ。少なくとも、彼はそう信じ込んでいた。
《それなのに、会長はひとことも抗議してくれないんだ。いやになったよ》
以後の内藤は惨憺《さんたん》たる戦績である。
一方、柳は二年間、ベルトを守りつづけている。

柳は一九四七年生まれ。韓国全羅南道《チョルラナムド》出身である。一旗あげるためにソウルに出て来て、リヤカー一台で古鉄の行商を始めた。それからしばらくしてボクシングを始めた柳は、みるみる頭角を現わした。

《人は柳のことをとやかくいうが、靴を磨いてたのなんだのといわれても、とにかくボクサーは勝てばいい。奴はカネの味をよく知っているから、決してチャンピオン・ベルトを手放すようなことはしない》

柳は内藤の陽気さに比べると死んだようにおとなしい。ほとんど表情を変えることもなく陽気に笑ったり喋ったりすることもない。話しかけても少し斜視の眼をわずかに動かすだけだ。

パレードが終わって、内藤がみんなと喫茶室でコーラを飲んでいる時も、そっとひとりで自室に帰った。彼は自分のコンディションは自分で作れる、というタイプのボクサーのようだった。コーラを三本も飲んだあと出ていった内藤の後姿を見て、西山が珍しく強い口調でいった。

《挑戦者があれじゃ勝てるわけがない。一度負けた相手に勝つのは大変なことなんだ。必死にならなければダメなんだ。それなのに……》

《でも、必死になって柳をやっつけるようじゃ困るんでしょ》

ぼくがそういうと、西山は黙ってしまった。

5

会場の九徳体育館は、ホテルからタクシーで五分ぐらいの所にある。四時半、内藤は会場に出発した。

体育館の前は群衆でごった返している。そこをかきわけ控室に入る。

《入ってますね、すごいや、五千はかたいねえ》

伊藤がいう。

《後楽園ホールでさえ二千五百だからな、西山さん儲けてますね》

前座試合の選手を連れてきた吉川ジムの会長が応じる。

コンクリートだけの殺風景な部屋。細長い台がひとつあるだけで、椅子はひとつもない。仕方がないので、会場から借りてくる。

入場料はリングサイド千五百ウォン、一般千ウォン。コロッセウムのように円形になっていて、二階が一般席になっている。いつもはバスケットなどをしているであろうフロアーに布を敷き、その上にリングを作ってある。リングサイドは、入口で椅子をひとつもらい自分で好きな位置にセットする。

このリングサイドの後方で、エンエンと続く前座試合をぼくらは少しウンザリしながら眺めていた。しかし内藤は意外に熱心な観客だった。

《見るのもやるのも大好きだよ》
ある時、それはいつだったか忘れてしまったが、内藤に訊ねたことがある。
《どこが面白いんだい》
《なにが？》
《ボクシングさ》
少し考えて内藤はいった。
《リングに上がる前、本当にオシッコが洩《も》れるくらい恐ろしくなるんだ。上がってもまだ足の震えはとまらない。恐ろしくて恐ろしくて……それがカーンってゴングが鳴っちゃえばもうスーッと恐怖が消えちゃう。おかしいと思うかもしれないけど、そんな時なんだよ。ボクシングはどうかって訊かれる時にいつも思い浮かべるのはさ。恐ろしいからやってる、なんてヘンかな？　それにリングの上で殴りっこしてると、すごく降りたくなっちゃう。早くリングから逃げ出したいと思うけど、ケリをつけるまで逃げられやしない……》
《それがボクシングのイヤな点かい》
わざと訊いてみた。内藤は真顔で反論してきた。
《違うよ。逃げられないから、だからいいんだよ。リングの上に上った時はもう絶対逃げられないいんだ……》
自分にいい聞かせるように、そういった。

前座試合があとひとつという頃になって、吉川ジムの会長が声をかけた。
《そろそろ用意しなくていいのかい？》
控室で着替えはじめた。黒いトランクスに白いシューズ。トランクスには母親がぬいとりをしてくれたＣＮという白いイニシァルがある。眉《まゆ》と体にグリセリンを塗り、自分でバンデージを巻きはじめる。一見雑で荒っぽくみえる。見かねて、吉川がやってやろうかという。その間にもマネージャーの伊藤は黙ったまま内藤に手を貸そうとしない。
《いいんです、自分でやるの馴れてますから》
《そうだよな、内藤は職人だもん、減量もバンデージもみんな自分でしちゃうんだよな》
伊藤が皮肉だか本当にそう思っているのだかわからない口調でいう。それには答えず、ひとりでバンソウコウをはり、ガーゼを巻く。口やハサミを使ったりしながら、黙々とバンデージを作っていく。むし暑いせいばかりでなく内藤の体から汗が吹き出す。エディと一緒の頃は、すべてを彼に任せていた。バンデージも作戦もすべて。しかし、エディが金子ジムに去った現在、内藤は頼りになるのは自分ひとりだということをよく知っていた。
軽く体を動かすと、シャドー・ボクシングをやりだした。
ツ、ツ、スゥ、シャー、という靴のすれる音と共に、左ストレート、左右のフック、ウィービングしてジャブの連打。見えない敵に向かって、仮想の応酬をする。シャドー・ボクシングをしている内藤の姿は寂しげだった。

あるいは、寂しい男は人の寂しさもよくわかるのかもしれない。

内藤がメキメキ売り出した頃、船橋ジムにひとりの黒人ハーフが訪ねてきた。内藤のようになりたい、と九州から出て来たのだ。内藤はジムに入って来た彼、脇至《わきいたる》を可愛がった。ズボンを作る時は弟と三人で揃いのものを作ったりするほどだった。その脇が、最近ボクシングをやめて歌手としてデビューした。

《ボクシングやめてよかったけど、彼をつぶしたのはぼくの責任かもしれない》

《どうして》

《もし、ぼくがちゃんと立派になっていたら、脇もついて来られたかもしれない……。悪いことしたな》

内藤のこういう感受性は、ボクサーとしてあまりにやさしすぎる。だが、それを除いて内藤純一はありえないとしたら、それも仕方ないことだ。あるとき彼と釜山の日本料理店で食事した折、そう思ったものである。

彼はその「日育亭」という店に、前にも寄ったことがあるらしかった。このまえ来た時にいた少年はどうしたのか、と訊いている。やめたのだときいてガッカリしていた。その少年というのは七、八歳で、とても利発な子だったという。

《この家の子供かと思ったら、ほんとは使用人なんだって。とても頭のいい子で、よく

気がつくんだ。ひとついうと十まで気がつくような、そんな子なんだ》

そして、

《学校にちゃんといかせたら伸びるだろうなあ》

といった。この感想は、彼が辿《たど》ってきた人生の歩みときっとどこかで重なり合うところがあるのだろう。しかし、その言葉の持つ響きは、彼が生を享《う》けた時に授かってしまったやさしさと深くつながっているようだった。そして、それはボクサーとしては時として致命的な欠陥となるかもしれないものだった。内藤はそのことを知っていた、とぼくは思う。

ある日、内藤のアパートを訪ねて、彼の部屋の小さな本箱を見た時、そう思えた。その本箱には、『若き愛と性の悩み』という本の隣に池田大作『人間革命』が並んでいたのだ。人間が真の意味で自己革命できるのかどうかはわからないが、少なくとも内藤がこの本を読もうとした気持は痛いほどわかる。

自分の限界を知ってしまったと思った時、人はどうするのか。

芹沢博文という棋士《きし》がいる。八段、天才的な棋風で若くして大器といわれた。高柳敏夫八段の内弟子に入り、二十四歳でA級八段になった。つまり、名人中原誠の兄弟子に当たるわけだ。高柳夫妻は寡黙《かもく》で要領の悪い中原より、才気煥発《かんぱつ》な芹沢の方をより嘱望していた。夫人は中原にいつもいっていた。

《あんたは芹沢がひとつやるところを三つも四つもやらなくては駄目なのよ》

しかし、中原は棋聖、十段、名人、王将とタイトルを奪っていくまでに大成したが、芹沢は長くB級1組に低迷しつづけた。酒と博奕《ばくち》が彼を駄目にした、という人もいる。

「――その芹沢博文が、あるとき、激しく泣いた。

芹沢が屋台のオデン屋で飲んでいて、急に涙があふれてきたというのである。

そのとき、芹沢は、突如として、

『ああ、俺は、名人になれないんだな』

という思いがこみあげてきたのだそうだ」

山口瞳が『血涙十番勝負』で書いている。

ある日、カシアス内藤もオイオイと声をあげて泣いたことがある。人気絶頂の頃、ボクシングをやめたいといって吉村の家に来て激しく泣いたという。吉村はその理由がよくわからなかった。彼は、もしかしたら、自分もついに「名人」にはなれない人間だと、知ってしまったのではなかったか。

エディ・タウンゼントと話していて、思わず《ほんとですか？》と訊き返したことがある。

エディは藤猛、海老原、そして内藤という具合に多くの選手を育てている。では、その中で一番強かったのは誰か。質問が無茶なのは承知のうえで訊いたのだ。

《クラスが違うし……タイプも違う》

それでは誰が一番うまかったか、と訊ねた。するとエディは間髪《かんはつ》を入れず答えた。

《内藤ね。内藤はほんとにうまい。足がよくて、眼がいい、世界一ね》
意外だった。
《でもね、内藤、ガッツがない。海老原、左が折れても、右でやります、死ぬまでやる、あれガッツね。藤、パワーある。でも、最後のタイトルマッチ、十回、もう試合いや、やめる、いったね、海老原ならそんなこといわない。海老原の、ほんとのガッツ、藤の、ワァーワァーというパワー、ガッツちがうね》
なら、その中で最も素質があったのは誰かと訊いた。しばらく考えて、
《それはもちろん……内藤ね》
ほんとですか、と訊き返した。
《いまでも、やれば、六週間ちゃんとトレーニングすれば、輪島から、タイトル取る自信ありますね》
なぜ内藤は天下を取れなかったのだろう。これだけの素質と力を持ちながら、なぜ？
ノーマン・メイラーは元ライトへヴィー級チャンピオンで〝Sting Like a Bee〟というカシアス・クレイ論を書いたホセ・トレスについて、こういっている。
「トレスはアリ同様に、あるいはアリ以上にスピードがあり、かつアリ同様、あるいはアリ以上にパンチ力があった。つまり、アリと同様にまれな資質を持った拳闘家であった。では、トレスが自分より年上のディック・タイガーに敗れるまで、三度タイトル防衛に成功したとはいえ、なぜライトヘビー級のチャンピオン以上のものになれずに終っ

たのか。

その答えだけで、一冊の本が書けよう。それは天才の資質を持った人間が、何故天才にならないかという問題をめぐる謎なのである。しかし、簡単にいってしまえば、トレスは人を超越的なものに追い込んでいくある種の飢餓感を欠いていたという見方のなかに、解答があるのかもしれない」

この分析はほとんどそっくりそのまま内藤にも当てはまる。彼に欠けていたのはガッツであるより、勝負への執着であるより「超越的なものに対する飢餓感」であった。それが同じカシアスという名を持ちながら、クレイと内藤の決定的に違う点だったのだ。ボクサーはこの「飢餓感」をバネに、辛《つら》いトレーニングに耐え、減量に耐え、相手のパンチに耐える。それは、間接的には金と結びつくが、必ずしもそればかりではない。「栄光」というものへの「渇仰《かつごう》」といいかえてもよい。

クレイはローマ・オリンピックのライトヘヴィー級で優勝するのだが、そのとき当時のヘヴィー級チャンピオン、フロイド・パターソンが見物にやって来ていた。群衆の中にパターソンの姿を見つけるとクレイは叫んだ。

《フロイド・パターソン、いつの日か俺はおまえをやっつけるぞ。俺は一番強いんだ》

フロイドは笑いながらいった。

《なかなかいい子だ。そのつもりでやれよ》

五年後、クレイは言葉通りパターソンをKOした。クレイの「ホラ」は常に自分の裡《うち》に「飢餓感」を持続させるための独創的な方法だったかもしれない。一方、内藤はいう。
《チャンピオンになんかなりたくなかった。だんだん自由がなくなるのがわかっていたから。栄光なんてどうでもいい。歴史に名前を残したければ、爆弾抱いて映画館に飛びこめばいいさ》
彼には決定的に欠けていたものがあったのだ。
《血だよ、カシアス内藤が駄目なのは》
と西山はいう。西山ばかりでなく、みな最後は彼が黒人とのハーフだからということになる。
《韓国でも、黒人の混血が何人かいたけんど、みんな根性なくやめちまったよ》
本当に血なのだろうか？
ただ、ある時を契機に彼がみるみるやる気を失ってしまったことだけは確かなようだ。
カー・レースに凝りはじめた。自動車工場で働いている弟と二人で、彼がレースをやり弟がメカニックという具合に、各地のレースに参加して歩いた。ジムの眼を必死にごまかしながらである。
《知っていたけど仕方ありません。せめてそのくらいの発散はしなければ耐えられなかったんでしょう。大場さんがああなったのも無理はないと思います》
と母親はいう。なぜやる気を失い、ファイトマネーの全部をつぎ込んでしまうまで、カー・レースに凝ったのか。

《信頼していた人に裏切られたんです。あの子は信じやすい子ですから、一度裏切られるとこたえるんでしょうね》

いや、ファイトマネーについて行きちがいがあったらしい。高校のコーチの吉村はそういった。しかし、内藤はいう。

《アメリカへ行かせてくれるといっていながら、ぼくが壊されるのをおっかながってとうとう行かせてくれなかった。今度勝てば、つぎ勝てば、そのうちいやになった》

多分、これらのすべてが原因なのだろう。が、やはり、真の原因は彼の内部の本質的なところにあると見られても仕方ない。しかし、それが「血」であるのか。それなら、彼が『人間革命』などという本を読む必要はない。

《まあ、ケガしないようにやるんだな》

シャドー・ボクシングをやめてひと息ついた内藤に、伊藤がいう。

《ああ、そうするよ》

だが、彼がいつからこんな台詞を吐くようになってしまったのだろう。その疑問は堂々巡りを繰り返し、やはり「こんなにみじめな負けを続けながら、どうしてボクシングを止めようとしないのか」というところに戻ってしまう。内藤はどんなふうに「収拾」しようとしているのだろう。

「収拾」とはツジツマを合わせるということではない。ひとつの営為から次の営為に移るために、ある「ケリ」をつけなくてはならないということだ。

だが、ひとつの営為に魂をのめりこませれば、のめりこませるだけ、「ケリ」はつけにくくなる。「収拾」が不可能になる。もちろん、そのひとつの営為を永久に「収拾」せず、追憶だけで生きていくことはできる。しかしそれはやはり生きていくに充分な追憶でなければならない。内藤には、それがない。それに値するファイトを内藤は持ちえなかった。

彼の相手はつねに二流だった。最高のものに出会えず、だから彼も「最高」になることはついになかった。たとえば、思いだすのだが、「恐怖の強打者」オリバレスと戦った金沢和良は、十四ラウンドにKOされたとはいえ、ある瞬間、彼は「最高」だった。間違いなく最高の「時」を持ったはずである。

内藤と初めて会った時、ぼくは彼と暗黙の約束をした。

——この試合でケリをつけよう。

——それを見せてくれ、見せてほしい。

そして、そのうえで、

《こんどは勝つような気がする》

と内藤はいったのだ。

勝ってくれなくてもいい、ケリをつける試合にさえなってくれれば。ぼくはそう思った。「最高」の瞬間を持ってくれさえすれば……。

6

ぼくは多分、そこで、釜山の九徳体育館で夢を見たいと願っていたのだ。実際、いま眼の前で行なわれている柳済斗とカシアス内藤の試合に眼を向けながら、実は何も見ていなかった。

見ていたのは『あしたのジョー』の夢だった。

矢吹丈と金竜飛の試合であり、矢吹丈とホセ・メンドーサの試合である「幻の試合」をそこに見ていた。いや見たいと願っていたのだ。

あしたのジョー、矢吹丈とはいったい何者だったのか。

――あるとき、鈴木四郎という老相場師と話をしていて愕然《がくぜん》としたことがあった。その時、ぼくは相場におけるプロとアマの違いについて訊ねていた。

《私たちはね、相場が真っ赤に燃え上がる寸前にそれが見えるんですよ、そしてね、炎が巨《おお》きく天に届きそうに燃えさかる頃には、私らは真っ白に燃えつきた灰になっていなければ駄目なのです》

愕然としたのは、今年八十になるその老相場師の言葉が、『あしたのジョー』の主人公が最後に吐く台詞と驚くほどよく似ていたからである。

学園闘争のさなかに最も愛読されたのが『あしたのジョー』だったことは、よく知られている。バリケードの中では誰かが「少年マガジン」を持っていた。そして、そのとき学生だった多くの者が、社会に出てからもある「熱い思い」で、ジョーの行く末を見守っていたのは確かだった。

ジョーは、ある日ひとりぼっちでドヤに流れてくる。何かといえば喧嘩《けんか》をし、相手を叩きのめしてしまうジョーに、片目の「ボクサー崩れ」は自分の夢を托そうとする。チャンピオン・ボクサーに仕立てようとするのだ。つねに苛立っているジョーは、しかしすぐ事件を起こし少年院に送られる。だが片目は諦めない。一方、ジョーは少年院で力石徹というライバルに巡り合う。彼と戦うことで、ジョーはボクシングになにかを燃焼させている自分を発見する。やがて出所した二人は、リング上で戦うことになる。

凄絶な「殴り合い」のクライマックスで、ジョーはマットに叩きのめされる。しかし、力石は勝つと同時に死ぬ。以後、ジョーは力石との一戦で覚えた「あの時」の燃焼感を求めて、リングを漂流する。そして、ついにホセ・メンドーサとの世界タイトル戦で彼は「あの時」の自分にアイデンティファイする。打ちのめされ、打ちのめし、しかし判定で彼は敗れる。ジョーはついに力石にもホセにも勝てないのだ。戦いのあとのリング上で椅子に坐りながらポツリとひとことという。いい終わると、死力を出しつくしたジョーはもう死んでいるのか、眠っているのか口元に静かな微笑を浮かべたまま、身じろぎもしない。

「燃えたよ……まっ白に燃えつきた。まっ白な灰に……」

この終わりはほとんど読者にはわかっていたことだった。最後にこの台詞がくることも。しかし、にもかかわらず読みつづけたのは、せめてジョーひとりくらいは「まっ白に燃えつきる」幸せを味わわせてあげたかったから、それを見届けたかったからなのだ。ぼくらには「まっ白に燃えつきる」ことなどありはしない、という前提が、ジョーを支えたある「熱い思い」なのだった。

鈴木四郎という老相場師にとって、相場はいまなお「まっ白に燃えつきる」ことのできる道なのである。それは羨望《せんぼう》に値する。

「燃えつきる」——この言葉には恐ろしいほどの魔力がある。正義のためでもなく、国家のためでもなく、金のためでもなく、燃えつきるためにだけ燃えつきることの至難さと、それへの憧憬。あらゆる自己犠牲から、可能なかぎり遠いところにある自己放棄。矢吹丈は、彼と同世代の若者のニヒリズムの上に咲いた、華麗な花だった。

第一ラウンドが始まった。

軽いパンチの応酬。二人は見ている。互いに過去の戦いを必死に思い出そうとしているかのようだ。鋭いパンチは出ない。内藤は左に廻り込みながらジャブを放つ。柳はしきりに、懐《ふところ》へ飛び込もうとするが、内藤のスピードについてゆけない。内藤がまた右のジャブ。今度はヒット。柳は体を少し低く構え、上体をゆすりながら、ストレート。しかしミス。さらに左フック。これも腕の上だ。両者どちらもポイントを奪えない。

内藤はスタミナがないことを心配していた。だが、その不安をかき消すようなスピードだ。むしろ、柳の方が自信なげだ。内藤のいうとおり、かなり調子が落ちているのかもしれない。時折、内藤も踏み込んで右フックをふるうが、効果的ではない。

前半の三回はこんな調子だった。追われてはいたが、むしろ、内藤が優勢だったといってもよい。少なくとも彼にはやる気があった。ゴングが鳴ってコーナーに引き上げて来た時、ぼくはいった。

《悪くないぜ》

振り向いた内藤は「ああ」というふうにうなずいた。

第四ラウンド。内藤は調子にのって、動きまわった。右のジャブがストレートぎみにビシッときまる。彼は意外に戦える自分に驚いている。しかし、少し調子にのりすぎた。派手なウィービングで右に体をくねらした時、柳の左フックがきれいに顔面を捉え、グラッと内藤はよろめきかけた。KOパンチではなかった。だがそれを境に、内藤のスピードはみるみる落ちていった。一方の柳も、しかしスピードの落ちた内藤を捉えることができない。

ボクサーは、リングの上の冒険家でなくてはならない。見知らぬ海に乗り出す航海者だ。しかし、冒険するためにはそれに見合った訓練が必要である。リングの上の冒険家も同じことだ。禁欲と訓練。この二つが「孤独感」に支えられて持続した時、リングの航海者は初めて未知の海に乗り出すことができる。

七回まで、かったるい、怠惰な試合が続いた。互いに冒険することもなく、勝手知ったる小さな湾内でセールしているヨットマンのように、決まりきったパンチを、決まりきった手続きでかわしているにすぎなかった。

柳済斗は冷静だった。しかし、ただそれだけだった。カネのツルであるチャンピオン・ベルトを手放したくないという気配がありありと見える試合ぶりだった。彼もまた冒険をしないタイプのボクサーだった。

七回が終わって、コーナーで休んでいる内藤にもう一度呼びかけた。

《やれよ！》

今度は振り向かなかった。

ゴングが鳴って、内藤は重そうに足を引きずって出ていった。二、三発パンチの応酬。ほとんど何のダメージも与えない雑なパンチ。そしてクリンチ。観客からも、苛立ちの溜息《ためいき》が洩れはじめる。どちらが悪いというわけではなかったが、苛立たしいゲームであることは確かだった。

その時、内藤は珍しい動きをした。クリンチしている相手を思いきり突き放して、打って出たのだ。彼はその時、初めて冒険をした。オトリの左フックを放ち、それを逃れさせると、右で渾身《こんしん》の力をふりしぼって、アッパーを放ったのだ。彼の体は、緊張し、ライトに汗が輝き、眼を見はるような殺意があふれ、しかし、そのすべてをかけたようなアッパーが空を切ると、とたんに彼の体は弛緩《しかん》した。多分、このパンチが当たっていれば、柳はマットに沈んだろう。だが、空を切った。それがボクシングだ。一発が世界を変えることもあれば、無為に終わることもある。彼は冒険をし、失敗した。体が半転するほどの無謀なパンチではあったが、この日彼が放った、唯一のパンチがこれだった。

あとは、ただ暑く、長い試合がだらだらと続くばかりだった。

九回。内藤の左フックが柳を捉えてグラッとさせたが、それは単なるラッキーパンチにすぎなかった。

十二回。最終ラウンドになっても、二人はラッシュしない。

《どうしたんだ》

ぼくが叫ぶと、右手をちょっとあげてニヤッと笑った。大丈夫だとでもいいたかったのだろう。俺は大丈夫なおまえなんか見に来たんじゃない、といいたかった。大丈夫なおまえが、大丈夫でなくなるまで戦うところを見に来たのだ。

《内藤、いけ》

無駄だとは思いつつまた叫んだ。内藤は今度は肩をすくめた。

それで終わりだった。

日本に帰ってしばらくして内藤に会った。弁解するように内藤はいった。

《たった五百ドルのファイトマネーで、ブンブンぶっ飛ぶわけにはいかなかったんだよ。命がかかってんだからね》

その時、初めてぼくは深い徒労感に襲われた。
《いつブンブンぶっ飛ぶの？》
ぼくが訊ねると、内藤が夢見るように答えた。
《いつか、そういう試合ができる時、いつか……》
以前、ぼくはこんな風にいったことがある。人間には「燃えつきる」人間とそうでない人間の二つのタイプがある、と。
しかし、もっと正確にいわなくてはならない。人間には、燃えつきる人間と、そうでない人間と、いつか燃えつきたいと望みつづける人間の、三つのタイプがあるのだ、と。望みつづけ、望みつづけ、しかし「いつか」はやってこない。内藤にも、あいつにも、あいつにも、そしてこの俺にも……。

三人の三塁手

1

野球というスポーツは、人生そのものだとぼくは思います。失意と得意、成功と失敗がつねに背中合わせになっています。勝者が笑うかげには、つねに敗者がいます。栄光のかげには、数知れぬ挫折があります。
——長島茂雄

ダイヤモンドに彼はいなかった。

四月五日。

後楽園球場では、プロ野球開幕試合、巨人対大洋の一回戦が行なわれようとしていた。

一時二十分。セレモニーが始まる。君が代と共に国旗とチーム旗が掲げられ、正力《しょうりき》亨《とおる》巨人軍オーナーが挨拶をする。

一時三十分。巨人ナインがグラウンドに散った。ピッチャー堀内恒夫、キャッチャー矢沢正、ファースト柳田俊郎、セカンド上田武司、サード富田勝、ショート河埜《こうの》和正、レフト高田繁、センター柴田勲《いさお》、ライト末次利光。

ダイヤモンドに彼はいなかった。いないままに、ピッチャーの堀内は、大きくふりかぶり、第一球を投げおろした。外角高目のストレートがボールであったか、ストライクであったか……。審判の判定をぼくは聞いてはいなかった。堀内の手からボールが離れたとき、ぼくにとってのゲームは終っていたのだから。

もう野球の季節は終ったのだ。

たとえば、ぼくらにとってのプロ野球とは、次のようなメンバー表の中にある、ひとつの世界ではなかったか？

〈巨人〉		〈阪神〉	
7	与那嶺	6	吉田
6	広岡	4	鎌田
8	藤尾	5	三宅
5	長島	3	藤本
9	坂崎	7	大津
3	王	9	横山
4	土屋	8	並木
2	森	2	山本
1	藤田	1	小山

これは昭和三十四年六月二十五日の巨神戦における、先発メンバーである。巨人対阪神十一回戦でわからなければ、天覧試合といおうか。小学生だったぼくは、近所の氷屋に行って、一杯の氷いちごでえんえんと粘りつづけながら、必死にテレビを見ていたことをよく覚えている。

阪神がまず先制の一点をあげると、五回、長島と坂崎一彦が連続ホームランを放って逆転、しかし六回、阪神が藤本勝巳のホームランで三点をあげ再度、試合をひっくり返した。ところが巨人は七回、今度は王貞治の2ランで同点とした。そして四対四のまま迎えた巨人の九回裏の攻撃、阪神のピッチャーは小山正明から村山実に代った。トップバッターは長島。2ストライク2ボール、五球目は内角への快速球、長島の鋭く振り切った打球は左翼上段に吸い込まれた。白球が外野席の観衆を大きく二つに分けた光景を、今でも明瞭に思い浮べることができる。

長島は英雄だった。難しい理由は必要なかった。子供にも即座に理解できる英雄だった。長島になりたかった。野球選手になって長島になりたかった。たとえ野球選手にならなくても長島になりたかった。

少しずつ自分は長島でなく、長島になれないのだということがわかってくる。しかし高校生になり、大学生になっても、心のどこかに長島になることができたらと思いつづけてきたにちがいない。もし長島になれたら……。

野球に「もし」は不要である、と元巨人軍コーチの牧野茂はいう。だが、長島がいうように、野球がとりわけ人生に似ているとするなら、それは野球というゲームに無数の「もし」が存在するからである。

もしも八回、一死二、三塁の阪神の攻撃で二塁走者藤本が藤田元司の牽制球《けんせいきゅう》に刺されなかったとしたら、村山が長島に投げた第五球にあとわずかシュートがかかっていたら……。

もしもあのとき、あの人が、あのように……。

もしもそうでなかったとしたら？

観客も選手も監督すらも、彼ら自身の人生に似せて、無数の「もし」を積み上げていく。

野球に「もし」はないという。人生にもありはしないのだ。にもかかわらず、人は「もし」と考える。考えても益ないことと知っていながらやはり人は考える。「もし」と思いつづけて生きていくことはできるかもしれない。しかし、いつかはその「もし」を棄て去らなくてはならない日がやってくる。

もしも長島になれたら！　しかし、ぼくらはついに長島たりえなかった。だからだろうか、やはりついに長島になりえなかった二人の男に、強く心を惹《ひ》かれるのは……。

二十五年前のことである。

四月、そのときもやはり桜が満開であったにちがいない。ひとりの少年が、生まれ故郷で高校の門をくぐった。

　千葉　佐倉一高

同じ日、別の二人の少年がそれぞれの故郷で同じく地元の高校に入っていた。

　長野　松本深志《ふかし》高

　大阪　高槻《たかつき》高

三人は、自分の能力に合った高校を選び、入学した。ただそれだけである。もし、彼らが、ひとつのスポーツに関わらなかったとしたら、ついに互いの存在を知ることはなかっただろう。高校を卒《お》え、大学に進み、やがてサラリーマンになったかもしれない。彼らが野球という、優れて人生に似たスポーツを選んだとき、周到に張りめぐらされた糸にたぐり寄せられるようにして、ひとつの奇怪な集団に入っていく。その糸を、もし「運命」というなら、ぼくらはその邂逅《かいこう》を、顔を赧《あか》らめることなく「運命的な」と形容してもいい。

　彼らが野球を選んだことは、さほど不思議なことではない。戦後、間もない頃に少年時代を送った者にとって、野球の持っていた意味は、ぼくらの想像を絶するものだっただろうからだ。野球はスポーツの王であり、唯一神だった。しかし、彼らがその高校で全国的なレベルから見ても傑出したプレイヤーになったという点には、ある不思議を感じないわけにはいかない。佐倉一高も松本深志高も、そして高槻高も、野球の世界ではまったくの無名高校だった。地方の大会で準決勝にいくのが精一杯のチームだった。互いが互いを知る機会は一度もなかった。彼らが地方の無名高校を出て、日本の野球の頂点に立つ、ある集団に属するまでは……。

その名はジャイアンツ、かつて大日本野球倶楽部といい、現在は読売巨人軍と称する職業野球チームであった。

三人が高校の門をくぐってから、ちょうど二十五年後の四月、佐倉一高を出たひとりは、後楽園球場のダッグアウトにいた。彼は、背番号をかつての「3」から「90」に変えていた。あたかも、光り輝きつづけたその番号に、押しつぶされまいとするかのように。彼はよくその重さに耐えてきた。しかし、誰もが彼のように強いわけではない。たとえば、背番号「3」にはじき飛ばされ、踏みつぶされた者がなかったわけではない。高槻高と松本深志高の門を出た少年たちのように……。

2

小学校のとき、青竹を削った手製のバットを握ってから三十年。ぼくは数知れぬ白いボールと向き合い、その小さな一点に青春のすべてを賭けてきました。そうして戦いつづけることが、ぼくにとってなによりも生き甲斐でした。

——長島茂雄

難波《なんば》昭二郎は不運だった。

野球評論家はそういった。不世出の天才と同時に同チームに入ったのだから。しかも同じ三塁手で同じく長距離打者だったのだから。そして、すべての点で少しずつ劣っていたのだから、と。

しかし、それは本当に「不運だった」で片付くことなのだろうか。

一枚の写真がある。

昭和三十二年秋、後楽園球場で撮られている。古いスポーツ新聞をひっくり返していたら、眼にとまったのだ。見出しは「巨人の旗の下で頑張ろう」、内容は東西学生野球のホームラン王の対談という形で、長島と難波が巨人入団の熱い胸の裡《うち》を語り合っている。二人は学生服を着て、きちんと帽子も被っている。長島が東京六大学で八本のホームラン記録を作っていれば、難波も関西六大学で、七本の新記録を打ち立てていた。

《8号ホームランおめでとう》

難波がいうと、長島はこう答えた。

《ええ、ありがとう。六大学リーグの最後の試合だし、優勝決定でしょう。ですからホームランよりも十一月の三日という〝文化の日〟の方が、ぼくには忘れられない思い出になるでしょうね。ところで難波君の7号は関西六大学では新記録?》

《そうです。ぼくも八本目は打ちたかった。しかしどちらも7号ホーマーで止まってしまった場合のことを考えるとやっぱり長島君が打ってくれただけうれしいですね》

八本と七本。この一本の違いがどれほどのものであったか、この写真のときの二人には、まだわかっていなかった。

巨人は長島がどうしても欲しかった。

昭和三十二年、この年、巨人はリーグ優勝はしたものの、日本シリーズでは三原脩《おさむ》の西鉄に完膚《かんぷ》なきまでに粉砕されていた。〇勝四敗一分。みじめな敗北だった。老齢化による弱体化は争えず、大改造が必要だった。長島が必要であった。しかし、長島獲得の道は暗かった。南海は立教大学の先輩である大沢啓二を通じて、「栄養補給」という形で、学生時代から強力な関係を保ちつづけていた。

「栄養補給」が文字通りビフテキを食べさせることであったのか、取りざたされているように月々二万円の金を与えることであったのかは、今もわからない。とにかく、鶴岡一人《かずと》は長島と杉浦忠とに、彼らが新人のときから異常な執着を持ちつづけていた。杉浦と、そして長島の南海入りは必至とみられた。

難波は中日入りが内定していた。その難波のもとへ、巨人の命を受けた読売新聞の運動部記者坂本幸夫が訪れた。高槻高校を卒業した難波昭二郎は、友人たちが国公立大学に進むのを横目で見ながら熱心に勧誘してくれた関西大学に入学した。経済的に恵まれていなかった彼にとっては有難い条件が揃っていたのだ。坂本はその関大の先輩だった。何度となく足を運び、難波をかき口説いた。巨人は若返らなくてはならない。それには君のような大物スラッガーが必要なのだ、巨人のユニホームを着てみないか、金は……。

難波は翻意《ほんい》した。

《秋のリーグ戦が終ったその日の晩、夜行列車に飛び乗って東京に向かったんだ。そんなに急ぐ理由はなかったんだけど、決めたからにはどうしてもそうしようと思ってしまって契約をしにいったわけだ》

確かに急ぐべきではなかった。難波が東京会館別館で品川主計《かずえ》代表と正式調印したその日に、千早町の立大合宿所「智徳寮」で、長島が巨人入団の意志を初めて表明していたのだ。

《……私はあくまで伝統に輝く巨人をしたっているのだ》

長島が南海でなく巨人を選んだ事情と、その経過はここではあまり重要でない。長島が難波と同じ球団を選ぶことになったというだけにとどめたい。

長島が巨人を選び直した時点で、難波の役目は終っていたという人がいる。事実、巨人側は通告している。中日に換えるなら換えてもよい、と。

《難波によかれと思ってしたことだが、すまないことをしてしまった》

先輩の坂本は心を痛めた。しかし、難波は二度目の翻意はしなかった。巨人で頑張るといった。

何故だろう?

三塁の正位置が取れそうもないのに、そのことを彼は知っていたと思われるのに、何故どうして巨人に留まってしまったのだろう。

いや、巨人で堂々と長島と張り合えると思っていたのさ、とある人はいう。到底及ばないにしても超一流の中でプレイがしたかったのさ、と別の人がいう。金が破格だったのさ。今さら中日に戻るなんてできるわけがなかった。それに……。

そうかもしれない。だが、本当にそうなのか。

難波の生涯で最も華やかな舞台は、たぶん全日本大学野球選手権の開かれた神宮球場だった。昭和三十一年、関西の覇者となった関大は「巨砲」森徹を擁する早大を破り、日本一の座につく。その原動力は「村山旋風」を巻き起した村山実と主砲の難波だった。さらに昭和三十二年、関大は杉浦、本屋《もとや》敷錦吾《しききんご》、長島という強力トリオの立教と対戦した。準決勝だった。

七回まで杉浦の浮き上がるシュートに凡打を繰り返し、上手から時折り投げるドロップに十個の三振を奪われ、関大は三安打の散発。一方、立教は一回おきに加点し、計四点。しかし関大も、八回二死後、二本のヒットで一点をあげた。なお一塁で打者は難波。一球目ストライク。当時、杉浦のピッチングは学生離れしているといわれていた。リーグ戦でも二百六十二人に対して被本塁打〇、自責点〇・四六。その杉浦が自信を持って投げ込んだ第二球、バット一閃《いっせん》、白球は軽々と舞い上がって、左翼三百五十フィートのスタンドに突き刺さった。四対三。あと一点に追いすがった。

結局、この試合は杉浦が投げ勝つが、このホームランの衝撃はかなり後まで残った。長島はのちにこういっている。

《難波君とはじめてお会いしたのは夏の大学選手権でしたね。あの時は大きいホームランを打たれた。完全にバットが振り切れていた。杉浦があのコースを打たれたのははじめてですよ。ぼくなんか打てない。杉浦はそれから調子がおかしくなっちゃった。難波君がバッターボックスに入るとぼくら守っていて圧力を感じますね》

難波にとって悲劇的だったのは、この感動的なゲームの中で、絶望的なひとつの事実に気がつかなければならなかったということだ。

彼が三塁の守備についたときのことである。どこを探しても長島の足跡がない。守備する者がつけるはずの踏み荒した跡がない。ふと気がついて、はるか後方を見やると、そこに長島の足跡があったのだ。何という守備の深さ、広さか。及ばない、彼はそう思ったにちがいない。しかも、自分の本塁打一本に比べて、長島は単打と長打、そのうえ二つの盗塁を記録している。そして、彼には自分の持っていない妙な明るさと華やかさが身辺に漂っていた。

難波は何故、巨人に入ってしまったのか。中日に行けばレギュラーだった。難波は常時出場することで躰がほぐれ、荒さがとれていくタイプのプレイヤーだった。ある人がそういう。しかし、巨人では代打要員でしかなかった。

昭和三十三年、水原茂監督のキャンプ初期の構想では、長島三塁、難波二塁だった。

広岡	6
長島	5
与那嶺	8
川上	3
宮本	7
難波	4
岩本	9
藤尾	2
——	1

それがいつか、難波が外野になり、代打になってしまった。

開幕第一戦、長島は国鉄の金田正一に手もなくひねられ4三振を喫する。

《長島ひとりがプロ野球じゃあるまいし……》

前日までの大騒ぎの中でそう洩《も》らしていた金田の意地でもあった。しかし、三振しても「四連続三振！」とやはり大きく騒がれた。一方難波は、最終回代打に出て三振、一行も報じられなかった。第二試合、代打に出て三振。第三試合、代打に出て三振。やがて代打にも出なくなった。

長島は飛びはじめた。

「長島、みごと先制2ラン」「長島、痛烈な3号2ラン」「長島、7号2ランでトップ」「長島、場外へ3ホーマー」「長島の一撃、杉浦をKO・オールスター第一戦」「長島の28号（新人の新記録）も焼石に水」「長島、先制2ラン・日本シリーズ第一戦」

巨人の長島になり、プロ野球の長島になった。この年の二人の記録。

	打数	安打	打率	打点	本塁打
長島	五〇二	一五三	〇・三〇五	九二	二九
難波	四七	一二	〇・二五五	五	二

長島は本塁打王、打点王と新人王を獲得する。

難波は六年間で、球界を去った。それを伝える記事は、報知新聞の資料室にも残っていない。巨人在籍中の全成績は――

打数	安打	打率	打点	本塁打
二四二	五二	〇・二一五	二五	七

三振は実に七十九を数えた。

3

明日はきっといいことがある。その日、ベストをだしきってダメだったとしても、ぼくはそう信じ、ただ夢中でバットを振ってきました。悔いはありません。

――長島茂雄

難波がついに飛べなかったのは、性格的なものにあったという人がいる。素質がなかったという人もいる。確かに「五尺七寸、二十二貫」の体格は、二塁手向きではなかったかもしれない。躰が硬かった。柔と剛、長島と難波は常にそう評価されたが、その剛《かた》さは、脆《もろ》さと裏腹の危険なものだった。東京放送のアナウンサー渡辺謙太郎の記憶のファイルには、難波の華麗なシーンはひとつも残っていない。ただその危うさの感覚だけがしみついている。しかし、彼のバッターとしての素質が並でなかったことは確かだ。野球評論家の中島治康も長島に匹敵する力を持っていることを認めていた。

だが、一流の素質を持ったものが、ついに一流になりえない真の原因は、結局のところわからないのかもしれない。それは一冊の本で解答してもまだ足りぬ、人生という劇の暗く深い奈落の世界へ足を踏み入れなくてはわからないものなのだろう。

ただ、こうはいえるかもしれない。難波はあまりにも繊細すぎた。ひとつひとつの言葉や事件が心の中に重く沈澱していく人間だった。人の気をかねすぎた。優しすぎた。口惜《くや》しさ

正位置を奪った長島と親しくなり、二塁のライバル土屋正孝と仲よくなった。口惜しさのあまりひとことも口をきかないなどということが、彼にはなかった。

背番号「3」の元ライバルとしての難波に会いに行くと、いやがりもせず穏やかな表情でいくつかの昔話をしてくれたものだ。

《土屋とはよく呑み歩いたもんですよ。ぼくが野球をやめて大阪にいた頃、阪神戦が終

るとよく遊びに誘ってくれた》

そして難波は、不思議そうにこうもいった。

《三人ともライバルだったのに、どうしてみんなあんなに仲がよかったのか……》

そのとき、オヤと思った。確かに難波と長島は三塁でライバルだった。難波と土屋は二塁でライバルだった。しかし、三人が共にライバルであったことはないはずだ。

だが、もしかしたら……。

古い新聞の切り抜きを調べてみた。報知新聞の資料室にはさすがに個人名によるスクラップが残っている。土屋正孝、彼に関する切り抜きは全部で十七枚ある。どれも二塁手としての土屋しか登場していない。ぼくが土屋を二塁手以外に考えられないのも当然なのだ。しかし、一枚だけ小さな十行たらずの記事に、意外なものがあった。

「国鉄に〝旧人三塁手〟土屋が七年ぶりで守る

国鉄・土屋選手が十三日の対広島戦で国鉄に移籍して以来はじめて三塁を守った……」

つまり、これは土屋がかつて三塁手だったことを物語るものだったのだ。そのとき、ひとつの劇的な状況が浮んできた。

同じ年に同じ無名の地元高校に入学した三人の少年は、共に三塁手だったのだ。思いもよらぬ契機から、彼らはひとつの集団に属する。誰かが誰かをはじきとばさなくてはならなかった。はじきとばされた二人は、共に二塁手になった。またどちらかがはじきとばさねば、自分がとばされる。そういうことだったのではないか。そうして一人がまず去った。

『巨人軍栄光の40年』を繰ってみると、まったく想像した通りだった。

昭和二十九年、土屋正孝は松本深志高を卒業すると、巨人軍に入団した。これには友人の誰もが驚いた。松本深志は旧制松本中学、長野県きっての英才高である。三年の野球部員のほとんどすべてが大学に進むという高校である。しかも土屋は中でも俊才だった。とりわけ理数系に強かった。仲間のひとり西片義雄は、試験になると必ず土屋にヤマをかけるべき箇所を教えてもらっていたという。当然、国立大学に進むものと思っていた。誰もが不思議がった。

巨人へは同じ松本から松商学園の堀内と共に入団している。この堀内は長身からの落差の大きいドロップでたちまち有名になった堀内庄《しょう》である。当時、三塁はハワイ出身の柏枝文治《ぶんじ》が守っていた。土屋は控え選手。三十年も同じ、三十一年になって次第に出場チャンスを多く得るようになる。打率〇・二五七、打点二七、本塁打六。そして翌三十二年には完全に正位置を獲得する。打率〇・二二一、打点四二、本塁打七。打撃三十傑中二十五位。しかし、土屋の三塁手としての生命はそこで終る。長島が入って来たからだ。やっと確保したレギュラーの座を明け渡し、ふたたび二塁で争わなくてはならなかった。難波昭二郎、藤本伸、内藤博文、工藤正明。ここでも、一歩土屋が前に出る。

春のオープン戦の最終日、対西鉄戦で土屋は藤本のあとをうけて一打数一安打。そし

て、その夜、西鉄の中西太、豊田泰光と巨人の藤田元司、堀内庄の座談会で、次のような話が出ている。司会の南村侑広《ゆうこう》が、
《ところで去年の巨人と今年の巨人を比較してみて特に目立った点は？》
と訊ねる。遊撃手の豊田が、内野のスケールが大きくなったと答え、さらに、
《土屋が二塁に回ったということで、二塁がグンと大きくなったですね》
と讃《ほ》めている。難波、土屋、内藤の三人の中では誰がいいか、と南村が訊く。
《土屋君でしょうね、迫力がある》
やはり豊田が一言のもとに答えた。
一メートル七十九の三塁・長島、一メートル八十の遊撃・広岡達朗、一メートル八十の二塁・土屋、そしてやがて入団した一メートル七十八の一塁・王を加えて、巨人の内野は超大型内野陣と喧伝された。天才、達人に囲まれて、しかし二塁・土屋は陰にかくれて目立たなかった。下手ではなかったが、際立って華麗でもなかった。二塁ベース際で逆シングルで好捕したかと思うと、腰高なトンネルで失笑を買った。打撃でも平凡な選手だった。四本に一本は必ずヒットを打ったが、それが劇的な場面で放たれることが少なかった。スポーツ新聞の見出しになることの少ない選手だったといえる。ファイトがあるのかないのかわからぬといわれた。眠狂四郎とあだ名されたりもした。
ある時、記者のひとりが、ファイトがないと土屋を非難した。すると川上哲治が意外にもこうかばった。

《いや、ムッツリとしとるが今年は変ったよ。わたしが後楽園のライトが暗いといったのを聞くと、わたしに「フライは任せてください」といいに来るし、一、二塁間のゴロでも、わたしの領分なのに「任せてください！」と大きな声を出して猛烈にダッシュして来る。気力が充実している証拠ですよ》

この年、川上は野球生活最後のシーズンを送っていた。それまで我ひとり行くという印象の強かった川上が、突如、若手の面倒をよく見るようになった。もちろん、それは千葉茂との次期監督争いという事態を考慮にいれて見るべきものである。このエピソードは川上の豹変を証するものだが、同時に、土屋が他の選手や記者から、どのように見られていたかの逆証にもなる。

土屋はほとんど笑わず口数も少なかった。ロッカールームでバルザックを読んでいたりした。

昭和三十五年十二月、その川上が監督になるや、土屋は巨人を放り出された。国鉄の土居章助との交換トレードだった。土屋は拒否した。日頃の彼からみると、巨人軍への執着は異常なほどだった。しかし、首脳陣の決意は固かった。

《ぼくはトレードそのものに不服を持っていたわけではない。その手順に納得できなかったので、しばらく保留してくれといったのだ。国鉄は明朗なチームだからプレイもしやすいと思う》

そういって、土屋は国鉄に移らざるを得なかった。なぜ、土屋は巨人から放出されたか。理由は定かでないが、少なくとも彼が川上の最も嫌いなタイプの選手だったことは想像に難くない。

明らかにこのトレードはアンバランスだった。土居はついに巨人では、四三打数三安打という成績しかあげられなかった。土屋は国鉄に入った三十六年、四九一打数一三二安打三九打点、打率二割六分九厘で打撃三十傑中十三位に食い込んでいる。

しかし、これが土屋の野球人生における最後の華であったかもしれない。

三十九年、長島の立教における後輩である杉本公孝により、その正位置を奪われる。そしてその年の十二月、阪神へのトレードをいい渡される。国鉄・今泉代表の「高給のわりに貢献度の少ない選手」放出の第一号にあげられたのだ。

《これでわかったことは、ぼくは早くレギュラーになりすぎて、ぬるま湯につかったような気持になっていたということです》

そのとき、愛読書のカフカも世界文学全集も整理した、と決意のほどを語った。しかし翌四十年十二月、阪神は土屋の任意引退を発表した。任意引退、つまりもう野球の世界では生きていけない、という宣告だ。しかし、この結果は、前年の十二月にすでにわかっていたことかもしれない。阪神の球団事務所へ契約に現われた土屋は、うすいブルーの背広に白いワイシャツ、黒と白のストライプのネクタイをしていた。ところが、その白いストライプと見えたものをよく見ると、西鉄と巨人の全選手の名が書き込まれていた。それは、巨人時代の日本シリーズの記念品だったのだ……。

《自分なりに一生懸命やったつもりだが、守りの優先する阪神にはついていけなかった。これからは野球に関係した仕事にすすみたい》

彼は野球評論家になりたかったらしい。だが、彼が野球関係の仕事についたという話はついに聞かれなかった。雑誌「文藝春秋」に、野球評論を持ち込み、ボツになったことがわかっているだけだ。

六本木にクラブ「狂四郎」を開いたが失敗した。以後、土屋はプロ野球という小島からともづなを解かれ、水商売という海を漂いはじめる。

4

考えてみると、甘いようで厳しい世界です。

——長島茂雄

土屋が球界を去ってから十年が過ぎ、難波が去ってからは十二年が過ぎた。

ぼくらの視界からは二人の姿が消えた。「シャバ」という大海に、見事に没し去るかに思えた。「見事に」と書いた。二人にとって野球以外の人生で最も望ましい道は、「見事に」没しきることだったにちがいない。しかし、ここでも三人の三塁手の複雑にからみ合った糸は切れていなかった。

ふたたび、ことは「栄光の背番号3」から始まった。

四十九年、長島の低調は長く続いた。引退、監督への道を歩むだろうことは時間の問題だった。そこにきて異様な熱気をはらんだ「長島ブーム」が現出した。このブームの中で、まず難波が浮上した。それは一枚のレコードによって、望むと望まざるとにかかわらず、もたらされたものだった。

ひとつの世界を棄てた後に、人はどのようにもうひとつの世界を生きることができるのか。人の眼に曝《さら》されることで自分自身の存在を認識していた人間が、いかにして無名性の世界に生きていけるのか。有名性の残滓《ざんし》をどのように捨て去っていくのか。しびれるような興奮の一瞬一瞬を生きていたものが、長くだるい日常をどのように生きていけるのか。答えは無数にあるだろう。たとえば難波昭二郎は「巨人の難波」を忘れようとした。ただの難波になれるまで没しきることにした。

もちろん、そこへ到るまでの道は坦々たるものではなかったろう。いくつかの曲折を経て、複写機のデュプロに勤めるようになる。しかし「巨人の難波」とどうしても縁が切れない。社長が軟式野球のチームを硬式の社会人野球に出られるようにしたいと望みはじめたのだ。アマチュア条項にひっかかるので表立ったことはできなかったが、非公式に関わり出した。難波を入社させたのもそれが目的だった。だが、彼に不満はなかった。このままやっていければそれで幸せ、と思っていた。

落ち着きかかった難波の航跡を乱したのは、ふたたび坂本幸夫だった。坂本は読売新聞から、初代の巨人軍広報担当へ出向した。難波が巨人軍を去った直後である。もう一年早ければ出しはしなかったのに、と口惜《くや》しがった。かなり強く責任を感じていたからだ。

巨人軍が台湾へキャンプを張った際、地元の財界から広報担当の坂本へひとつの相談が持ち込まれた。日本の弱電会社と合弁で会社を作りたいが、適当な相手を探してほしいというのだ。彼は日本に帰って物色したのち、パイオニアの社長から勧められて入社した。それが機縁となり、パイオニアの社長から勧められて入社した。坂本は一緒に来ないか、と難波を口説いた。難波は渋った。しかし、デュプロの野球チームが後楽園の都市対抗に出られるまでになったのを潮に、彼はもう一度、翻意した。

《デュプロの社長さんには義理を果したし、それに……》

彼が渋った理由も、また気持を翻《ひるがえ》した理由も、わかりすぎるほどよくわかる。

坂本がパイオニアに難波の就職をあっせんしたとき、パイオニアの社長は、プロ野球の選手だったときくと、《ここは大丈夫か》と頭を指さした。《難波は大丈夫です》と坂本は答えた。

パイオニアが子会社のレコード会社・ワーナーパイオニアを作るとき、坂本も参加し、難波を連れて行った。小柳ルミ子の『私の城下町』のヒットでなんとか軌道に乗りはじめ、坂本は本社に戻ることになった。しかし、今度は難波が行動を共にしなかった。ワーナーパイオニアにとどまった。ひとり歩きを欲したのだろう。やがて、邦楽課長から営業部長に昇格した。

難波は少しずつ野球以後の人生に復活しはじめた。それにはいくつかの理由があった。第一に、坂本という因縁深い人がいたこと。第二に、夫人との結婚が華やかな世界から放り出された直後だったこと。第三に、ささいな効果しか生まぬと思われる努力を惜しまなかったこと。

《四年も五年も野球をしていると、ほとんど字を忘れてしまうんですよ。書類一枚書くんでも、簡単な漢字を思い出すのに何十分もかかってしまう。最初の一年は字引と暮らしてたようなもんです》

だが、これらのすべて以上に、彼の復活を助けたのは、プロ野球ではマイナスでしかなかったさまざまのものが、ひとたび外の世界に出るとプラスになっていたということだ。この不思議な人生ツー・テン・ジャックに、難波は驚いたかもしれない。

四十九年秋、「栄光の背番号3」が華麗な引退のセレモニーを行なった。それを見て、難波は羨望《せんぼう》を覚えるより、まず哀れでならなかった。

長島がホームベース付近に並んだ巨人軍ナインのひとりひとりと握手する。そのとき、難波はこう思ったという。このうち何人かはトレードに出されるのだなあ、握手している当の相手に切られるのだなあ、そして何人かは引退する、自分とのちがいをどんなふうに思いながら握り返しているのだろう、哀れだなあ……。

この感情の動きはプロスポーツの選手には不要のものである。優しすぎる。しかし、その世界の外に出たとき、いかにこの心遣いが、人を惹きつけ、動かすことに役立ったことか。

長島が引退するに際して、各社がレコード化権を奪い合った。難波は黙って見ていた。彼の若い部下たちの中で、かつて難波が巨人軍にいたことなど知っている者はいなかった。彼が望むような状態になってきたのだ。何十社かのうちで、ワーナーパイオニアが最後の数社にしぼられたうちの一社に残ったとき、はじめて難波は長島に会いに行った。

《他の人より、もしかしたらぼくが売る方が、いいかもしれない》

それだけいうと、長島は少し考えさせてくれといった。翌日、君に頼む、と返事がきた。それに、十六年前の謝罪の意がこめられていたかどうかは、誰も知らない。

日曜日の昼下がり、田園都市線の沿線にある、瀟洒《しょうしゃ》な難波の家で、ぼくたちは酒を呑みながらとりとめのない話をしていた。

上の女児が十一歳、次の男児が九歳。末の女児の年齢を訊ねると、夫婦して照れた。

《一歳なんだ。急にポコッと生まれちゃって、この歳で、みんなに「お孫さんですか」なんて冷かされるよ》

幸せそうだった。彼は野球以後の人生に完全に充足しているかのように、何を訊ねても眉を曇らせることなく陽気に答えた。ただひとつの会話を除いては――。

夫人が九歳になる息子の話をしたときだ。

《私はちっとも野球がわからなくて、息子におこられるの。好きじゃないのね。でも、息子は野球に夢中。雨の日だってひとりで壁に向かってボール投げをするくらいだもの……》

ふと彼を見ると、微《かす》かな笑いを浮べている。しかし、それはいささか苦《にが》い味のしそうな微笑だった。息子さんを野球選手にする気はあるんですか。訊ねるより早く彼がいった。

《プロになったらおしまいですよ。それまでの楽しさは吹き飛んでしまう。日曜日……そう今頃の時間……昔は……デーゲームのダブルヘッダーが多かったから……》

難波は、窓の外の、はるか遠くに視線を投げかけた。

《……十一時頃、下宿していた笹塚の駅から、バットケースを持って電車に乗る。すると家族連れがバスケットを持って、ピクニックなんかに行くのにぶつかるんだ。どうしてこの俺はこんな時間にこんなことしてなきゃいけないのか、大事なことをしのこしているんじゃないかって思ったりしたもんだ。虚《むな》しいことをしてるようでね》

しかし、彼は今、その日曜日を家族と共に費やせる生活を得た。望んだとおりになったのだ。

眼を上げると、壁に大きな写真が掲げられていた。長島と難波が写っている。それは東の長島と西の難波との写真ではなく、「栄光の背番号3」の長島と「栄光の背番号3」を売る難波が、パブリシティー用に握手している写真だった。

不意に訳もなく理不尽としかいいようのない、熱い衝動がこみあげてきた。

幸せですか、大事なものを手に入れたのですか、心残りはないのですか、口惜しくはないのですか、本当に幸せですか……。

しかし、その無数に口を衝《つ》いて出そうな質問を喉元《のどもと》で必死におさえた。そんなことを問う権利は、誰にもありはしないのだ、と気がついたからである。誰が「本当に」などと断言できよう。たとえ「形」だけでも、たとえ「もろく」とも、幸せの姿を身にまとうために、人は悪戦苦闘し、難波もまた悪戦苦闘してきたのだから。

あるとき訊ねたことがある。難波さん、あなたの初年度のホームランの数は？　さあ……と少し考え、五本かな、と答えた。実際は二本だった。オーバーに答えたということがいいたいのではない。彼がそれほど野球を忘れようとしたといいたいのだ。忘れ去ろうとし、彼はできた。

彼にそれができたのは、何かが欠けていたからだ。プロスポーツマンとして大事な何かが。しかし、それは、大事な何かを持っていたということと同じなのだ。プロスポーツ以外の世界で生きるための……。

5

《不成功に終ったときは、教訓を得るのも大である》という言葉をぼくは好きです。現役時代、スランプにおちいるたびに、ぼくはこの言葉を胸のなかで呟《つぶや》いて、がんばりました。

——長島茂雄

土屋に会おうと思った。会いたかった。しかし住所がわからない。

難波は、あるとき土屋から電話をもらった。新宿でバーをやっているから呑みに来ないかという誘いだった。行くと、儲かってはいるがつまらないと洩《も》らした。次に行くと、その店はつぶれていた。

土屋はどうしているのか。

友人が『巨人軍栄光の40年』を持って来た。しかし「巨人軍在籍者名簿」の土屋の住所欄は空白だった。松本深志高に連絡をとってみた。卒業生名簿からひとつの住所を教えてくれた。東京都中野区諏訪町＊＊＊。訪ねたマンションにはすでにいなかった。そこからひとつひとつ引越した先を訪ねて回った。そして最後にわかったのが杉並区本天《ほんあま》沼《ぬま》＊＊＊というものだった。

そんな時であった、半年程前、土屋の話が週刊誌に載っていたというのをきいたのは。調べてみると、それは『巨人軍栄光の40年』が発行されたのを契機とする取材記事である。題して「『巨人軍栄光の40年』から消された男たち」。在籍者名簿で空白になっている元スターたちを追うというスタイルをとっている。高倉照幸、藤尾茂、益田昭雄、義原武敏、矢ノ浦国満、山崎正之、高橋栄一郎……。その中に土屋も入っていたのだ。

それによれば、数々の水商売に失敗したあげく、今は建築関係のコンサルタント業をひとりでやっているという。

取材した記者に会ってみた。

彼もまた、中野から始めて住民票をとっていったのだという。やっと本天沼のアパートをさがしあて、訪ねると、彼はいなかった。美しい女性がいた。彼女に頼んでおくと、翌日すぐに連絡がきた。恵比寿の喫茶店で待ち合わせると、しきりに《あんなむさくるしいところに来なくていいのに》といいつづけた。水商売も自分の人の好さから失敗したといったが、記者にもそれはうなずけるような気がしたという。しかし、自分は呑み屋のオヤジで一生を終りたくなかったのでかえってよかった。自分は仲間づきあいも広いから、不動産関係の仕事は向いている、自分は不動産コンサルタントなんだ、と何度も繰り返した。それにしても、彼のアパートに直接来られたことが、彼をいたく悩ませているようだった。

《ほんとに、眼に見えて、引越すごとに住いは小さくなってるんですからね》

でも、土屋さんはいい人のようでした。いいところを見せようと思ったのか、なじみのキャバレーに連れていってくれ……でも、お目当ての娘はいませんでしたけどね。別れ際に、また呑みに行こうよ連絡するから、といっていたけど、ついに連絡は来ませんでした。そういって記者は笑った。

本天沼の家を訪ねた。迷いに迷っていると、新聞配達の若者が自転車の後ろに乗せて、連れていってくれた。

《どうしてそんなに必死に探しているんですか》

それには答えず、巨人に土屋という選手がいたことを知っているか訊ねた。間髪《かんはつ》を入れず、知らないと答えた。無理もなかった。

やっとアパートを探すと、そこに土屋はもういなかった。

人のよさそうな大家さんの奥さんが気の毒そうにいった。

《……わるかったわね、折角来たのに。去年の九月に越しちゃったのよ。そう、知らないのよ。そっと越しちゃったから、さあどこに行ったのかしら。いえ、オカネはね、きちっとしてくれたわ。奥さんが、あとから来て私がみんな払うからって、全部してくれてね。いい奥さんだわ。京マチ子みたいな美人で、健気《けなげ》にやってたわ。上の二階で不動産の仕事をやってたらしいけれど……事務所？　いやそこが事務所なのよ、でも仕事にならなかったみたいね。えっ、そう、だから、奥さんが新宿かどこかのお店で働いてたんじゃない。奥さんのお母さんが心配して電話掛けてきて、どうしてやってるんでしょうというから、平気です、ちゃんとやってますよって答えたんですけどね。別れたようですよ。奥さんが始末に来たときそういってました。かわいそうに。またどこかでおつとめしてるんでしょうに。きれいな人よ。土屋さんどこにいるんでしょうね、阿佐谷で友達二人とアパートを借りているとか、そんな話もあるんですけどね。土屋さんが野球の選手だなんて知らなかったわ。いつだったか、柄の大きい男の人が来て、おせえてくれたわけ、その人もそうだったかもしれませんけどね。いっときは土屋さんも大きな財産を作っていた人だとか。かわいそうにね。家賃は……そうキチンキチンというわけにいかなかったわ、でもね……かわいそうじゃない》

九月といえば、週刊誌が出た直後である。念のため区役所に行ってみたが、転居先は届け出ていなかった。荻窪と阿佐谷周辺の不動産屋に、片端から電話をしてみたが、土屋が出入りしていた形跡はなかった。もう松本に行くほか手はなかった。

桜が散りはじめていた。

中央本線の汽車に乗っていた。外を見ると山の頂《いただき》はまだかなりの雪が残っている。松本に向かっていた。

松本駅で降りて、女鳥羽《めとば》を探す。女鳥羽川を渡り、それに平行して二十分も歩くと目的の家が見つかった。

「玄海」という小料理屋は予想以上に立派だった。店の前には自家用の高級車がとまっている。板前さんに案内を乞うと、二階から小肥りの主人が出てきた。どもりながら用向きを伝える。彼はすべてを聴こうとせず、

《ほっておいてください》

とだけいうと、玄関先で戸を閉めようとした。ぼくは女々《めめ》しくかき口説《くど》いた。なぜ土屋に会いたいのか。会って何を訊きたいのか。訊いて何を書くつもりなのか。だが、彼

は土屋の住所を教えてくれようとはしなかった。

《もういいでしょう。ほっといてください。兄貴は普通の人と同じ生活をしているんだから、いいじゃないですか》

ぼくはなおも喰い下がった。

《兄貴は昔から目立つのが好きじゃなかったから》

そっとしておいてくれという彼の言葉に、抗する理由などひとつも持ってはいなかった。

仕方がなかった。土屋に会うのはあきらめるべきかもしれない……。

とにかく彼の卒業した松本深志高校にだけは、寄ってみることにした。彼の家から二十分も歩くと、なだらかな坂の上に校舎がある。歴史の長い学校に相応《ふさわ》しく、へたな大学よりもはるかに重々しい風格のあるものだった。

ついでに野球部の部長に会った。現在の野球部長は、化学を担当している巣山正春。期待はしていなかったが、やはりわからないという。野球部ＯＢだけの名簿もあるのだが、そこに載っている住所は、もうすでに訪ね、住んでいなかった所だ。

巣山が野球部長になったのは、つい最近のことで、土屋についてはいくつかの話をきいているが、実際には何も知らないという。しかし土屋が高校生としては並はずれた素質を持っていたということは、歴代の野球部員に語り継がれるほどのものだったらしい。

グラウンドのセンターはるか後方にバレーボールのコートがある。どんなバッターでも打球が直接届くことはなかった。稀にあったとすると、センターが後逸したボールが転々ところがってくるていのものだった。土屋が中学から入部してくるや、初めてのフリーバッティングで、バレーコートに軽く打ち込んでしまったという。以後、バレー部では土屋のフリーバッティングが始まると見張り番を置くようになった。

早熟な天才にまつわる、よく聞く話だが、松本深志高校の野球部には、以後このような天才は現われなかった。

土屋の弟も、週刊誌に出て以来、何か困ったことが起きたらしいことを言外に匂わせていた。この化学教師も、よくは知らないがいろいろあったらしいという。

何気なく、土屋は今頃どうしているのだろう、訊ねるともなく呟いた。

《いや、今はしっかりやっているようだよ。このあいだも、野球部のためのOB寄付でも、何万円か送ってくれたほどだからね》

《いつ頃ですか?》

《今年になってからさ》

そこまでいって、彼はしまったと思ったようだった。もしそれが事実なら、何らかの形で土屋との連絡方法を知っていなくてはならない。そういうと、自分の口からいってもいいものかどうかわからない、西片のところに行って相談してほしいという。

六九町《ろっくまち》にある、西片の家を訪ねた。きれいなアーケードに立派な店を構える履物屋《はきもの》だった。

西片義雄は、土屋と同期の野球部員だった。彼が寄付金集めの責任者でもあった。

《弟さんのところで訊いてくれませんか》

もうすでに断わられたのだというと、困惑した表情になった。

《実は、私もよく知らないんです》

たぶん、週刊誌に出たことで土屋の身辺に何かが起ったのだろう。それを心配して、周りの人々がマスコミに対して細心の注意を払ってあげているのだろう。新しい落ち着き先が、ふたたび壊されることを恐れているのだろう。いたしかたなかった。これまで、と決断して帰ろうとすると、西片が茶菓をすすめてくれた。雑談の合間に、出てくるのはやはり土屋の話だった。

西片が中学一年の時、ライバルの旭町中に土屋がいた。野球の試合で自分がベンチを暖めていると、土屋は一年生で主戦投手だった。高校で同じ野球部に入っても能力の差は歴然だった。陸上部に強く誘われるほどしなやかで俊足だった。三塁を守れば一メートル八十近い長身から凄まじく速い球を一塁に投げた。打てばバレーコートにボールを叩き込んだ。それにひきかえ、西片はベンチだった。

頭もよかった。試験のたびに西片はヤマをかけるべきところをおそわったが、土屋は学年でも二十位前後におり、上位成績者を張り出す表にも名前がよくのっていた。

授業をさぼっては映画に行った。観るのは決まって外国映画だった。そんなことをしていても学校の勉強には追いついた。

《……ただ、彼には人間関係をうまく処理する能力が欠けていたかもしれない》

どんなにすぐれている一年生でも、彼にかわって卒業間近の三年生を試合に出さなくてはならない時がある。しかし土屋には、それがどうしても理解できなかった。なぜ俺を出さないのだといった。

彼がプロ野球に入るときいたとき、友人の誰もが驚いたが、巨人ならとも思った。一年目の夏に帰ってきて、やめようかといった。同郷で同期の堀内庄が一軍で活躍しているのに比べて、みじめに思えたらしい。彼はまだ二軍だった。みなで山登りをしたあとで帰ったが、やがてレギュラーになっていく。しかし、あるとき、自嘲的にこういったのを西片は憶《おぼ》えている。

《ONくらいになれば監督よりエライけど、俺たちのようなものはゴミのようなものだ》

これは、彼が週刊誌記者に語っていることと、ピタリと重なる。

《でも、やるなら超一流になるか、さっと一年でやめるかですね。なまじ中途半端にレギュラーなんかになっちゃうと、あとでつぶしがききません》

彼は、いつも「形」にとらわれすぎたのかもしれない。巨人への執着は「形」良さへの執着であり、早く見切りをつけるべきだったというのは、ついに一流の「形」良さを手に入れられなかった者の嘆きといってよいのかもしれない。

水商売を転々としている時代の彼に、西片は会っている。その当時、土屋は「養老乃瀧」チェーンの一店を八王子で経営していた。儲かって困るほど儲かる、と彼はいった。いいじゃないかというと、でもさカッコ悪くてさと答えた。商売人である西片は、そのときはじめて強くいった。

《商売人で一番カッコいいのは儲けることだ。カッコ悪いのは損することだ。それ以外にない》

しかし土屋は、別れるまで、「養老乃瀧」の親父じゃカッコ悪くて人にもいえないといいつづけた……。

——西片とぼくとの話題が途切れた。ついに土屋を探す手掛りはなくなった。立ち上がりかけると、西片がいった。

私らの同期の部員は十二人だ。自分を除いて全員が東京、大阪にいる。自分と土屋を除いて全員が大会社のサラリーマンだ。たまたま郷土にいるのでまとめ役をやっているが、東京には東京で幹事役の奴がいる。

《彼に電話してごらんなさい。やっと土屋と連絡がつくようになったといっていたから……金も彼を経由して送ってきたんです》

ぼくは、その幹事役の電話番号をひかえた。これで土屋との糸は、なんとか切れないですんだ。会ってくれるかどうかは、わからないにしても……。

しかし、東京へ向かう汽車のなかで、どうしたものか考えこんでしまった。彼と会ってどうしようというのか。なにをきこうというのだろう？　重いものが、ぼくのなかには溜りはじめていた。

もうこれ以上、彼を探しまわるのはやめにしようか……。

6

昭和五十年の新しいシーズンからぼくは長いあいだてのひらになじんできたバットを置き、巨人軍の監督として再出発します。新しい戦いのはじまりです。

——長島茂雄

四月五日。

難波は、家に居て巨人対大洋の試合をテレビで見ていた。しかし、五回表大洋が二点を追加して、八対〇と決定的なリードを奪った瞬間、プツリとスイッチを切った。

その時、土屋は何をしていたのだろう。

土屋と同期の友人に連絡の橋渡しを頼み、ひたすら彼からの連絡を待った。だが、ついに彼からの連絡はこなかった……と、本来ならば書くところであろう。この文章の首尾を一貫させるためには、そうでなくてはならない。しかし、事実を記しておこう。ぼくは土屋を追いかけることをやめてしまった。彼に会って、どうしたらよいのか？　もう訊ねるべきことはなかった。

去年のある日、カメラマンの木村洽之は、アメリカで見つけた一枚の写真を長島に渡した。ベーブ・ルースが背番号3を背負い、満場の観衆に別れを告げている、ピュリツァー賞を受賞した素晴らしい写真である。

もうひとりの背番号3は、それをしばらくじっと見て、何もいわずに持ち去ったという。

《我が巨人軍は永久に不滅です……》

長島が引退のセレモニーでそういったのは、それから間もないことである。

ベーブ・ルースのヤンキース最後のシーズンは、年俸が一ドルだった。長島はついに一生、「一ドルの年俸」を経験することはないのだろうか？

パイオニアの坂本がこんなことをいっていたことがある。

《難波と長島の勝負はまだついてはいませんよ。二人の人生の勝負はね》

これに土屋を加えてもいい。三人の元三塁手の勝負は確かについてはいない。巨人軍監督となった長島がボロボロになることも、ありえないことではない。

ぼくらはついに長島になれなかった。そして、長島もついに長島ではありえなくなった。これからは、栄光も悲惨も見境のつかぬ、つまりより実人生に近い道を歩かなくてはならない。それはすでに二人の男が歩みつづけた道でもあった。

後楽園では依然としてだらだらとした長い試合が続けられていた。

ぼくらは何を見ていたのか。ほんとうに長島茂雄の監督第一戦を見ていたのだろうか。いや、たぶん、長島の不在を、プレイヤー長島茂雄の幻の背番号3を見つめていたのだ。彼のいない、だからぼくらもいない、そのダイヤモンドに……。

長距離ランナーの遺書

1

円谷幸吉《つぶらやこうきち》が、「忍耐」という言葉の錘《おもり》を鋭く断ち切るようにして、突然、自らの頸動《けいどう》脈《みゃく》を剃刀《かみそり》で抉《えぐ》り、血まみれになって死んだのは、昭和四十三年一月のことだった。

「東京オリンピックに活躍、マラソンで三位に入賞した陸上自衛隊の円谷幸吉三等陸尉（二七）が遺書を残して自殺した。東京都練馬区大泉学園町の自衛隊体育学校幹部宿舎の個室で、円谷三尉が右首の動脈を両刃の安全カミソリで切り、血だらけになって死んでいるのを、隣室の小泉正喜三尉（レスリング選手）が見つけた。遺書は便せんに走り書きで『もうこれ以上走れない』と書いてあった」（朝日新聞一月九日夕刊）

遺書は二通あった。一通は「なにもなしえませんでした」という体育学校関係者への謝罪、そしてもう一通は両親に宛てたものだった。円谷の遺書は、市販されている「コクヨ」の印の入ったありきたりの便箋《びんせん》三枚に書かれてあった。異様だったのは、「もうこれ以上走れない」という文章の出てくる両親宛ての遺書である。これは二枚に及ぶ長さだったが、重ねられていたもののうち、上の一枚には濃く血が沁み込んでいた。

父上様、母上様、三日とろゝ美味《おい》しうございました。干し柿、もちも美味しうございました。

敏雄兄、姉上様、おすし美味しうございました。

勝美兄、姉上様、ブドウ酒、リンゴ美味しうございました。

巌兄、姉上様、しそめし、南ばんづけ美味しうございました。

喜久造兄、姉上様、ブドウ液、養命酒美味しうございました。又いつも洗濯ありがとうございました。

幸造兄、姉上様、往復車に便乗さして戴《いただ》き有難とうございました。モンゴいか美味しうございました。

正男兄、姉上様、お気を煩《わずら》わして大変申し訳ありませんでした。

幸雄君、秀雄君、幹雄君、敏子ちゃん、ひで子ちゃん、良介君、敬久君、みよ子ちゃん、ゆき江ちゃん、光江ちゃん、彰君、芳幸君、恵子ちゃん、幸栄君、裕ちゃん、キーちゃん、正嗣君、立派な人になって下さい。

父上様、母上様、幸吉はもうすっかり疲れ切ってしまって走れません。

何卒お許し下さい。

気が休まる事なく、御苦労、御心配をお掛け致し申し訳ありません。

幸吉は父母上様の側で暮しとうございました。

川端康成はこの遺書を評して「千万言もつくせぬ哀切である」といい、かつて例がないほどのパセティックな調子で次のような感想を述べている。

「『美味しうございました』といふ、ありきたりの言葉が、じつに純ないのちを生きてゐる。そして、遺書全文の韻律をなしてゐる。美しくて、まことで、かなしいひびきだ」

確かに、この遺書はぼくの心にも深く残った。しかし、その心の残り方には、ただ単に「哀切である」というのとは違う、もう少し心の奥にざらりと触れてくる、いわば「異物感」のようなものが含まれていた。驚くべきことは、「美味しうございました」という独特の繰り返しの中に、微塵《みじん》も自己主張が透《す》けてこないことであった。夭折者《ようせつしゃ》の特権的な輝きは、なによりもその完結性と自己表現の欲求の激しさによって増す場合が多い。しかし、円谷幸吉という若くして命を絶った者の、この異常なほどの自己表白のなさは、いったいどうしたことだろう。存在するのは血族へのメッセージだけである。

円谷の遺書が日本の最も尖鋭な三人の劇作家——寺山修司、佐藤信《まこと》、唐《から》十郎のすべての手によって、劇中に使われていることは、特徴的なことだ。中でも印象的なのは唐十郎の『腰巻お仙・振袖火事の巻』である。耳なし芳一を暗示するこの作品の主人公は、経文のかわりに円谷の遺書を躰に書きつけるのだ。唐十郎という極めて都会的な感覚の持ち主にとって、円谷の遺書の不可解さは同時に不気味さと映った。

声をあげて読んでみればわかるが、円谷の遺書には、幼い頃聞いたまじないいや呪文《じゅもん》のような響きがある。農村の奥深く眠っている土俗の魂が秘められているようにも思える。ぼくにとっての「異物感」も、唐が感じとった「不気味さ」とごく近いものだったかもしれない。

円谷の死そのものには、「長距離走者の孤独」というような理解の仕方で、抵抗なく了解できてしまう部分が確かにある。それを「哀切」といってもよい。しかし、遺書にはそれでは、充分に収まり切らないものがある。死とその遺書の間には深く鋭い亀裂があるように思える。

長距離だけでなく、およそ陸上競技というものはどの種目も寂しい競技なのだ。集団でするスポーツをうらやまし気にチラチラ盗み見しながら、ひとりで黙々と練習を続けなくてはならない。陸上競技という、記録を相手の、最終的にはひとりきりのスポーツを選んだ時、孤独と忍耐は自明の前提だったはずだ。

オリンピックの日、代々木の国立競技場で、二流の高校生ランナーとして、円谷の走る姿を食い入るように見つめていたぼくにとって、彼の死はどうしても納得できなかった。

長距離ランナーは、果して「走れなくなった」からといって死ぬことができるのか？

福島県に須賀川《すかがわ》という小さな市がある。上野から東北本線で向かうと、郡山の二つ手前が須賀川駅だ。人口およそ五万。これといった産業もなく、ただ美しい牡丹《ぼたん》園があることで近隣の町村にいくらか知られている以外は、誇るものとてない東北のあたりまえの町である。

昭和五十年の初夏、それは牡丹が見事に咲き乱れる頃だったが、その須賀川にある一軒の民家の庭先で、ささやかな記念碑の除幕式が行なわれた。ささやかとはいえ、幕を除かれて姿を現わした石碑は、普通の民家の庭先には不釣合なほど大きなものだった。碑には力強い運筆で、

「忍耐」

の二文字だけが刻み込まれていた。それは長距離ランナー円谷幸吉がオリンピックの栄光を手にして以来、好んで色紙に書いた言葉だった……。

この記事を地方新聞の豆記事に見つけた時、円谷幸吉とその死の間にある亀裂をこの手で埋めてみたい、とぼくは思った。

2

昭和三十九年十月二十一日午後一時、世界各国から集まった六十八人の男たちが、東京・代々木の国立競技場を大歓声に送られながら出発していった。東京オリンピックの陸上競技最終日のことである。

二時間十分ほどして、まず帰ってきたのはエチオピアの軍人、アベベ・ビキラだった。

第十五回ヘルシンキ大会で圧勝したエミール・ザトペックが、翌十六回のメルボルン大会で六位と敗れて以来、五輪マラソンに連勝はありえないという説が定着しつつあった。アベベは苦もなくひとつの定説を粉砕してしまった。

アベベから四分ほど遅れて二位のランナーが姿を現わした。日本人だった。しかし、それは意外にも優勝候補の君原健二でもなく、ベテランの寺沢徹でもなかった。ゲート近くの観客席にいた円谷ミツは、その姿を見て驚いた。息子の幸吉だったからだ。

《幸吉がオリンピックに出るなんて怖ろしいような感じしたもんねえ。世界がずらり練習してるでしょう。幸吉なんて、ありゃビリカスな方なもんでしょう。出ていったれば、しまいまで駆け通されればいいとだけ思ったね》

しかし、円谷のすぐ後ろにはイギリスのベシル・ヒートリーがついていた。誰が見ても危なかった。それでなくともぎこちない走法の円谷が、苦し気に躰を揺さぶりながらトラックを回る。ヒートリーは次第に差をつめ、バックスタンド前でするりと抜いた。円谷は予想もしなかったことが起きたというように、一瞬、狼狽《ろうばい》したようだった。力を振り絞って追走するが、わずかの差をつめることができない。できないままにゴール。二位ヒートリーと三位円谷の差は、わずか三秒だった。

ゴールインした円谷は、芝生へ入り、二、三歩あるくと倒れた。起き上がり、跪《ひざまず》くと両手を前につき、静かに頭を垂れた。ただ苦しかっただけかもしれない。だが、スタンドの一番高い位置から見ていたぼくにも、円谷が、力を出し切ったあとの一種の快い放心状態に陥っているのがはっきりとわかった。夕闇せまる頃、円谷はアベベ、ヒートリーと表彰台に上り、躰を三十度に折って必死に手を振った……。
しかし、なぜ円谷はむざむざとヒートリーに抜かれてしまったのだろう。普通のレースであれば、急追して来た相手は足音や息遣《いきづか》いで察知できる。確かにこのレースでは、観衆の声によって聴覚が奪われたと同じことになってしまった。しかし、まだ視覚は残っている。なぜ競技場に入った時、一度だけでも振り返って見なかったのか。
《自分はレース中、決してうしろを振り向かないから、ヒートリーが、こんなにぴったりついているとは少しも知らなかった》
とのちに述べているが、レース中に決して後ろを見ないという言葉は、マラソン・ランナーとしては異様なものである。マラソンとは、力に格段の差がないかぎり、なによりも「駆け引き」の競技であるからだ。そのひとつの武器を常に放棄しているというのだ。なぜか。
円谷が小学生の頃のことだ。運動会の徒競走で先頭を走っていた。走りながら後から来る連中が気になって、というより恐らく無意識にだろう振り返った。一着のままゴールインしたが、運動会のあとで見物に来ていた父親にひどく怒られた。
《男が一度こうと決めて走り出した以上、どんなことがあっても後ろを振り返るなんてことを、するじゃねえ》
というのだ。以来、父、幸七のいいつけを守って、円谷はどんなレースに出ても決して後ろを見ないようになった。レース中に後ろを見るか否かというのは、マラソンにおける「技術論」の問題である。ところが、円谷の場合には、それが父親の「人生論」によって決定されている。このことは円谷幸吉の一生を考える時、深い意味を持ってくる。

　幸七が、「スパルタ」だとか「放任」だとかいうような奇を衒《てら》った教育をしたわけではない。土着的、農村的倫理を頑固なほど純粋に叩き込んだだけなのだ。オリンピックの直前に、幸七は次のように語ったことがある。

《ご先祖様からもらった躰でおまえはオリンピック代表になったのだ、決して粗末にするな》

　この時、幸七の言葉を、円谷は違和感なく聞いたかもしれない。

　このような独特な父と子のありようが、円谷幸吉の性格の原酒的部分を醸成していったと思えてならない。

　円谷という姓は須賀川近辺ではさほど珍しくない。「つむらや」と濁らないで発音する。円谷幸吉の父である幸七は、明治三十二年に生まれている。祖父は幸左衛門、幸七はその七男だった。農業は兄にまかせ、宇都宮に出て運送会社の荷役《にやく》になった。昭和初年にミツと結婚した。ミツは明治三十五年に生まれ、鬼怒川《きぬがわ》沿いの小さな村で育った。実家は干瓢《かんぴょう》などを作る、やはり農家だった。

《水穂村というんだ。町から二里半も離れてるでしょ、年中おいはぎがいてね、そういう所ですよ。それにしても縁ちゃ怖ろしいもんだ》

生活はさほど苦しくなかった。農家の跡を取っていた兄が馬に暴れられて即死するという事故が起って、すべてが変わってしまった。幸七が須賀川に戻らなければならないことになってしまったのだ。小作だった。しかも水利の悪い条件のよくない土地だった。粘土質の土のために雨が降らなければ鍬《くわ》も受けつけないほどの堅さになったし、少々の雨では田植えもできなかった。周辺には四戸ほどの家しかなく、寂しさといったらなかった。

子供は七人生まれた。その末子が幸吉だった。昭和十五年に生まれた。幸七は、自分の名が嫌いで若い頃に幸吉と名乗っていたことがある。

《私の眼の黒い間は、私が父であり、子は子です。いくつになろうと私が正しいと信じて教えたことは必ず守らせます》

という幸七の「教育」を最も素直に受け入れたのが、その名を貰った幸吉だった。遠くに旅行すれば必ず便りを出したのも幸吉だったし、寝る時には洋服を必ず畳《たた》めという躾《しつけ》を自衛隊に行ってすら守ったのも幸吉だった。

幸七は強い個性の持ち主であったらしく、「七おんちゃ」は怖ろしくうるさいというのが村中の評判だった。ラジオを村で最初につけ、NHKのニュースと浪曲以外は聴かなかった。土地争いでも、自分が有利であっても土地の来歴を徹底的に調べ、自分のものにすべきでないと知ると簡単に手放してしまう。

三男の巌の話では、父親の厳しさは近所に類がなかったという。息子たちを全員裸にし、庭で軍隊式の号令の訓練をよくやらせた。人が家の前を通るたびに、大声を出させるのだ。剣道の寒稽古が始まると、早朝から子供たちと一緒に参加する。そういう父親だった。幸七は大正九年に徴兵され、若松六十五連隊に配属された。暴れん坊だが成績は抜群によかったという。その当時の二枚の賞状が今でも残っている。一枚は隊内で銃剣術がいかに優れているかを証するもの、他の一枚は「下士官適任証」である。旧陸軍における「下士官適任証」とは、数カ村で一人が貰えるかどうかというほど価値あるものだったという。軍隊生活がよく肌に合っていたのだろう。

子沢山の「小作百姓」は苦しかったとミツはいう。ミツは農作業に出なくてはならないので、子供たちがさまざまな仕事を分担した。幸吉は、朝の野菜採りと夕方の風呂わかしが長くその任務だった。

《でも、幸吉はバッチッ子だったから、コーキチ、コーキチとみなに可愛がられたし、仕事もそんなに大変ではなかった》

長男の敏雄がいう。バッチッ子とは末っ子の意だ。しかし、その幸吉にしても高校に入ってからは《町の人がうらやましい、ただ家に帰って勉強すればいいんだから》と母親にこぼしたことがある。

円谷の幼い頃からの友人は誰かという問いに対して、兄と母のあげた名が家具卸商《おろししょう》をしている大内康司だった。小学校から高校まで同級だったと聞いていたのだが、訪ねると大内は途方に暮れたような顔をした。円谷とそれほど親しかったわけではないという。あいつなら中学の同級だから何か知ってるかもしれない、という大内の紹介で不動産屋をしている小林道弘を訪ねた。結果は同じだった。静かで人目につかぬ生徒という以外の話は出てこなかった。

中学時代の担任であった金沢里司には、円谷が体育方面で傑出した能力を持っていたという印象はまるでない。通知表の体育の成績は常に中位だった。その他の課目も中、ないしは中の下である。ただ例外的に国語の評価がいい。金沢は当時の通知表の控えを保管していたが、その国語の寸評に「進んで発表しないがひじょうに優秀である」とあった。理科担当だった金沢は、円谷にこんな能力があるとは知らなかったといって意外そうな表情を浮べた。

金沢が最も印象深く覚えている光景は、ある日の放課後の時のものだ。中学二、三年にもなると生意気ざかりになって、六、七名単位で掃除当番を決めても、満足にやりはしない。そこで、終ってから担任に報告し検査を受けることを義務づけた。ある日、円谷が「終りました」と報告にきた。見に行くと円谷以外には誰もいない。ひとりふたりとサボタージュし、最後まで残ったのが円谷だった。

《あの子は、目上の人のいうことは悪いわけがないという感じ方を持っていたから、上の命令はよく守った》

円谷が、運動会とか校内大会とかの与えられた機会ばかりでなく、自ら機会を求めて走りはじめたのは、須賀川高校に入学して二年になる頃からだった。当初から長距離ランナーとしてトレーニングを積んだが、ほとんどこれといった成績をあげなかった。福島県南の十マイル・ロードレースに出場した時も勝負にならなかった。ところが、レースが終って、陸上部監督の細谷光は、県陸連のある委員から声をかけられる。

《おまえのところには面白い選手がいるじゃないか。あいつさ。あれだけ走ってひとつも汗をかいてない。不思議な奴だ》

それが円谷だった。三年になって、東北大会の五千メートルで六位になり、辛《かろ》うじてインターハイの出場権を得た。それでも、細谷には円谷が高校生としてさほど速かったという記憶がない。ひとつの理由は、須賀川高校の中に円谷より速いランナーが二人もおり、彼はその尻について走っていたという印象が濃厚にあるからだ。

インターハイは下関で開かれた。円谷が走る段になって、細谷はアドバイスした。

《どうせ勝てっこないんだ。しかしせっかく下関まで来て、マイクで一度も自分の名を呼ばれないのもシャクだろう。一周でもラップを取ればアナウンスしてくれる。初めだけでいいからトップを切ってみろ》

円谷は、はいと返事すると、いわれた通りのレース運びをし、七周までラップを奪った。八周目にスパイクを引っ掛けられ、靴が脱げそうになる不運があってズルズルと後退したが、望みを果したといって喜んでいたという。——高校時代の円谷はその程度の長距離ランナーだった。

卒業して就職しようとしたが、昭和三十四年度は就職が難しかった。いわゆる三十三年の「鍋底景気」が彼らを直撃した。円谷も常磐炭礦など二社を受験するが落ちてしまう。

《まったくひどい不況だった。しかし、こんな田舎でも自衛隊に入ろうという奴が、そんなに多かったわけではない。円谷君以外には……北畠という男がいるきりです。この男はとても優秀で、自衛隊から田中清玄さんの秘書になりましたが、そういえば彼もやはりガスで死んでしまいました》

大内の話である。しかし円谷にとって、あるいは幸七にとって、自衛隊という選択はさほど唐突でなかったことは確かだ。円谷は幸七の積極的賛成を得て、二等陸士として入隊する。強調しておくべきことは、陸上自衛隊はマラソンランナーの卵としての円谷を採用したわけではなく、彼は必要な頭数のひとりにすぎなかったということだ。

3

昭和三十四年、円谷は自衛隊に入隊する。三カ月ほど八戸《はちのへ》で教育を受けてから、本人の希望もあり、「郷土配置」ということで、郡山《こおりやま》の特科に配属された。特科は砲兵隊と同義である。

ひとりの人生には無数の「もしも」がある。もしもあの時ああしなければ、もしもあの人に会わなかったら……。とりわけスポーツマンには、その「もしも」が劇的な形態をとる場合が少なくない。円谷にとっては、それは斎藤章司との出会いだった。

三十四年の初秋。当時、三曹だった斎藤は余暇活動に野球を選んでいた。五時に課業が終ると、さっそくグラウンドに飛び出す。ある日、野球の練習から帰ると兵舎の前で、いかにも初々しい少年が縄とびをしている。しばらく眺めていた斎藤は何をしているのか訊ねてみた。少年は、トレーニングをしているのだと答えた。自分は長距離走をしたいのだが、この部隊には陸上部もないし、一緒に走る人もいないのでひとりで練習しているといった。斎藤は、その少年が寂しそうにしているのにすっかり同情してしまった。この少年もきっと希望を持って自衛隊に入ったのだろう。そして自分の好きなランニングをやろうと思っていたに違いない。だが入隊そうそう、もうその夢が壊れようとしている。なんとかしてやらなくていいのだろうか。斎藤は下士官になったばかりの二十四歳だった。軍隊における先輩と後輩との関係について、彼にも夢があった。

《それじゃ、今日は自分が一緒に走ってあげよう》

そういうと、少年は喜んで走りはじめた。斎藤にランニングの経験があったわけではない。しかし、走ると不思議に二人の力は接近していた。スピードも持久力も同じレベルだった。

翌日、課業を終えて野球の練習に行こうとすると、斎藤のいる部屋のドアを薄く開けて、少年がのぞき込んでいた。仕方がない、今日も一緒に走ってやるかというと、少年はにっこり笑った。三日目も同じだった。一週間ほど続けたあとで、斎藤はこのひとりの少年のためだけでも陸上部を作ってやるべきではないかと思いはじめる。野球部を休部し、斎藤は少年と二人だけで、郡山の自衛隊に陸上部を作った。

少年とは、いうまでもなく円谷である。斎藤は、初めての経験のわりには円谷にヒケをとらなかった。自分が、走るのにこんなに向いているとは、本人にも意外だった。しかし、陸上部を作ったものの練習の仕方がわからない。二人で相談し「陸上競技マガジン」を毎月とって、冬期練習のスケジュールを作成した。しかし、結局は走ることだった。

五時に課業が終ると、急いで食堂に行き、演習用の飯盒《はんごう》にごはんとおかずをつめさせてもらう。練習が終ってあたりが真暗になり、他の隊員が風呂に入りくつろいでいる頃に、二人はその飯盒の食事をやっととる。走る前に食事はできないし、走ったあとでは片付けられてしまう。そのための涙ぐましい自衛策だった。

今日は疲れたからゆっくり走ろうと二人で約束していても、途中で競り合うとどちらも譲らずいつもと同じことになる。夕食を抜いているために腹が減ってたまらない。三時頃、演習の途中で大福を買って食べたりしておくのだが、それでも腹は空く。円谷は、走っている途中に畑に入って人参を失敬してはポリポリ食べていた。その隙に、斎藤は「お先に」と追い抜いて行く。

毎日、二十キロ以上を走った。二人とも走るのが好きだった。なによりも愉《たの》しかった。

円谷の短い生涯の中で、ただ一度だけ訪れた「牧歌」の時代だった。

円谷の走法は、左足がいくらか開き気味の荒いダイナミズムに溢《あふ》れているところから、のちに「ザトペック走法」と呼ばれるが、彼のこの「牧歌」の時代は、やはりザトペックが同じ年頃に迎えた「牧歌」の時代と驚くほど似ている。

ザトペックはチェコのズリンという小さな町で、繊維工場の工員として寄宿舎生活を送っていた。ある時、ズリンだけでなく中央にも知られたアリという選手が、ザトペックの走るのを見て共に練習することを勧める。それまでのザトペックは仲間が対抗戦をやるというので仕方なく走っていたのだが、そのような有名選手の眼に留まったということが嬉しくてならなかった。しかし、共に走ってみると、いかに自分が不器用でゴツゴツしたまずい走り方をしているかに気づく。練習が終り、ザトペックはすっかりしょげてしまった。アリも何もいわず黙って別れる。もう、誘ってはくれないだろう。いいさ、これで友人からも陸上競技をやろうなんて誘われないだろうから。そうやって自分を慰めるのだが、翌日、仕事をしながら哀しくなってくる。走るのなんて嫌いなはずだったのにどうしたというのだろう、とザトペックは不思議に思う。すると、アリから電話が掛かってくる。《昨日から君のことを考えつづけていたのだ》と。それ以後、ザトペックはアリと共に練習し、アリと共にレースに出る。いつでも二位だった。友人が見かねて、たまにはアリと別のレースに出てみろ、そうすれば一位になれるのに、と忠告する。ザトペックは、勝つために走っているのではないからいいのだ、といって笑っていたという。アリと走ることが愉しかったのだ。

しかし、円谷とザトペックが違っていたとすれば、円谷は常に斎藤に勝っていたということかも知れない。

春になって「憲法発布記念マラソン」というローカルなロードレースに出てみると、あっさりと円谷が一位、斎藤が二位になってしまった。誰より驚いたのは二人だった。自分たちにそれほど力があるとは知らなかったのだ。地方新聞に小さく出たことが嬉しくてたまらなかった。レースに出るたびに、二人は上位に入賞した。やがて、部隊の上層部も注目しはじめ、部員も少しずつ増えた。しかし、あまりにも二人のレベルと離れすぎていたため、なかなかついてこられなかった。むしろ、それは当然である。後の円谷の成績を考えれば、彼と互角に走れた斎藤のような人物と、あのような偶然で出会ったことの方が、奇蹟に近い不思議なのである。

五千メートルを十六分台でなく十五分台で走れるようになってから、円谷は急速に進歩した。

《練習では自分の方が速かったし、フォームも円谷君の泥くさい走法よりスマートだったが、レースではどういうわけか勝てなかった》

と斎藤はいう。この頃の二人は、試行錯誤を繰り返しながら、自分たちでさまざまな練習方法を考えた。雨の日にもレースはあるといって、風呂場に洋服を置き雨の中を走ってはすぐ風呂にとび込む。レース前の緊張で寝られないこともあるはずだといって、土曜の夜わざと数時間しか寝ずに日曜日走ったりした。

日曜日になると、須賀川にある円谷の家まで、二人してマラソンで帰った。片道一九・八キロを一時間二十分ほどで走る。たらふく食事をし、また一時間二十分で戻る。この頃が、母ミツにとっても一番いい時代だった。

《日曜のたんび隊から跳《は》ねて帰ってきたもんだ》

会津若松で福島県内の大会などがあると《温泉の帰りにでも寄ってみっか》といって夫婦して息子のレースを見物したりした。

走ることが愉しく、走れば記録が上がる。新聞に一行名前が出ることも、走るハリになった。「青春は汗と涙とマラップで」というのが、円谷が自分自身に向かって言い聞かせていた言葉だった。マラップとはマラソンシューズのことである。しかし、やがて「牧歌」の時代は終る。次第に、郡山の円谷から、自衛隊の円谷にならざるを得なくなったからだ。

二人は、読売新聞主催の青森—東京間駅伝に出場し、三十六年には毎日新聞主催の全日本実業団大阪—東京間駅伝に全自衛隊のメンバーとして参加した。さらに、「金メダル養成所」といわれた自衛隊体育学校ができることになると、二人は特別体育科の生徒として入校すべく一種の候補生となった。しかし、二人が同じコースを歩んだのは、そこまでであった。斎藤は自分の年齢を考え、将来を考え、スポーツより隊務を選ぶことにして、郡山に帰ってゆく。そして円谷だけが残った。

4

体育学校に入ってからの円谷が、歴代校長の中で最も親しみをもって接していたのは、第二代校長の吉井武繁だった。吉井が体育学校の校長として赴任したのは三十八年七月だった。円谷はすでに入校していた。第一印象は「土臭い若者だな」というものだった。そして、その印象は最後まで変わらなかったという。

《素朴な奴だった。今どきこんな男がいるのか、とあきれたくらいだ》

だが、その「あきれ」方には、単なる賞讃ばかりでなく、それでこの世の中を渡っていけるのだろうかという危惧《きぐ》も含まれていたはずである。

円谷は、この体育学校で、二十一歳から二十七歳までの貴重な六年間を過すことになる。

陸上自衛隊体育学校は、本来その目的は隊内における体育指導者の養成にあったが、オリンピックを目前にした三十七年四月に開校されたところから、オリンピック選手の養成機関と見なされるようになった。事実、東京オリンピックには、ここから二十一人が参加している。

円谷がその第一期生として入校するに際して、まったく問題がなかったわけではない。三十七年冬に行なわれた選抜記録会の時に、円谷は持病である腰部のカリエスが出て走れなくなってしまったのだ。あんな故障持ちを入れても仕方ない、というのが学校関係者の大方の意見だった。それに頑強に反対したのが、それ以後、円谷と苦楽を共にする教官の畠野洋夫《ひろお》だった。何度か円谷の走る姿を見ていた畠野は、強く惹《ひ》かれるものがあったのだ。強引に入校させた。

四月の入校時には、鍼《はり》や灸《きゅう》や温泉治療など、いいといわれるものをすべてやり、その効があったのか快方に向かっていた。春から夏にかけて次第に調子を上げ、七月のアジア大会陸上代表選手選考会の五千メートルに出場することができた。しかも、ラストスパートで船井照夫に抜かれはしたものの、十四分二十八秒六の好記録で二位に喰い込んだ。畠野は校内の円谷不要論者の鼻を明かすことができ、内心ホッとしたという。このレース以後、円谷はめざましい闘い振りを続ける。十月、強敵が外国遠征に出かけていたためとはいえ、日本陸上選手権で五千、一万メートルの両種目に優勝、翌三十八年には長距離のオリンピック強化選手に指名されるまでになった。三十六年には十傑にすら入っていなかったランナーがである。

夏、彼は畠野や他の強化選手と共にニュージーランドへ遠征した。その中にはマラソンの君原健二や寺沢徹もいた。ニュージーランドは美しく、愉しかったらしい。後に、君原が『マラソンの青春』という自著の中で、こう書いている。

「赤シャツを着て走って牛に追われたり、デートのため昼食を抜こうとして怒られたり、バスに遅れてどなられた失敗はあったが、この親友たちにかこまれて、ライバル意識を燃やしながら充実した練習の明け暮れであった」

もちろん、円谷が君原と同じような仕方で遠征を愉しんだとは思えない。遠征時の興味深い写真が一枚残されている。寺沢と村社講平《むらこそこうへい》コーチ、君原と高橋進コーチ、円谷と畠野コーチの計六人が写っている。暑さのために君原も寺沢も裸になりランニングシャツを腹に結んだりしており、コーチ連三人もくつろいでいるのだが、円谷ひとりシャツを着て両手をピンとし、背筋を伸ばしているのだ。その生真面目な様子が、彼の影を妙に薄くしている……。

しかし、この遠征で、円谷は誰もが想像しなかった大記録を打ちたてる。オークランドのラブロック競技場で、八月二十四日に開かれた二万メートルの世界記録挑戦会で、地元ニュージーランドのビル・ベイリーに次いで二位だったものの、君原以下を抑え、しかもザトペックの持つ世界記録五十九分五十一秒八を四秒も短くしたのである。日本陸上界にとっては、昭和十一年に三段跳びの田島直人が十六メートルの世界新を出して以来、実に二十七年ぶりの世界記録更新だった。その報が日本陸連に届くや、大方の役員が「まさか」と口走った。

いわばこの「大金星」から、少しずつ円谷は変わっていった。秋の国体で五千メートルに日本新を出した。これなども《予選から記録を狙いたい》と円谷からいい出し、言葉どおり達成したものだった。

吉井が校長として赴任して来たのは、ちょうどこの前後である。円谷は次第に有力な五千、一万メートルのオリンピック候補になっていったが、三十九年、つまりオリンピックの年になっても、まだマラソンに出るなど誰も考えはしていなかった。

三十九年の二月になって、突然、金栗四三《かなぐりしぞう》と山田敬蔵が吉井を訪ねてきた。二人とも往年の名マラソン・ランナーだ。用件を聞いて吉井は驚いた。五千と一万に専念している円谷を、ぜひマラソンに出して欲しいというのだ。この新しい時代にマラソンもまた変化を余儀なくされている。耐久力だけでなくトラックのスピードが必要なのだ。それには円谷こそ相応《ふさわ》しい……。とりわけ山田が熱心だった。何年か前に、青森―東京間駅伝で、彼は円谷と同区間を走ったことがあった。抜き去られた瞬間、山田は異様な衝撃を受けた。無名時代の円谷を、山田は鮮烈な印象で脳裡にとどめた。以来、注目しつづけてきたというのだ。吉井は、この二人の熱心な「転進」の要請を受けて、その場で校長室から四国合宿中の畠野と円谷に電話を掛けた。やる気があるかと訊ねると、やってみますと円谷がまず答えた。

しかし、畠野はあまり乗り気ではなかった。三月の中日マラソンに出場することになった時も、あくまで冬期練習の成果を見るためで、どんなに好成績を収めてもマラソン選手選考会を兼ねた毎日マラソンには出ない、という約束をさせたくらいだ。

中日マラソンは生まれて初めてのフルマラソンだというのに、二時間二十三分台で走り五位になった。

その夜、旅館に帰った畠野は忙しかった。四二・一九五キロを走ったために、円谷の股はすれて赤く腫《は》れ上がってしまった。ヨードチンキを探して塗り、団扇《うちわ》であおいでやっていると、自分の一物を見つめていた円谷が、

《毎日マラソンにも出る》

と不意に呟《つぶや》いた。畠野が慌《あわ》てて約束がちがうと責めても、少しも譲らない。初めてといっていいほど強い自己主張だった。三十五キロまでは自信があるから、君原や寺沢を引っぱってあげたいといってきかないのだ。頑固な態度に、ついに畠野が折れた。いったいどうしてあのようにマラソンに執着したのか、今もって畠野には理解できないという。確かなことは、円谷がこの瞬間に自らの、「宿命」を選び取っていたということだ。

マラソン二度目の毎日マラソンでは、君原に次ぎ二時間十八分二十秒二で第二位になった。三位は寺沢。直後に行なわれた選考会で、この三人がオリンピック代表に選ばれた。

オリンピックまでの数カ月、何度となく合宿が組まれたが、円谷は行った先の宿屋の人たちから常に絶対的な人気を得た。布団の上げ下ろしは自分でやる、朝起きれば気持のいい挨拶をする、風呂に入る時は綺麗《きれい》に衣服をたたんで置く……といった具合だったからだ。父親のしつけや隊の規律どおりに振るまうことが、他の「大人」たちには感激的なものに映った。しかし、このことは吉井から次のような挿話を聞く時、まったく別の意味を帯びてくるように思える。

三十九年四月三十日、吉井は体育学校の生徒を率いて、奥多摩の御岳山《みたけさん》に登った。体

育学校の生徒といえど自衛隊員である。銃を担ぎ、水筒を持っての夜行演習という形態をとった。五月一日はオリンピック代表が正式に決定される日である。日の出頃に山頂に登り、全員で決意を新たにしようという、いささか「芝居がかった」行軍だった。山の麓《ふもと》に着くまでに水筒を空にする者もいた。そんなことでどうする、と吉井は叱った。

重量挙げの三宅義信はと見てみれば、鉄砲を天秤棒のように担ぎダラダラと歩いている。一方、円谷は実に嬉しそうに行軍していた。

《陸上班は先兵隊となれ、円谷は先兵隊長を命ず》

と発令すると、

《円谷、先兵になります》

と喜び勇んで前進して行った。予定どおり山頂に着き、日が昇りはじめると、なんとそこからオリンピック会場の神宮の森が見えるではないか。

《昇る朝日のように、あの神宮の森に日の丸を上げてくれ》

吉井が訓辞すると、時期といい状況といい申し分なかったためもあり、一同は感動のあまり粛然となった。中でも感動に震えていたのが円谷だった。三宅は地のままのふてくされたようなアッケラカンとした表情だった。

だが、その時、吉井は思ったという。自衛隊員としては、文句なく円谷の方が優れているし頼もしい。しかし、三宅という人間のこの図太い神経こそ、金メダルを取るためには必要なのではないか。あるいは勝つための、生きるためのといい換えてもよい……。

円谷の一直線にピンと張りつめたような神経が、吉井には危ういものと、一瞬思えなくもなかった。

　吉井は、大島で合宿中の円谷を激励のために訪ねたことがある。暇な時に二人で坐り相撲をやると円谷がコロコロ負けた。おかしいですなあ、おかしいですなあといってはかかってくるが、要領を知らない彼はまた負ける。校長に負けるなんておかしいですなあ、そういって嬉しそうに高笑いをしたという。円谷にもそんな一面があった、と吉井はいいたかったらしい。しかし、その話のあとにも、円谷の円谷らしい挿話がどうしても続いてしまう。吉井が訪ねた翌日は、台風のために大雨が降った。練習は中止だというのに、せっかく校長が来てくれたのだから走るのを見てもらうといって、円谷はきかなかったという……。

『長距離走者の孤独』のスミス少年は、少年院長の眼の前で一着になる正にその瞬間立ちどまってしまう。立ちどまることで何ものかに反抗し、反抗することで栄光を拒絶する。しかし、スミス少年が立ちどまることができたのは、ほんとうの意味で長距離ランナーではなかったからだ。長距離ランナーは走りつづけなくてはならない。だから円谷は走り、校長の眼の前を走り抜け、栄光に向かって走りつづけた。

栄光の向こう側に何が待っているかなど、決して考えたことはなかった。

5

オリンピックを前にした円谷に「和製ザトペック」という名が冠せられるようになった。コーチの畠野も、もしかしたらザトペックにすることができるのではないか、と思ったこともある。ヘルシンキ大会で、ザトペックは五千、一万、マラソンの三種目に出場し、優勝するという離れ技をやってのける。しかもこの時までザトペックはマラソンを経験したことがなかったのだ。彼が二位以下を二分半も離して競技場に姿を現わすや、十万観衆は「ザ・ト・ペック！　ザ・ト・ペック！」と合唱して、そのいいしれぬ感激を表現したという。畠野が「もしかしたら」と考えたのは、優勝できるということではなく、とりあえず三種目の出場権を手に入れられるかもしれないということだった。しかし、七月の日本選手権でスパイクされ、五千の出場権は失ってしまう。一万とマラソンに出場することになるが、主力はあくまでも一万だった。

トレーニングには、体育学校の同僚である南三男と宮路道雄が、自分たちの練習を放棄して献身的な協力をしてくれた。それは彼ら自身の選手生命を断つことでもあったが、円谷という「自衛隊の星」のためのチームプレイが優先した。

円谷が四十キロを走ろうとすると、二十キロは南が走り残りを宮路が伴走する。そうやって円谷を引っ張って行く。やがて、そのうちにひとりで四十キロを走る円谷が、二人のリレーチームより速く走るようになった。すべてそのように二人は身を捨て、それに応《こた》えて円谷もよく走った。

オリンピックの一万メートル決勝では、アメリカのウィリアム・ミルズやエチオピアのマモ・ウォルデらと激しいレースを展開し、六位に入賞する。この種目での入賞は、ベルリン大会の村社講平以来、実に二十八年ぶりのことだった。

《これで五十パーセントの責任は果せた、といって四人で喜んだものです。それがマラソンに楽な気分で走れた原因だと思いますね》

と畠野がいう。マラソンの前夜、円谷が寝たあとで畠野と宮路と南の三人は、補給用飲料の容器を作りはじめた。マヨネーズのチューブに針金を巻きピンポン玉をつける。走りながらすぐわかり、簡単に取って行くことができるための工夫だった。そこに薄いカルピスとレモンを入れた。夜中に一度だけ《寝れないんです》と円谷が起きてきたが、そういってしまうとすっきりしたのか、やがてぐっすり寝入った。

当日、故郷の須賀川から百人がバス二台で上京し、在京の五百人と共に沿道に散った。父、幸七は「走れ幸吉」と書いたのぼりを持ってメインスタンドに陣どった。レースの始まった午後一時からは、須賀川市内の人通りがまったく途絶えた。

円谷は走った。

これは調子がいいぞ、なんとかいけそうだ、とわかったのは、やはり走りはじめてからだ。どんなにコンディションがいいと思ってみるまでその日の自分の調子などわからないものだ。苦しかったのはマラソンは走ってみるまで二五キロを越えたあたりと三五キロ付近だった。

五キロごとにカルピスとレモン入りのマヨネーズが置いてあるのが、早く見えてこないかと待ち遠しい。これが見えるごとに五キロ走ったことがわかるからだ。もう五キロ、もう五キロと自分にいい聞かせながら走った。

三五キロを過ぎると、不思議に苦しさは消えた。……これはがんばれば三位までに入れるという自信のようなものが出たのは、そのときだ。

円谷が新聞に発表した手記の一部である。

彼の貰った銅メダルの重さは、物理的には数十グラムにすぎなかったが、その心理的重量は計り知れないものがあったろう。翌年の岐阜国体において、一万メートルで沢木啓祐のラストスパートに屈した時、ある新聞は「〝栄光の重荷〟から解放」という見出しで大きく報じたくらいだ。

マラソンの翌日には、もう防衛庁長官から第一級防衛特別功労章を受け、二日後には、須賀川市と東京が即時通話になることを祝って、父や市長と記念通話をさせられる。円谷は、「栄光の重荷」に、少しずつ躰が揺れ出した。

十二月になって、やっと故郷に帰ることができた。しかし、ここで待っていたのも

「大歓迎」だった。駅から街の中心まで、近在に何台もないオープンカーを駆り集めて、大パレードを行なった。同行した畠野は、道の両側にビッシリ並んだ市民に向かって、右手をあげ躰を三十度くらい曲げて頭を下げ通していた円谷の姿を、よく記憶している。子供たちが握手を求めてくると、ひとりずつ几帳面《きちようめん》に握り返した。パレードが終って、体育館での祝勝会に、幸七は緊張しながらこう述べた。

《次のメキシコには、ぜひ勝つように頑張らせる。それまでは結婚させない》

しばらくして、郡山の部隊に挨拶しにきた円谷を見て、数年間を共にした斎藤章司は、これはいけないと思った。あまりにも激しい虚脱状態に陥っていたからだ。東京オリンピックという目標が不意になくなって、呆《ほう》けたようになっていた。郡山に帰って来ないか、と斎藤は勧めた。もう一度、ここで英気を養い体力をつけた方がいい。メキシコはそれからでも遅くない。それに対して、本当はそうしたいが、許しては貰えないだろうと円谷は答えた。彼には「自衛隊の円谷」として、しなくてはならないことが多すぎた。

その結果が、四十年八月に行なわれたタイムスマラソンでの惨敗だった。走りながら意識朦朧《もうろう》としてくるのが、伴走している畠野にもよくわかった。二十八キロ地点で棄《そ》権させた。円谷にとっては、初めての屈辱的なレースだった。その夜、円谷は頭を剃ってしまった。畠野が驚いた顔をすると、「エヘヘ」と照れ臭そうに笑った。

三十七年に悪化した腰は、幸い東京オリンピックまではもちこたえた。しかし、それは時限爆弾を抱えているようなものだったのだ。四十年、単身で出かけたブラジルから帰ると、練習中の傷から破傷風になり、さらに郡山時代に傷めたアキレス腱が悪化、それが持病の椎間板《ついかんばん》ヘルニアを誘発するという、信じられないほどの悪循環が続いた。しかも、トラブルは肉体上のものばかりではなかった。

円谷は自衛隊員であると同時に、中央大学の夜間部に通う学生でもあった。中大は学生として選手登録しようとするが、それを快く思わないグループもあって、小さな登録手続のミスから円谷をめぐって日本学生陸上競技連合が大きく揺れる。結局、彼は学生として走ることを断念せざるを得なくなるが、円谷にはかなり大きな精神的負担だった。そのうえ、四十一年には久留米の自衛隊幹部候補生学校で訓練を受けるために、三十週間に及ぶ空白の期間を送らなければならなかった。そして決定的だったのは、円谷が久留米にいる間に、労苦を共にしてきた畠野が北海道にとばされたことである。久留米から帰って来た円谷には、宮下というコーチがついた。しかし、彼はそれまでハンドボールのコーチをしていた人物で、長距離にはまったく縁がなかった。

なぜ畠野は北海道にとばされたのか。まさにその理由こそが、円谷の死を照らすまったく新しい「光源」だと気がついたのは、思いもよらぬ偶然からだった。

6

ことは、数冊のノートから始まった。

農業高校で教師をしている円谷の長兄、敏雄に遺品を見せてもらっている時だった。そういえば……といって、敏雄が最近みつかったのだがと数冊のノートを持ってきた。見れば、円谷が生前に書き残したノートではないか。彼自身の内面について何か物語っていないか、喜び勇んで読ませてもらった。そして失望した。ノートは彼自身の「手記」ではなかった。

しかし、不思議なノートであることには違いなかった。大学ノートを縦書きにして、独特の小さな字で書かれていた内容というのが、他人から来た手紙の写しだったのである。友人知人から手紙が来る。円谷はそれを丹念に自分のノートに筆写していたのだ。自分の出す手紙の下書きをとっておくということは考えられる。しかしなぜ、来た手紙を克明に写す必要があったのだろう。敏雄にもわからないらしかった。

ただひとつ考えられるとすれば、筆写することで手紙の「型」を学ぼうとしたということである。円谷はどこかへ行くたびに父母へ手紙を出している。しかし、米粒のように小さな文字で書かれている内容は驚くほど形式的なものである。父母が心配しないよう手紙を出すという思い遣《や》りと、その内容の堅苦しさは奇妙な対照をなしている。自衛隊時代同室だった者には、暇があると机に向かって文字を書いていた円谷の姿が強く記憶に残っている。だが、その時の「文字」は、混沌の中から自身の感情を掬《すく》い上げ定着するといったものではなく、「模写」であるか、明確な「型」のあるものだった。円谷は「模写」することを決して厭《いと》わない性格だった、と中学時代の何人かの教師も語っている。

さて、ノートである。円谷の独特な性格を際立たせてくれたが、それだけのこととして忘れ去ってしまった。その時、敏雄がいった《……結婚も決まりかけていたし、私は結婚式場まで考えていたのでしたが》という言葉に気を取られてしまったからだ。それはノートより重要なことと思えた。結婚が決まりかけていた？　それなのに？　しかし、敏雄はそれ以上のことを語ろうとはしなかった。ノートがふたたび意外な鮮烈さで蘇ったのは、郡山の自衛隊で共に走っていた仲間の、斎藤章司に会った時だ。

何気なく、結婚が決まっていたらしいがと訊ねてみた。結婚式場まで決まった相手がいたそうだがとさらにつけ加えると、斎藤は「えっ」と小さく叫んだ。御存知ですか、誰から聞きました？　敏雄さんからだ、と答えた。

《そうですか。……そうなんです。ひとり長く交際していた女性がいたんです》

こんどは、こちらが「あっ」と叫ぶ番だった。あのノートを思い出したのだ。筆写していた手紙の相手の名が、一挙に思い出されてきたのだ。男もいたし女もいた。しかし何度となく現われ、実に健康的な文章を書く女性がいた。覚えようとするともなく記憶していた。もしかしたら、あの女性ではないのか。

《＊＊さんではないんですか？》

《そこまで御存知なんですか！》

この縁談のことは誰にも喋《しゃべ》ったことがない、と斎藤はいった。円谷が死んだ直後のマスコミの大騒ぎの時も、しつこくカマをかけられたが黙り通した。他の関係者も、これだけは語らずマスコミに出ないで済んだ……。だが、それほどまでに隠そうとしていたことが、縁談そのものの存在より、驚くべきことのように思えた。

縁談に関する何人かの人たちの断片的な言葉を、積木細工のように重ねていくと、そこには円谷幸吉のもうひとつの悲劇の像が、おぼろ気ながら輪郭を現してきた。


女性は郡山の部隊で厚生課に勤めていた。円谷が彼女に好意を抱いているらしいことを知って、それならそうと早く相談すればいいのにと斎藤はいったくらいだ。円谷が東京に転属になってからも、繁く文通が続いた。あまり円谷が不器用にモタモタしていたので斎藤が橋渡しをしてあげたこともある。明るく活発な女性だった。そこに惹かれたらしかった。オリンピック前のことだった。札幌で合宿をしていると恥かしそうに、コーチの畠野のところにやって来た。友達が、かよっている洋裁学校の修学旅行とかで札幌に来るらしい、どうしたらいいかというのだ。会いたければ会うがいい。しかし円谷は、畠野も一緒に行ってくれといってきかない。仕方なく、畠野は喫茶店で円谷と共に女性に会った。それが彼女だった。

オリンピックが終って二年ほどした頃、それは円谷の躰が悪化しつつある頃でもあったが、畠野は彼から一通の手紙を受けとる。そこには決然たる調子で結婚したいということ、同じ手紙を父親にも出したことが書かれてあった。幸七が驚いて相談に来た。メキシコ大会が終るまで余計な精力を使わせたくない、と幸七は反対だった。しかし、円谷の決心は固そうだった。畠野には、結婚がさほどマイナスだとは思えなかった。そこで、彼は幸七を説得することにした。

《結局、わかってくれて折れてくれたんですよ。縁談はまとまりました》

その当時、すでに体育学校長から北海道の師団長になっていた吉井武繁のところにも、招待状が届いたという。それが、突然、破談になった。どうしてか。しかし、訊ねても誰も答えてくれなかった。知ってはいるが自分の口からは説明するわけにはいかない、という気配がありありと窺えた。「自衛隊の恥」を公言できないということだったかもしれない。吉井がわずかにこのようにいった程度だ。

《円谷のお父さんは、ああいう方だから隊の上官から意見を述べられると、それを命令と受け取ってしまうことはあるだろう》

恐らく事情はこういうことだった。縁談はまとまり、細部まで決まったが、そこに思いがけない邪魔が入った。体育学校の上官から「待った」がかかったのだ。メキシコに行けるかどうかもわからないのに結婚どころではないはずだ、というようなことだったろう。いくら自衛隊といっても個人の私生活にまで干渉はできない。だが、その「参考意見」は、父親の幸七にしてみれば命令も同然だった。幸七はそういうタイプの人間だった。その上官は、それを見越して意見を述べたのかもしれない。何よりも彼は、体育学校の事情を最優先させるような人物だった。畠野は反対だった。練習にしても、結婚することで成果が上がるかもしれない。上官に異を唱えた、そのことの結果が、北海道のスキー学校への左遷だった。

上官の「参考意見」に幸七が揺れた。結婚はメキシコが終るまで白紙にしろと「命令」した。だが、それには女性の側の両親が「適齢期をはるかに過ぎてしまう」と反対した。円谷はどちらを取るかという地点まで追い込まれた。そして、彼は父を選び、だから自衛隊を選んでしまった。選んだというより、彼にはそれ以外の道は考えられなかったのかもしれない。

破談になったある晩、女性が円谷の家を訪ねたという。遠征に行くたびに小さな置物などをみやげに買ってきては、彼女にプレゼントしていた。それを箱につめて、車で運びドサッと返すと、すぐ帰ってしまった。彼女には彼女なりの独特な口惜しさがあったのだろう。しかし、円谷にはそれがひどく辛いことだったらしい……。


この一連の出来事から、自衛隊ならびにその上官を非難することは、しかし、あまり意味のあることではない。宿命が神の仕掛けた罠ではなく、彼の情熱が辿らざるをえなかった軌跡だとするなら、すべては円谷幸吉の個性に帰せられるべきである。

それは、彼とまったく同年代のマラソンランナーである君原健二を見る時、なお一層はっきりしてくるだろう。君原は、東京オリンピックで国民の過大な期待に圧《お》し潰《つぶ》されて八位と敗れると、すぐに八幡製鉄の陸上部に退部届けを出した。「死への逃避も頭にちらつか」ないわけではなかった、という。マラソンにはふっつりと出なくなった。失意の時期に、円谷と同じようにひとりの女性に心を占領されるようになる。彼女は君原が生まれて初めてのファンレターというものを貰ったその相手だった。会ったことはなかったが、初夏、彼女から風鈴が届く。その音色を聴きながら、君原は会おうと決心する。会って、彼の心は固まる。コーチの高橋進に相談すると応援しようと約してくれる。

ところが、円谷と同じく父親が反対する。まだ若いということだったのかもしれない。が、君原が円谷と違っていたのは、最後まで自分の決意を大事にしたことだ。君原は我の強い男だった。彼は結婚し、ふたたびマラソン界で復活しはじめる。メキシコ大会ではマモについで銀メダル、ミュンヘン大会にも出場し、五位に入賞した。三回のオリンピック・マラソンに出場し、すべて十位以内という素晴らしい記録を作った。

《私の長い競技生活も独身だったら可能だったかどうかわからない》

ところで、スキー学校へ転属になり、北海道へ行かなくてはならなくなった畠野は、久留米で訓練中の円谷に会いに行っている。二、三のアドバイスをしておきたかったからだ。畠野の転属の理由を知ると、円谷は思いつめたような顔になった。畠野が帰ったあとで、自分も一緒にどこまでも行動するという意味の手紙を、体育学校の上官に宛てて出した。しかしそれは事態を悪くしただけだった。畠野が扇動したにちがいないということになってしまったからだ。円谷も彼に迷惑が及ぶのを恐れて撤回した。

円谷は、それ以後、あらゆるものと切り離されて、ひとりきりで生きていかなければならなかった……。

7

オリンピックから死に到る日々が、円谷にとってどのようなものであったかは、以前と比べものにならないくらい増えた新聞記事の見出しを、無造作に並べてみるだけでもよく理解できる。

四十一年
銅メダルが泣いたこの一年
円谷・幹候学校を卒業・メキシコ大会へゴー！
四十二年
マラソンに再登場・メキシコめざして円谷無念の9位
「前途」に暗雲・水戸マラソン
空白の穴まざまざ・練習も一人ぼっち
迷えるランナー円谷・薄れ行く〝五輪の栄光〟・どん底脱出へ時間が必要

この頃の円谷を見て、すでに日本長距離界のエースになっていた沢木啓祐のコーチで

ありと順天堂大学の監督でもあった帖佐寛章《ちようさひろあき》は、
《フォーム全体がくずれ、両足が開き気味だし、上半身も折れすぎているようにみえる》
と指摘していた。そして、練習に迷いがあるのだろうが、このままでは立ち直れない恐れもある、と付け加えた。それは円谷自身にもわかっていたと思われる。
ある日、不意に円谷が郡山の部隊にやって来た。
《一週間だけ体育学校から体暇を貰って来た。ここに置いてほしい》
というのだ。驚いた斎藤が理由を訊ねると、円谷はこう答えた。
《むかし、ここで斎藤さんと初めて走りはじめた頃のように、同じベッドに寝て同じ練習コースをもう一度だけ走ってみたいんです》
その必死な表情に、事態はかなり深刻なのだなと斎藤は理解した。だが、それにしても円谷の「同じベッド、同じコース」という言葉には、切ないほどの息遣いが聞こえるようだ。ここへ来れば必ず何かキッカケが摑めると信じていたわけではないだろう。「もしかしたら」という藁《わら》をも摑む気持だったに違いない。そして、それ以上に、かつて斎藤と共に走り、走ることが愉しくてならなかった日々へ回帰したいという、哀しいほど切実な願望があったろうことは容易に想像がつく。
かつて、ジョーン・バエズが、ボブ・ディランと共に暮した一年間を、美しく回想していたことがあった。——あの頃はディランが極端に汚れている時期だった。ハイウェイで車を止めて踊り狂ったり、ワインを呑み過ぎて吐いてしまったり、ステーションワゴンのうしろで眠ってしまったり……。それでも私たちを取り囲むすべてのものが美しかった。ヴィレッジに泊っていて、ある朝、窓から下をのぞくと子供たちがいた。

《まるでもう百年もボビーと一緒で、外をぶらぶらしているあの子供たちは、私たちの子供のような気がしました。下を通りかかったカップルが上を見上げましたが、彼らは私たちに気がついたと思います。彼らもビューティフルでした……》

やがて二人は破局を迎えることになるが、誰にでも一生に一度は「ビューティフル」な日々があるものだ。だが、それは「追憶」のためにだけあり、「回帰」することはついにできない。

《でも駄目でした。自分も一緒に走ったのですが、やはり調子が悪そうで、どうしても自分が円谷をリードするような形になってしまったものです。部隊の者は円谷が帰って来たというので大喜びで見学しておりましたが……》

円谷に関する生前最後の新聞記事は、四十二年八月のものである。

「円谷がきょう入院・アキレス腱の手術で」

これはひとつの賭けでもあった。右足のアキレス腱は以前から悪かったが、腰がよくならないかぎり完治しないと宣告された。危険ではあるが、持病の椎間板ヘルニアを手術するため、臨床医学研究所付属病院に入院した。

当初は三週間ぐらいの予定だったらしいが、実際に退院したのは三カ月後の十一月四

日だった。病院長の河野稔によれば、病気は完治していたという。その証拠に、退院して、しばらくたってからの検査の折も、

《九州でトレーニングをやっていますが、いまやっている十キロレースでは、自分が思っていたよりいい記録が出ました》

といっていた程だともいう。しかし、これは、円谷の精一杯の思い遣りだったように思える。手術後に会った斎藤へは《腰の手術なんて、二度とするもんじゃない》と呟いている。十二月二十五日から二十九日まで下田で行なわれた合宿では、コーチの宮下にも「競技生活はもうだめだな」と思えるほどの状態だった。

三十日に、円谷は須賀川の実家に帰っている。円谷家では、三十一日に一族の親、子、孫が集まり、大ジンギスカン鍋をするのが習わしだった。その後で年越しそばを食べる。この夜、円谷も上機嫌だったという。明けて元旦。祝いの膳で、長男の敏雄が、謡曲『高砂《たかさご》』と『羽衣』をうたった。すると円谷は『武田節』をうたった。

甲斐の山々　陽に映えて
われ出陣に　うれいなし
おのおの馬は　飼いたるや
妻子につつが　あらざるや　〳〵

祖霊まします　この山河
敵にふませて　なるものか
人は石垣　人は城
情けは味方　仇は敵
（米山愛紫・作詞）

母、ミツの実家から、毎年のように干瓢《かんぴょう》が送られてくる。敏雄の妻が、それを材料にして巻き寿司を作った。三男の巌の家では、妻の実家から紫蘇《しそ》が送られてくる。それで紫蘇めしをこしらえた。正月三日には母がとろろをすり下ろした。須賀川周辺では、これを「三日とろろ」と呼ぶ習わしになっていた。円谷はそのどれも充分すぎるほど食べた。家族の者にとっては、わずかばかりの異常さも見出せなかった。躰のことはひとことも喋らなかった。ただこういうことはあった。円谷のすぐ上の兄、幸造は、横浜で運転手をしていることもあって、自分の車で須賀川の実家に来ていた。円谷もそれに便乗して来たのだ。正月になって、円谷は「走り初《ぞ》め」と称して走ったことがある。幸造の車に伴走してもらい、国道四号線を走った。しかし、十分も走らないうちに《もう走れない》といって、幸造の車に乗り込んできた。以前の円谷なら想像もできないことだった。

三日にこの車で東京に帰った。途中、大宮で下ろしてもらっている。しかし、隊に帰ったのは二日後の五日だった。

郡山の陸上部は、群馬で冬期合宿をしていたが、円谷もそこに来るはずだった。須賀川に問い合わせるともう東京に帰ったという。斎藤たちが不審に思っていると、九日になって「円谷自殺」の報を受けた。

須賀川では、父、幸七が来客と話している時、姪《めい》が慌ててとび込んで来た。幸七は信じなかった。NHKのお昼のテレビでやってたよ、というので少し不安になった。息子たちが駆けつけ、報道陣がドッと繰り込んでもまだ信じようとしなかった。そこに体育学校長名による電報が舞い込んだ。

「コウキチサン　ヘンアリ　スグコラレタシ」

午後四時の急行で、息子ふたりと東京に向かった。体育学校に着いて、異様に静まり返っている気配に、幸七はやっと幸吉が死んだのかもしれないと思いはじめた……。

遺体はすでに棺《ひつぎ》に移されていた。白布を取って見ると、眠っているような優しい表情をしていた。首に小さな絆創膏《ばんそうこう》が貼ってあった。そして、遺書が二通のこされていた。生々しいものといえば、一通の遺書に浸み込んだ、血の鮮やかさだけだった。

十三日に自衛隊体育学校葬が営《いとな》まれ、円谷は二尉に特進した。そして、勲六等瑞宝章というささやかな勲章が、政府から贈られた。

「ツブラヤクン　シズカニネムレ　キミノイシヲツギ　メキシコデハ　ヒノマルヲアゲルコトヲチカウ」

君原から弔電が届いた。

8

円谷は自衛隊の制服を好んで着用したという。夜間大学の学生として中央大学へ行く時を除いては、外出する場合に私服を着ることはなかった。それが自衛隊員の義務であるからというより、彼自身の生理に制服がよく合っていたのだ。

彼は「規矩《きく》の人」であった。制約や限界が明瞭な場所で生活することに慣れていた。少年時代は躾であったろうし、青年時代は軍規であったろう。むしろ、その中でこそ生き生きとできるタイプの人間だったかもしれない。

それは、彼が初めて走ったマラソンレースにも、象徴的な形で出ていた。オリンピック直前の中日マラソンで円谷がマスコミに騒がれたのは、五位になったことより、走っている途中で、自分の飲んだジュース容器をごみ箱に捨てに行ったということによっていた。しかし、これなどもマラソンランナーとして、真の「美談」であるかどうかの判定は難しい。たとえばミュンヘン大会で圧勝した米国のフランク・ショーターのように、走りながら便意を催すと新聞社の小旗を打ち振る人から紙を破り取り、川原に降りて気が済むようにして、しかも軽々と相手を抜き去り優勝してしまうというような破天荒な行為と比べる時、円谷の「マナー」は規格通りの哀しいものと映ってくる。

畠野と離ればなれになった後にも、円谷はよく手紙を書いた。その手紙の中で一度だけ愚痴《ぐち》をこぼしたことがある。畠野がいなくなって自分のことを叱り命令してくれる人がいなくなった、すべて自分の思うようになる、それが辛いというのだ。半分は畠野に対する労《いたわ》りだろうが、残りの半分は円谷という人間をよく表している。円谷は「自我」などという代物と無縁であるかのように、誰もが見ていた。

だが、二十六歳を過ぎて、初めてその「規矩」からはみ出そうとした。企てたわけではなく、好きな女性と結婚したいという素朴な願望が、周囲に張りめぐらされた枠と衝突してしまったのだ。しかし、彼の永年にわたって培《つちか》われてきた倫理観からは、上官や父親の命令を突破するという答は出てこなかった。

躰がさらに悪化し、長い入院生活でひとりになって、彼は考えた。考えたに違いない。もしメキシコに出場できないとしたら、自分はいったいどうして彼女と離れなければならなかったのかわからなくなる。メキシコは不可能だ。だとしたら、なぜ……。

その女性は四十二年の暮近くに郡山市内の商家に嫁いだ。ということは、円谷がそのことを知ったのは、最後の正月となった日々を過すために、須賀川に帰ってきてからだろうと想像できる。「走り初め」でもう走れぬ自分を知って、その報せをどのような気持で受け取ったか。

三日に兄の車で東京に向かい、大宮で兄と別れてから五日の夕刻に自衛隊に戻るまでの二日間、どこをどう歩き回っていたか、今もって足取りがつかめないという。この

「空白の二日間」にこそ、円谷の死に直接むすびつく鍵が秘められていると思われるのだが、今はただ「うろついていた」という一事しかわかっていない。

　体育学校に入校しないで郡山に帰った斎藤は、それからマラソンを愉しみながら続け、部隊の後進の指導にもあたった。昭和五十年夏に山中湖で開かれた世界高齢者マラソン選手権に、四十歳を過ぎた斎藤は初参加し、見事、優勝をさらった。――あと五年もしたら、円谷と共に高齢者マラソンに参加できたのに、それを思う時、彼の死を最も残念に思う、と斎藤はいった。

《結局、自分にも円谷君が死ななければならなかった理由がわからないんです。果して本当に覚悟の上の自殺だったのかなとも思います。円谷君が死んだ時、下着のままの姿だったそうですけど、あの几帳面な円谷君が覚悟の死に際して、どうして制服を着なかったんでしょう。しかも部屋の中には洗濯物がかかっていたり、机の上には書きかけの年賀状があったそうです。なにかいろいろなことが、一度にワッと頭に押しかけ、発作的に首を切ってしまったように思えるんです》

　夭折した者が遺した「思い」を理解することは、生き残った者たちにはついに不可能なことなのかもしれない。しかし、生き残った者たちは、遺されたその「思い」から逃れることができないのだ。その中を生き切るより仕方がない。

　円谷幸吉の両親は、彼の死後、普通の民家を改造して作った「円谷幸吉記念館」に寝起きするようになった。他の子供たちが、せめて末子の幸吉の思い出の中に、余生を送らせてあげたいと願ったのだ。

さほど広くない空間に、長距離ランナー円谷幸吉のさまざまな遺品が陳列されている。遺影、表彰状、メダル、ランニング用シャツ、パンツ、シューズ、自衛隊制服、オリンピック出場時のゼッケン77、そして遺書。

幸七はこの部屋の日だまりで、日向ぼっこをしながら浪曲を聴くのが好きだったという。煙草《たばこ》をふかしながら浪曲『円谷幸吉物語』のレコードを何度もかけていた。しかし、死の一年前くらいからは浪曲も聴かなくなり、ぼんやりと窓の外の景色を見ていることが多くなった。ミツがいう。

《いっつも外を見てるんだ。ポッカポッカと煙草ふかして、廊下にちょこんと坐ってさ、煙草吸うのが商売のようだ。それがいけなかったんだね》

幸七は昭和五十年九月、「忍耐」と刻まれた記念碑が建ったのを見届けてから、静かに息を引き取った。

《幸吉は二十七で人さまの一回分も二回分も生きたんだから、仕方ねえ、あれでよかったさ。でも、じいちゃんは、しまいまで諦《あきら》め切れなかったらしいね。ひとことどうしていってくれなかった、つってね。仕方ないさというと、ばあちゃんはすぐそんな思い切ったことというだからなんて怒ったもんだ》

確かに生き残った者たちは、遺されたその「思い」から逃げることができない、だが、逃れられないのは近親者ばかりでは決してないのだ。

ふと、自分はなぜ生きつづけているのかという馬鹿ばかしいほどプリミティヴな疑問が、脳裡をよぎる瞬間がある。そんな時、暗い奈落の底から視野に入ってくるのは、一群の若い死者たちの姿である。なぜ死んだのか、なぜ生きつづけられなかったのか。しかし、そう問うことは、逆になぜあなたたちは生きつづけられるのか、と死者から問い返されることでもある。

夭折した者の書が永い寿命を持つのも、その反問の刃《やいば》が実に鋭利だからである。大岡昇平は三島由紀夫の死を知って《死ヌモノ貧乏》という言葉を脳裡に浮べた。しかし、夭折した者の輝きの前では、生き残っている者こそ貧しいということもありうる。三島の死の貧しさは、夭折できなかった者がそれを永く望みつづけるという背理を犯した者への、罰であったかもしれない。ぼくらが、晩年の三島のように「夭折を欲する」ことができないとするなら、生きつづけ生きつづけ、死者が遺した「思い」を引き受け、「問い」を引き受けながら生きていくより仕方がない。

しかし、夭折した多くの人にはさまざまな思いがあったはずなのに、円谷幸吉の遺書にはうらみつらみの一片もなく、ただ「礼」と「詫」で終始している。円谷は最後まで「規矩の人」だった。円谷の生涯の美しさは「規矩」に従うことの美しさであり、その無惨さも同様の無惨さである。

オリンピックの翌年、アベベは毎日マラソンに出場するため、もう一度日本を訪れた。

この時、大津に新入隊員の激励に来ていた円谷は、宿舎にアベベを訪ねた。どうして走らないのか、とアベベは訊ねた。足を痛めて走れないのだ、と円谷は答えた。その時もアベベは走り、勝つ。しかし、アベベ自身の膝も深く冒《おか》されはじめていたのだ。だが、アベベはそれを隠して走りつづけた。メキシコで惨敗したあとも走りつづけた。崖から車ごと転落するという大事故で、下半身の機能を失ったあとも、ある意味では走りつづけ、昭和四十八年、四十一歳で死んだ。

スポーツマンには無数の劇的な「もしも」が存在する、といった。しかし、人生に真の「もしも」など存在しない。まさに、そのように生きるより仕方がなかったのだ。だが、もしたった一度だけ、円谷の生涯に「もしも」という仮定が許されるなら、次のように問うてみたい誘惑に駆られる。

もし、アベベの足の状態を円谷が知っていたとしたら、円谷は果して死んだであろうか、と。

イシノヒカル、おまえは走った！

1

二十七頭だてのゲートが音立ててあいた時、十三万人の観衆から「ウォー」という地鳴りにも似た異様な喊声《かんせい》が湧きあがった。それは、もうこれで重苦しい緊張から解き放たれたのだ、という安堵《あんど》の溜息であったかもしれない。まったく綺麗《きれい》なスタートだった。横一線に並んだ二十七頭のサラブレッドが、次第にひとつの塊《かたま》りとなってスタンド前を通過する。橙《だいだい》色の帽子の加賀武見《たけみ》騎手とゼッケン23のイシノヒカルが、後方七、八番手につけていたのを確認できたのもほんの一瞬であった。あとは、黒い馬群がひとつになって向正面を移動していくのを、ただ茫然《ぼうぜん》と眼で追っているだけなのだ。

四コーナーを回って直線に入った時、先行するナイスジャックを急追して、ロングエース、タイテエム、ランドプリンスが先頭に躍り出ようとしていた。そして、見ると、大外《おおそと》から橙色の帽子が猛烈に差してきた。23番、イシノヒカルだ。ただ、「追いつく」ことだけが使命のように、ひたすら先行馬を追いかける。

そして、イシノヒカルが六番手にあがってきたとき、多くの人は「よし、行けッ」と思ったにちがいない。皐月賞《さつきしよう》でのあの壮烈な追い込みが、また目前で現出されそうだった。「追いつく」ためにイシノヒカルは走った。加賀武見は「追いつかせる」ために、そして自分自身もなにものかへ「追いつく」ために、ひとつふたつムチをいれた……。

七月九日、日曜日の東京競馬場である。イシノヒカルが出走した第九レースには、八十五億三千万の巨額な金が賭けられていた。そのレースの名は、「東京優駿競走」あるいは別名「日本ダービー」ともいう。迎えて第三十九回、小雨ながら馬場は良……。

その前日、ダービー馬の華麗な予想で賑《にぎ》やかに埋めつくされたスポーツ新聞の片隅に、数行の小さな死亡記事が載った。

「七日、甲州街道を自転車に乗って横断していた、府中競馬場調教師岩下密政《みつまさ》さん（五八）は、大工＊＊＊末蔵（四三）運転の乗用車にはねられ頭を打って間もなく死亡した」

交通事故など日常茶飯の事ではないか、とほとんどの人は眼にも留めなかっただろう。しかし、昔からの競馬ファンなら「岩下密政」という名に、「おやッ」と思ったはずである。そして、その中の何人かは、昭和二十六年のダービーでトキノミノルに騎乗した彼の姿を思い浮べ、この「平凡な輪禍死」にあるかなきかの悲劇の匂いを嗅ぎ取っていたに相違ない。

トキノミノルは大映の永田雅一《まさいち》の持馬だった。八十数万円の、当時としても破格の安馬で、買い手がつかないところを彼が「引き取った」という馬だ。そんな馬が自分の持馬にいることすら、永田は覚えていないほどだった。しかし、トキノミノルは無印の第一戦に八馬身ほどぶっちぎって楽勝するデビューを飾って以来、クラシック戦線に疾風《しっぷう》のように登場して来た。三歳で六戦全勝。常に二着以下を大きく離してのレコード勝ちだった。だが、トキノミノルは左前膝を病んでいた。緒戦から騎乗していた岩下密政は《トキノミノルはいつも三本足でレコードを作る。……しかし、一度でいいから四本足で走らせたい》と口癖のようにいっていた。

四歳になっても二連勝、そのうえ皐月賞にもレコード勝ちした。八十数万円の安馬は、ダービーの本命馬となったのである。ダービーの直前、今度は右足にひどい腫《は》れが出た。左足をかばった無理が右にかかったためかもしれなかった。関係者の数日にわたる協議の末、出走が決定したのはダービー前日。この時ばかりは永田雅一も弱気になって、こう呟《つぶや》いたという。

《まいったよ、私も。今度ばかりはまいったよ。自分の子供の病気だって、こうは必死にならんよ》

満身創痍《そうい》のトキノミノルは、本命人気を背負って走らざるをえなかった。ダービーという、サラブレッドにとっての「only one chance」に走ることは、しかしトキノミノルにとっても本望であったかもしれない。

出走直前、「無事に走り終えてくれればそれでいい」と念じていた永田は、騎手の岩下にひとつの頼みをした。
《直前でムチをいれる時、南無妙法蓮華経《なむみょうほうれんげきょう》と三度となえてくれ、必ず……》

永田は日蓮宗の信者としても有名だった。岩下は心の中で苦笑した。

二十六頭が一斉にスタートする。トキノミノルは馬群に包まれて出られない。永田は「ダメだ！」と思った。しかし、一コーナーで奇跡的にポッカリとコースが空く。抜け出たトキノミノルは向正面から三コーナーにかけてトップを奪い疾走する。後方から強敵イツセイが猛追してきた。差がつまる。岩下はムチを入れた。その時、彼は思わず《南無妙法蓮華経》と呟いていた、という。だが、ついに一馬身半を守り切り、二分三十一秒一のレコードで快勝した。

ダービー馬の手綱《たづな》を取った永田雅一は、生涯で最も幸福な瞬間に酔っていたことだろう。この年、『羅生門』がヴェネチア映画祭でグランプリを取るなど、彼はまさに絶頂の時期にあった。

——ダービーに走ることが彼のすべてであったというように、トキノミノルが静かに死んでいったのは、レースから半月ほどのちのことだった。死因は破傷風。
《競走馬として使えなくてもいい。種馬として使えなくてもいい。でもこいつの命を助けてやってくれ。一年でも半年でもいい。こいつを助けてやってくれ……》

死には関係者のすべてが立ち会い、永田をはじめとして皆大声で泣いたという。

このエピソードをその書によってぼくに教えてくれたのは渡辺敬一郎である。そして、彼にこの話を聞かせた競馬記者の北川次郎は、こんなことをいっていたともいう。

《天才は、そのいのちの終焉にむかって風よりも速く走っていく……》

トキノミノルの死には、確かに人間においても夭折《ようせつ》した詩人だけが持ちうる特権的な輝きがあった。悲劇的な死ではあったが、ダービーという「たった一度」のために生まれ、走り、勝ち、そして死んでいったトキノミノルは、至福の生涯を送ったともいえる。

それから二十年。馬上で思わず南無妙法蓮華経と唱えた岩下密政の、二十年後の事故死も悲劇的であった。だが、トキノミノルの特権的な死に比べて、岩下の死が「無惨」であったとしてもそれは彼の責任ではない。それは、ひとつに夭折できぬ大部分の人間の持つ無惨さであるし、ひとつにサラブレッドのダービーのような「only one chance」を持ちえぬ人間の哀しさでもあるからだ。

岩下にとって、トキノミノルによるダービー制覇は、彼の最も輝かしい勝ち鞍《くら》であったろう。しかし、彼はトキノミノルの死と共に騎手をやめるわけにはいかなかった。神々の怒りに触れ、休みなく岩を山頂まで押しあげる刑罰を科せられたギリシャ神話のシジフォスにも似て、岩下は次々と他の馬に乗らねばならなかった。騎手には「たった一度」が許されていないのだ。そして、ほとんどの人間にとっても事情は変らない。

日本ダービーが、天皇賞にも有馬記念にもない熱気を生む理由のひとつは、「たった一度」を持ちうるものへの人々の羨望《せんぼう》が、乱反射するからにちがいない。

そして、ぼくがすでにその熱気の渦中にあるイシノヒカルのいる浅野厩舎《きゆうしや》に住み込んだのは、七月一日のことであった。

府中の厩舎は、すべて東京競馬場の近くにある。本馬場に隣接している方を内厩《ないきゅう》、道一本隔てた方を外厩《がいきゅう》と呼んでいる。浅野厩舎は外厩の厩舎群のほぼ中程にある。ぼくは、馬房《ばぼう》からさほど離れていない、若い馬手の大森君の部屋に寝泊りさせてもらうことになった。

2

七月二日　日曜日　晴

《ほら、行くよ！》

大森君に叩き起された。午前三時。まだ早い、ともう一度布団をかぶった時、やっと思い出した。そうだ、今日から馬手さんと一緒に厩舎で暮らすのだった。それにしても午前三時とは……ヒデェーことになった、と住み込んだのを後悔しつつ顔を洗った。

厩舎の一日は午前三時頃始まる。夏とはいっても外は真暗だ。ポツンポツンと裸電球のついている他厩舎の間を抜けて、浅野厩舎の馬房についたのが三時十五分。まだ誰も来ていない。

普通、ひとりの馬手は二頭ないし三頭の馬を、責任もってまかせられる。その馬の

「運動」と「食事」の面倒を見ることが、彼らの仕事のすべてである。大森君はサラブレッド二頭にアラブが一頭である。

まず、サラブレッドの一頭を馬房から洗い場に曳《ひ》き出してくる。馬格の大きい立派な馬だ。

《走りそうだね？》

《ところが全然。なあおまえ？》と大森君が首筋を叩くと馬は何度も頭を上下に振った。糞尿や汗で汚れた寝ワラを取り換え、馬の全身をブラッシングすると、いよいよ「攻《せ》め馬《うま》」に出かける。浅野厩舎のある外厩から、本馬場のある内厩までユックリと歩かせる。一緒に内厩にいって、ぼくは驚いた。あまりに多くの馬がゴチャゴチャと歩き回っていたからだ。馬場で走らせる前のウォーミング・アップのために、歩かせているのだという。

騎手控室の前のベンチに坐ってそれらの馬を見ていると、哀れに思えてならなかった。その原因はゼッケンにあった。

馬はレースでゼッケンをつけられるだけでなく、ふだん調教している時にもそれぞれのゼッケンナンバーを持っている。そして、そのゼッケンは馬によって色分けされている。サラ三歳、四歳、五歳以上、アラブでは緑、赤、黒などというように色が違う。それはいい。哀れなのは、その中でも重賞レースに出られる馬だけは特別に紺色のゼッケンをしており、戦歴の優劣が一目瞭然にわかってしまうことだった。ダービーや天皇賞の勝利馬がやっと年五、六頭種馬として生き残れるくらいなのだ。重賞レースにも出られない牡馬など、二、三年もすれば間違いなく芝浦の食肉処理場行きだ。

この内厩には大量の桜肉が歩きまわっているといってよかった。

本馬場での「攻め馬」は十五分から二十分で終る。終った馬は厩舎に連れ帰り、湯で躰を洗う。綺麗にふきとり、馬房に入れ、カイバをつけると、一頭の朝の「コース」は終りになる。それだけで一時間半から二時間かかる。ただし、この三十分の「差」は、馬手によるちがいでもあるが同時に馬のちがいにもよる。ひとつは故障馬である場合。どうしても獣医の手当などで時間がかかる。もうひとつはその馬が強い場合である。

馬手は定められた給料のほかに、自分の世話する馬が獲得した賞金の五分を「進上《しんじょう》金《きん》」という名目で貰えることになっている。十万や二十万の五分ならなんでもないが、ダービーのように三千三百万の五分、つまり百六十五万ともなれば、「世話」に時間がかかろうというものである。

イシノヒカルの馬手である向中野《むかいなかの》さんもやはり「二時間」のクチだった。すでにイシノヒカルは千四百万以上の賞金を稼いでいる。ちなみに賞金の取り分の率は次のようなものである。調教師一割、騎手五分、馬手五分、残りを馬主。馬手の中には、何年も手をかけて育て上げた自分たちと、二、三分騎乗しただけの騎手と同じ比率であることに不満な人もいる。

イシノヒカルの調教は、六時から七時にかけて行なわれる。レースばかりでなく、ふだんでも馬ゴミを嫌うので五時から六時の最盛期をわざとはずしている、とのことだった。

イシノヒカルを馬場で「攻め馬」するのは小島武久騎手。軽いキャンターで走りはじめる。首をグッと下げて走る姿は、遠くから見ても力感に溢《あふ》れていた。すばらしいな……と芝生に坐って見とれているうちにウトウト眠り込んでしまったらしい。ハッと気がつくと眼の前をイシノヒカルが通り過ぎて引き揚げるところだった。慌《あわ》てて後についた。

厩舎につくと、汗で黒光りのする躰が洗われる。

しかし、とぼくは思っていた。サラブレッドというのは何て奇妙に精巧な生き物なんだ。前から見れば、少女の手首ほどの細い足に、五百キロからの体重が支えられている。アラブとは違った見事な流線型の馬体に、つややかな毛並、優しい眼差しに引き締った胴……。こうして洗い場につながれている時でさえ、躰には疾駆寸前の緊張をはらんでいる。サラブレッドとは馬という生き物に宿った、ひとつの美しい「緊張」そのものなのかもしれない。そして、人間はこの「緊張」の爆発力を強めるために、つまり「より強くより速い」サラブレッドをつくるために、さまざまな人工的改良を加えてきた。「人間の創り出した最も美しい芸術品はサラブレッドである」という言葉は、決してオーバーではない。

チャーチルも大の競馬好きだったが、ヒトラーもかなりの馬好きだったという。ドイツ馬の血統的レベルを上げるために、侵略先の各地から有名な種馬を奪ってきて、トラケーネン牧場の牝馬と実験的に交配させた。それは無条件降伏の日まで続いていたというから凄い。略奪した種馬の中で、最も有名なのがフランスのファリス。ヒトラーは、このファリスを「重要美術品」に指定した。一方、連合国側も同様に「重要美術品」に指定して、「破損」させないことをモットーに取り返したという。

馬房に入れられたイシノヒカルを、つくづくと「鑑賞」していたら、向中野さんに怒鳴《どな》られた。

《いつまでも馬の前に立ってんじゃないよ！》

人間に立たれると何か食べ物をくれるのではないかと思って、自分のカイバを食わなくなってしまうのだそうだ。人間の与える人参や青草などは、少しも栄養がない「おやつ」といった程度のものなのだ。そればかり食って、カイバを食わなかったら確かに大変だ。もっとも後で他の馬手さんに聞くと《なあに、ダービー前だからイライラしてるにすぎないのさ》ということだった。

しかし、イシノヒカルはもともと食いが細い馬である。そのうえ、アッサリごのみで、カイバに水を入れたり、人参をまぜたりするのが大嫌いなのだ。

《土方の弁当というより、安サラリーマンの定食という感じだな》

向中野さんは笑いながらいう。

《田舎モンのクセしやがって、口だけはキレイなんだから、こいつは》

イシノヒカルは確かに「田舎モン」であった。

彼が生まれた荒木牧場は、苫小牧《とまこまい》に近い日高の門別《もんべつ》町にある。ダービー馬が続出している浦河や静内《しずない》に比べれば、門別は馬産地としてはイナカだ。もちろん、イシノヒカルが「田舎モン」だというのは、それだけが理由ではない。彼の血統に、ライバルのタイテエムやロングエースのような「都会的」スマートさが欠けているせいでもあった。

彼の母はキヨツバメという。十三戦してわずか一勝しかできなかった。荒木牧場の元牧場長大崎茂松が二百万円で買いつけた、いわば四流、五流の牝馬である。

四十三年、そのキヨツバメに、近くの旭ヶ丘牧場にいるマロットを種つけした。マロットはリボーの子である。リボーというのはイタリア産で、伊仏英において十六戦全勝、あらゆる大レースに勝った名馬中の名馬である。種馬になってからも立派な子をつくったが、しかしマロットは不肖の子といってよかった。小レースに二十戦して七勝しかしていない。四千二百万円で日本に入ったが、種馬としてもさほどよい馬をつくっていない。大川慶次郎の評言によれば、「条件級の馬……種馬としてもC級」ということになる。当時の種つけ料は二十万円。高い方ではない。メジロアサマやタケフブキを出したパーソロンなどは現在八十万円の種つけ料をとり、それでも受胎希望がさばけないので、来年からは百五十万円にするという。最初和田共弘がパーソロンを購入した価格は四千万円であった。年に五十頭はカタいから、今年一年間の種つけ料だけで優にモトは取っている。これほどまでにパーソロンの種つけ料が高いのも、彼の血統というより産駒《さんく》がよく走ったからだ。

「強い馬が勝つのではない。勝った馬が強いのだ」というのが競馬の本質である。同じように「良い血統の馬が速いのではない。速かった馬の血統が良いのだ」ともいえよう。C級種馬のマロットと四流牝馬のキヨツバメの子が、三・五流の馬になるかというとそうでもない。そこに、いくら人工的に作られたサラブレッドといえども、人間には決して計り知れぬ創造物の不思議さがある。

キヨツバメは車に乗るのが大嫌いで、種つけの日も旭ヶ丘牧場までトコトコ歩いて出かけた。性交はしたが不妊。翌月もう一度したがやはり不妊。種つけ料は三回まで有効である。六月、最後のチャンスにやっと子を妊《みごも》った。

十一カ月後の翌年五月六日。夜。キヨツバメは男児を出産した。眉間《みけん》に白いホシのあるその子は、キヨハヤブサと名付けられた。それがイシノヒカルの幼名であった……。

良血馬は走ることを前提とされる。だが、三・五流のファミリーの子は、現実に走ることで良血馬に「追いつく」ことを実証しなくてはならない。キヨハヤブサもまた、生まれ落ちた時から未知の良血馬を「差す」ことが宿命づけられていたのである。

二歳の秋までは裸のままで飛びはねていればよかった。とにかくキヨハヤブサは丈夫だった。元気だった。

《田舎者の頑丈さがあったのかな、赤チンひとつつけなかったもんなあ》

牧場長の芳住昭の記憶である。牝馬ばかりのところで育ったので、いつも先頭になって走り回っていた。

この馬は走りそうだと思ったのは、キャンターの足がよく伸びて子供らしからぬストライドの長さを持っていることに気がついてからである。

3

七月三日　月曜日　晴

中央競馬は土、日が開催日なので、厩舎の休日は月曜日になる。この日ばかりは厩舎内もまったく馬の往来がない。各厩舎もカイバづけの当番である数人の馬手が、六時頃に馬房へ出てくるだけだ。

大森君が当番にあたっていたので一緒に行く。彼の話によれば、当番は、「休日出勤」として千五百円の手当を貰う。五、六頭のカイバづけなら二十分で終ってしまう。

《二十分で千五百円。悪くなっちゃうよ》

休日はカイバづけ以外の馬の世話をしてはならぬ、という馬手組合の規則があるが、どこも守っていない。自分の馬がやはり可愛いからソッと寝ワラを替えたり、干したりしているようだ。

イシノヒカルの隣りの馬房にいるカヤヌマタイムは、盛んに反対側のヒカリストラーと鼻面《はなづら》をつき合わせている。牡同士なのだが、馬ッ気が出てきているので、人（馬？）恋しいのかもしれない。昨日の日経賞でカヤヌマタイムが惨敗したのは、ヒカリストラーとの同性愛（？）のせいだということになって、馬房の扉を閉められてしまった。

考えてみれば競走馬の牡の性ほど哀れなものはない。現役中は厳重に牝と隔離されているし、マスターベーションも許されず、特製の防止リングをかけられてしまう。年数頭の最優秀馬以外は「童貞」のまま枝肉になってしまう。種馬になる栄光の優秀馬だってらくではない。マシーンのごとく性交させられる。日に三頭の牝とお相手させられるなんぞということも珍しくない。

昼。向中野さんと話をする。毎年、新しい馬を渡されるたびに、思うのだそうだ。牝なら「今年こそオークスを取るぞ」、牡なら「こいつはダービーだ」と。それはどんな馬手でも変らないという。ダービー、オークス馬を手がけることが馬手の唯一の夢なのだから。

《宝クジで当るより難しいのを、今度こそは、この馬こそはと信じて世話をするのさ》

彼はこの道二十年の経験者である。二十年目にして、やっと宝クジに当りかけた。イシノヒカルは自分の一生にもう決して会えぬ名馬なのかもしれない。今年こそはと思い、いつも破れてしまうユメが実現したのだ。ダービーに出るだけでもうれしいのに、しかも有力馬なのだ。緊張するなという方が無理だった。

《緊張なんかするものかよ》

いっているそばから神経質にイシノヒカルの世話を焼く。

《この馬は気がいい方だから、すぐ入れ込んじゃうんだ》

でも結局、と向中野さんはいう。走るかどうかもわからない馬に夢を託して生きてんだから、馬手なんて少しオメデタイくらいに楽天的じゃないとやっていけない。

淳子ちゃんにいわせると、馬は可愛いが厩舎生活はいや、ということである。彼女は浅野武志調教師の娘で高校三年生だ。

イシノヒカルにしても、気性は激しいが、いたずら坊主で可愛らしい。彼女の部屋は、馬房の隣りにあって、馬の動く気配がすぐわかる。以前すぐ隣りに入っていたファイトパワーというイシノヒカルのお兄さんを可愛がっていた。ところが初めて競馬を見にいったその日に、目の前で骨折してしまったのである。その時から、馬が哀れで厩舎というものが残酷に思え、厩舎生活がイヤになったのだそうだ。

《でも、まだウチは小さな厩舎でしょ、馬手さんたちの家族とも家庭的な雰囲気でつながりがあるから、少しは救われるけど……》

浅野厩舎の構成は、調教師一人、調教助手一人、騎手二人、馬手九人、預託馬二十三頭。決して大きい方ではない。

尾形などの名門にくらべれば、群小厩舎のひとつにすぎない。特に、ここ一、二年は弱小厩舎の悲哀をいやというほど味わわされている。スター馬のいない悲しさである。

昭和四十五年度全国調教師賞金獲得高順位　百三十七位

翌、四十六年も前期はまったく勝ち鞍にめぐまれなかった。その頃である、彼が自分の「調教哲学」を疑いはじめたのは。

彼の哲学は、「馬は値段で走るのではない」という姿勢で貫かれていた。だから必要以上に高馬を漁るより、安馬を手塩にかけて走らすことに重点が置かれていた。他所《よそ》の厩舎で見離された馬をひきとって、一人前に甦《よみがえ》らせたことも一再ではない。職人肌なのだ。

《山にこもって、刀でも作っていれば、きっと名刀をこしらえる人だわ》

というのが妻の日出子の評言である。

事実、彼は「攻め馬」まで自分でやらなければ気がすまないタイプである。かつて、北海道に障害の浅野あり、とうたわれた名騎手である。もちろん、平場《ひらば》でも皐月賞、菊花賞はもとよりかつての帝室御賞典、目黒記念を制している。乗るのが好きといってしまえばそれまでだが、ひとつは、小厩舎の悲しさ、乗り役（騎手）の数が少ないのだ。府中の調教師でも自ら乗る人はほとんどいない。

《それに、自分で乗った方が、馬のコズミぐあいやクセがよくわかる》

この職人・浅野の「哲学」を根元からゆさぶったのだから、去年のスランプはよほど深刻だったのだろう。この頃、厩舎へきた取材記者に悩みを述べたあとで「一筋の光明」について語っている。

《Aクラスにいけそうな三歳馬が三頭ほどいるんです》

その三頭の名は、レッドキャッスル、ソロナイサミそしてキヨハヤブサ。この三頭も浅野は自分で「攻め馬」をしたが、なかの一頭には振り落とされ、おかげで数日寝込んでしまったという。それがキヨハヤブサ、後のイシノヒカルだったのである。

4

七月四日　火曜日　晴

午前三時。パッと眼を覚ますと、今日は大森君を叩き起した。遠くで蟬《せみ》が鳴きはじめた。何と早起きの虫であろうと感動すると、ピタリと鳴き止んだ。

六時半頃、向中野さんがイシノヒカルを「攻め馬」に連れていく。ぼくも金魚のウンコのようについていった。時折、向中野さんが迷惑そうな視線を向けるが、そんなことでぼくはくじけない。いや、いつもならくじけるところだが、昨日馬房でイシノヒカルと互いの「友情」を確認し合ったばかりなのだ。イシノヒカルはあまり躰に触れられるのを好まない馬だが、昨日ぼくがそっと鼻筋を撫《な》でると、イヤがるどころかさらに顔を寄せてきた。イシノヒカルはぼくに親愛の情を寄せている！　と誰が何といおうと固く信じたのであった。

ふつう、内厩で「乗り役さん」に馬を渡すまで、馬手も乗馬して連れていく。みな上手に乗りこなしているが、誰でも一度はかならず振り落とされ、二度くらいは蹴飛ばされるものらしい。運転手から馬手になった若い小熊君など最初の日に胸を蹴られ、四日も寝込んでしまったという。しかし、イシノヒカルの向中野さんは、乗らずに手綱を取って歩かせる。少しオナカが出てきたので、騎乗するのが大儀なのかもしれない。

そのためだろうか。首を垂れて曳かれていくイシノヒカルの様子は、いつも食肉処理場に連れていかれるのではないかと思えるほど寂し気であった。

毎年、三千頭以上のサラブレッドが誕生する。そのすべてが生まれた時からダービーを目指して調教されてくる。しかし、明け二歳馬の一回目のダービー登録には二千六十八頭いたものが、絞りに絞られて現実に出走できるのは二十八頭になってしまったのだ。選ばれた一頭であるイシノヒカルのその寂し気な様子は、選ばれなかった二千四十頭の桜肉候補の「怨念《おんねん》」をヒシヒシと感じているためなのかもしれなかった。

軽く汗を流させて厩舎に戻ると、競馬新聞の記者が待ちかまえている。

《向中野さん、調子はどうです？》

《ごらんの通りだよ》

《暑いですね。暑さはどうなんです、この馬は？》

《暑いのが好きな馬はいないさ》

《ダービーの予想は？》

《強い馬が勝つだろうね》

取りつくシマがないとはこのことだ。記者は必死に食い下がるが、彼は応えない。記者は諦めて帰っていった。

《じゃ、がんばって下さい！　ぼくはこの馬に一番期待を寄せてるんです》

よっぽどあの人はイシノヒカルが好きなんですね、とぼくがいうと、向中野さんはイヤな顔をした。

《どこいってもアアいうのさ、あいつらは》

イシノヒカルを取材する報道陣は、日を追って増えてきた。厩舎の人たちも報道陣にあおられた形でダービーを意識しはじめていた。

そういえば、昨日も、外車に乗ってピンクのパンタロンをはいた競馬評論家が取材に来ていた。ちょうど浅野さんは仕事中だったので、区切りがつくまで評論家を待たせた。評論家はイライラしているようだった。しかし、浅野さんがきてやっとインタヴューを開始したと思ったら、もう終っていた。帰りしなにちょっと馬房に寄って、取材完了。待たされた時間＝三十分、取材時間＝二十分、馬を見た時間＝五分。競馬評論家の取材などこの程度のものであったのか。ユメユメ予想を信じまい、と思ったことである。しかも、これが新聞一頁の対談記事となったのには、驚きを通りこしてゲンナリした。

絶対的な法則というものが何ひとつない競馬の世界に、ひとつだけ確実な法則がある。「競馬で儲けようと思ったら、馬券を買わぬことだ」。ましてや、競馬評論家の予想になど決して従わないことだ。

報知新聞というのはなかなかイキで、しかも残酷なスポーツ紙である。毎週火曜日に、前週の予想の総決算を載せている。この表によれば、競馬評論家や競馬専門紙の予想がどれくらい当らぬものであるか一目瞭然である。ちなみに、オークスのあった前週の予想の的中率を調べてみると、八人の評論家中、最高は所貞夫の一四・六パーセント、最低は宮城昌康の五・七パーセント、平均九パーセント内外である。八人のいった通りに馬券を買えば、一万円投下して配当は六千三百円。つまり、四割近くは確実に損をすることになっている。競馬新聞やスポーツ新聞の予想にしたところで同じである。

《やつらの予想なんていい加減だよ。自分が馬券を買おうと思うと、わざと無印にして人気を落とし、配当をよくさせたりするのは朝飯前なんだから》

厩舎人の競馬ジャーナリズムへの不信は根深い。

午後の軽い運動のあとで、削蹄屋《さくていや》がイシノヒカルの蹄《ひづめ》を見に来た。奥さんが状態を訊ねると、削蹄屋はいった。

《新聞記者がいる傍《そば》じゃ余計なことはいえませんよ》

向中野さんも頷《うなず》いた。

《よけりゃいいが、悪けりゃアラを探してクソミソにやっつけられる》

削蹄屋の話によれば、最近ある馬でまったく何でもないのに「削蹄ミスがあり不安」と書かれて大いに困ったことがあるという。

《その馬を私が装蹄しているのは誰でも知っている。ミスがあったなんて、営業妨害で

すよね。告訴してやろうと思ったけど、相手が新聞じゃ……》
《そうね……佐藤首相が新聞記者と喧嘩した気持、よくわかるわね》
奥さんがそういうと、二人はニッコリと頷いた。

キヨハヤブサが浅野厩舎に入ってきた時、しかし馬手の多くはさほど走る馬だとは思わなかった。最初、キヨハヤブサは大池馬手に任されるはずだった。しかし、大池は世話をしている故障馬の一頭を手放す気になれなかったので、おハチが向中野に回ったのである。このあたりにも、回ってくる馬によって運命のかわってしまう馬手の運不運がはっきりあらわれている。人間の運命というものがあまりにも単純化されて出てくるだけに、ドキッとさせられる。その時、彼は、
《ウチの厩舎では高馬の方だから、少しは走るかもしれないな》
と思ったに過ぎなかった。これは、と思ったのは、第三戦をすぎてからである。十月の未勝利戦で二着になった鋭さが、もしやの期待を持たせたのである。
だが、乗り役の小島武久には初めて乗った時から別の予感があった。
《気性の激しいこのキヨハヤブサは、もしかしたら今まで俺の乗ったどの馬より走るかもしれない》
デビューして五年、十勝足らずしかあげていないが、このキヨハヤブサが一挙に勝ち鞍を稼がせてくれるように思えたのだ。

彼の予感は半分正しく、半分誤っていた。つまりキヨハヤブサ＝イシノヒカルは確かに走ったが、彼には勝ち鞍を一つしかプレゼントしてくれなかった。つまり、加賀武見に乗りかわられることになってしまったからだ。

5

七月五日　水曜日　小雨

ダービーまであと四日である。新聞や週刊誌にも花やかに予想が載りはじめた。

誰が名付けたか「戦国ダービー」。確かにダービー前哨戦で次々と勝馬が変った今年は、予想が立てにくいのかもしれなかった。だが、ほとんどの記事に共通するトーンは「ランドプリンス、ロングエース、タイテエム、といった強力な関西馬を迎え撃てる関東馬は果しているか？」というものである。そして、その一番手としてイシノヒカルがマークされていた。皐月賞一着という着順よりも、最後に見せたあのすさまじい追い込みが、強烈な印象として脳裡に刻みこまれたからだろう。馬場附近では、トラックマンや放送記者などが、慌《あわた》だしく馬から馬へ、騎手から騎手へ、馬手へ、調教師へ……飛び歩いている姿が目立ってきた。

アラブを曳いて来た中年の馬手が、ぼくを新米の馬手とまちがえて、吐き棄てるようにいった。

《お祭りなんて早く終っちまえばいいのによ。俺たちにはちっとも関係ねえもんな。そうだろう？》

——早起きも四日目、慣れてみると馬手という仕事はさほど大変でもない。午前三、四時から七時頃までに馬の世話を終れば、昼に少し運動させる以外に何もしなくていい。昼寝をしようとパチンコしようとまったく自由なのだ。

《昔は、馬手といえばナマケ者に相場が決まっていて、馬手もつとまらない奴なんかどんな所でも絶対に雇わなかった》

浅野さんがいうのももっともだ。こんな気楽な稼業についたら、第一に他の職業なんかにつこうとしないだろう。仕事の対象は可愛い生き物で、人間関係のわずらわしさなどまずない。給料だって決して悪くない。経験一年、二十五歳の大森君で手取りは十万近い。そのうえ、自分の馬がレースに出れば、勝ち負けに関係なく小遣い程度の手当が入り、賞金でも取ろうものなら五パーセントが自分のものになる。おまけに定年は六十五歳である。

いいことずくめの馬手稼業だが、もしぼくが馬手になったら耐えられないであろうことがひとつだけあった。一日があまりにも長すぎる、ということだ。

大森君たちと共に馬手の主要な仕事が終って、ヤレヤレと一服しながら時計を見ると、まだ午前八時なのだ！　一日の中にもうひとつの異なる一日があるようなものだ。これには参った。ボンヤリと一日中イシノヒカルを見ているわけにもいかない。

イシノヒカルといえば、この日から彼の馬房の両サイドに鉄網のオリがたてられた。カギもかけられ自由に彼の傍へ寄れなくなってしまった。

《ダービー？　気になんかしていないよ。未勝利戦に出すつもりで仕上げるさ》とうそぶいていた向中野さんだったが、ピリピリしているのがよくわかった。何度もカギを確かめ、夜遅くにまた見回りにきたりした。浅野さんは平然としているようだったが、やはり神経質になっていた。用心のために秋田犬のフジを馬房の前につなごうといい出して、みんなに《それほどまでしなくても……》と反対されたのも、緊張のせいだったかもしれない。

《あんちゃん、物音に気をつけなきゃだめだぞ》

馬房に隣接している部屋に寝起きしている山沢君に、ひとりの馬手さんがいう。「あんちゃん」の山沢君は、前歯の全部抜けたあとを見せて、ニッと笑った。

「あんちゃん」というのは、騎手の見習いとして厩舎の下働き的な雑用をする少年を呼ぶ、厩舎用語である。浅野厩舎の「あんちゃん」は山沢君ひとりである。彼は北海道・日高の出身、純粋のアイヌである。小学校の頃、アイヌというだけで随分からかわれたものだという。下級生の女の子が、不意に立ち止まって山沢君を指さす。《アッ、イヌ！》

厩舎の「あんちゃん」にはなったものの、故郷では誰ひとりとして彼が騎手になれると思っている者がいないという。口惜《くや》しくないかい？

《口惜しいけど、自分もダメだと思う》
《なぜ？》
《長いあいだ我慢することができない性格でしょ。遊びたいし食いたいし呑みたいし……》
彼のこんな言葉を聞くと、かつてたちばな賞で八百長をした中沢のような騎手を思い出してしまう。中沢は、たった一着の背広と赤坂のクラブでの「遊び」の代償に、八百長をして挙げられ騎手生命を失った……。
我慢に我慢を重ねてやっと騎手になる。我慢の第一が食事。山沢君の抜けている前歯は入れなければいけないのだが、入れれば消化がよくなり躰が大きくなりすぎてしまうのではないか、と奥さんは真剣に心配していた。
《でも、みっともないから、やっぱり歯医者に行っといで！》
ある時、乱暴な口調でそういってから、奥さんは照れた笑いを浮べた。《ここに来てからどうも、言葉が悪くなって……》
彼女が厩舎へ嫁に来て、変ってしまった点が二つある。ひとつは言葉遣いが乱暴になったこと――《馬にザアマス言葉を使っても通じないわ》
もうひとつは金銭感覚が荒くなったこと――《五十円、百円で右往左往していたのが、五百万、一千万単位のお金でもビクともしなくなった》
馬主相手に一頭数百万円の取引をするのだから、それは無理もなかった。イシノヒカルの場合も、彼女が必死になって四百万円の買主を探したのであった。

イシノヒカル……キヨハヤブサはなかなか買い手が見つからなかった。浅野はどうしてもこの馬を自分で育てたかった。そのためには、自分の馬主に買ってもらうより他はない。

最初に持ちかけたのが向井朗という馬主であった。ミスアーコーと二頭で六百万円の値で買い上げてもらおうとしたが、向井はミスアーコーの方だけしか買ってくれなかった。それ以後、浅野と妻日出子の「馬主行脚《あんぎゃ》」が始まる。不思議なことに誰も買ってくれなかった。浅野厩舎の馬主のひとりである田村泰次郎に頼んだ時も、寸前に高価な絵を買って金が足りない当座だった。

《買いたいな》

田村はそういったが、狐を描いた大きな絵に二千万円支払わなければならなかった。

結局、六人の馬主に頼み込み、すべて断わられた。よくよくキヨハヤブサはまともな星の下に生まれなかったとみえる。

七番目に話をしたのが石嶋清仁である。イシノダンサーの後残金を受け取りに行って、浅野の妻日出子が頼んだのである。

石嶋は浅野厩舎では新しい馬主だったが、八年程前から勝又厩舎に馬を置いている。彼が馬主になったのは「金儲け」のためではなかった。ある歳になってみて、スポーツでも仕事でも自分の可能性と限界がわかった時、自分には不可能であろう何か――絶対的なロマンを追ってみたくなったのである。それをサラブレッドに託してみたのである。彼は勝又にいつもいっていた。

《いくら高くてもいい、ダービーかオークスの取れる馬を買ってくれ》

しかし、この願望は石嶋だけのものではない。ロマンティックな夢を追いつづけるといったタイプの馬主に共通のものである。

たとえば、炭鉱王として有名な上田清次郎。彼は四十年のダービーで、レース直前に大本命のダイコーターを譲り受けた。当時、ダービーの賞金は一千万円だったが、彼は二千万とも三千万ともいわれる金で橋元幸吉から買ったのである。彼は皐月賞も菊花賞も天皇賞もすべて取っていたが、ダービーだけが取れなかった。損得を度外視して、ダービー馬のオーナーになることを切望したにちがいない。

寺山修司によれば、非力なファンにとってこの取引は「金で栄光が買えるか」という重大な問題を提起していた、という。

ダイコーターに乗るのは、栗田勝。すでにダービーで二勝している花形騎手である。単勝で三十七パーセントを集める人気だった。興味は二位争いにあった。しかし、その時キーストンに騎乗する山本正司は《栗田さんに、ダイコーターに、勝ちたい》といっては皆に笑われていた。

山本は栗田の弟弟子だった。花形の兄弟子とはちがい、十年目にして初めてつかんだダービー出場だった。栗田がその山本にいったという。

《俺はダイコーターでキーストンには負けない。しかし、俺がもしキーストンに乗り、おまえがダイコーターに乗ったら、俺はキーストンでも勝てるよ》

ダービー当日、キーストンはハナから逃げた。雨中のぬかるみを逃げに逃げた。そして直線、後続グループから抜け出したダイコーターが追撃した時には、キーストンはゴールにかけ込んでいた。

馬主・上田清次郎は、ついに金で栄光が買えなかった。だがこうはいえないか。栄光は買えなかったがひとつのロマンは手に入れた、と。競馬とは、金でロマンの買える唯一のものなのかもしれない。もちろん、そのとき上田の手に入れたロマンと、ダイコーターの単勝を一枚握りしめたファンのそれと、優劣があるとは思えない。

ダービーに勝ったキーストンは、六歳の十二月、これで引退という阪神大賞典で悲運に見舞われた。いつものように逃げまくっていたキーストンが、一瞬前足をかえしそこねて骨折、転倒してしまったのだ。山本は馬場に放り出された。ところが、キーストンはすぐに起きあがると、三本の足で倒れたままの山本に近づき、鼻面をすりよせた。気を失いかけていた山本の手が、そのキーストンを抱くように動いた……。

キーストンは薬殺されたが、山本正司は後にこういっている。

《キーストンを抜きにして、私の競馬の思い出は考えられません。この馬とは「人間的なつき合い」をしてきたからです》

石嶋清仁が、馬と深く関わってきたのも、まさに馬とこそ「人間的なつき合い」ができるからであった。
《馬は裏切らないからね》
その石嶋に頼んだのである。石嶋は写真も実物も見ずにオーケーした。
《私には馬がよくわからない。しかしあなたは馬に一生をかけた人だ。そのあなたが走るというのだから信じましょう。馬を買うんじゃない、浅野さん、あなたを買うんだ》
キヨハヤブサは、石嶋のイシと光源氏のヒカルをとって「イシノヒカル」と名付けられた。
《約束しようじゃありませんか、浅野さん。必ずダービーを取りましょう。今年だめでも、来年。来年がだめならまたちがう馬で……何年かかっても取りましょうよ》
イシノヒカルのイシは、単に石嶋のイシだけではない。必ずダービーを取るという固い意志を込めたのだ、と石嶋はいった。
この日、自民党の総裁選で田中角栄が勝ち名乗りをあげた。イシノヒカルと田中角栄は似ていると誰かにいわれたとかで、田中の勝利に奥さんはご満悦だ。
《イシノヒカルも勝つかもしれないわね》
すると、いつものように湯で割った日本酒を呑みながら、浅野さんは怒鳴りつけた。
《あたりまえだあな。あんな速い馬は滅多にいない。アメリカにだっていやしないん

だ！》

6

七月六日　木曜日　薄曇

朝。馬場にいつもと違う活気がある。今日は「追い日」なのだ。ダービー出場馬をはじめ、今週出走する馬が勢よく追い切られている。

イシノヒカルも小島武久騎手によって追われたが、軽めだった。わずかに直線で強めに走っただけ。それを見ながらいろいろな厩舎の馬手が品定めをしている。

《武久はうまいね、よく我慢して走らせる》

《あいつは攻め馬がうまいから、本番で勝てないんだ》

《そう、逆に名騎手なんかに攻め馬をされたら、我慢できないから、いっぱいに走らされて、すぐぶっこわされてしまうさ……》

《加賀には攻め馬してほしくないね》

結局、小島君はケナされているわけだ。

小島君は小さい時から浅野さんにひき取られて仕込まれた騎手である。いい技術を持っているのだが、根性がないといわれている。

《そんなくらいなら、騎手なんかやめちまえ！》

他厩舎の加賀騎手にそう怒鳴られたこともある。北海道出身、彼も山沢君と同じようにアイヌの血が流れている。

——彼は口惜しいはずである。攻め馬にも乗り、緒戦にも乗っていたイシノヒカルが、いよいよ勝てそうという時になって、急に加賀に乗りかわられてしまったのだから。彼が初めて得た「走る馬」だったのである。しかもそれがダービーの有力馬になった……。《ダービーに出るには資格がいるんです。二十七歳以上か四十勝以上している人。ぼくはどちらにも当てはまらない。でも……出たいですよね。走る馬に乗りたいですよね》

小島君のこの口惜しさは、二年前やはり高松厩舎の若い柴田政人も味わっていたにちがいない。デビュー四年目にしてようやく与えられた馬がアローエクスプレスである。柴田には、初めてのダービーチャンスだった。だが、皐月賞には加賀との乗りかわりが命じられる。無念だったにちがいない。アローはタニノムーティエに頭差の二着に敗れる。

この話を知って、ぼくは少し不安になった。イシノヒカルの場合とよく似ていたからだ。慌ててアローエクスプレスのダービーの成績を調べてみると——もちろん柴田は乗れず、加賀騎乗のアローは一番人気を背負いながら、タニノムーティエに名をなさしめ惨敗したのであった。ではイシノヒカルは？

攻め馬を終えて戻ると、新聞記者、カメラマンの攻勢である。通りがかりの他厩舎の馬手が《強い馬を持つと大変だな》と冷かすと、向中野さんは《本当にイヤになるよ》

と応じた。イヤになるという言葉の裏に「勝利の響き」があったのはもちろんである。
《調子はどうでしょうか？》
《いいよ。心配なことは何もない》
向中野さんは自信満々に応えている。「期待しています」とか「がんばって」とか口々にいって取材陣は引き揚げていく。
昼。獣医さんが来た。丸目敏栄騎手のお兄さんである。脈搏と足の様子をみていった。
《いいですね、完調です》
その時、今までの自信に満ちた表情とうって変って、向中野さんがおそるおそる訊ねた。
《もうここまで来たんですから、本当のことをいって下さい。ホントに調子はいいんですか？》
《少なくとも、皐月賞の時より悪いってことはないですよ》
向中野さんはホッとしたように《そう、こいつは走りますよね》といって、イシノヒカルの首筋を撫でた。
夜。娘の淳子ちゃんが作ってくれた野菜炒めなどを肴《さかな》に、浅野さんはおいしそうに酒を呑む。だが、不思議にウインナソーセージだけは食べようとしない。
《だってよ、＊＊ハムには馬肉が入ってるからな》
要するに、ウインナといえば＊＊ハムで、＊＊ハムといえば馬肉が入っている、と固く信じているのである。

酒の入った浅野さんは、いつものようにぼくに昔話を聞かせてくれる。武勇伝、昔の競馬、故郷の幼年時代……。

《北海道はいいぞ。七、八月にはモロコシ。九月は秋ダイコン。畑から引き抜きながら生で食べるウマサったらない。十月のジャガイモ、十一月のカボチャ……》

日高を思い出すように喋りまくり、そしてふと呟く。

《躰がいうことをきかなくなったら、北海道に帰って牧場でもやりたいものだ……》

そんな時、彼は勝負師でも何でもない、ひとりの老人だった。

――もしかしたら、とぼくは思った。浅野さんにとって、ダービーに挑戦させるほどの馬を持つことは、イシノヒカルが最初であって、しかも最後であるかもしれない……。

台所に、酔っ払った向中野さんがやってきて、淳子ちゃんに酒をセビっている。

《ダービーに勝ったら、どこでも連れていってあげるから……》

ぼくも連れていってくれますか、と半畳をいれると、キミもよくがんばったから連れていってあげるという。

《帝国ホテルで食事させてもらおうかな》

《いや、帝国ホテルなんて田舎モンの行くところだよ。それより、ホテルニューオータニのスカイラウンジへ連れていこう！》

進上金の百六十五万円が入ったように向中野さんははしゃいでいた……。

イシノヒカルはすでに賞金千四百万を稼ぎ、向中野に七十万の進上金をとらせてはいたが、デビューはさほど華々しいものではなかった。

未勝利戦を勝ち上がったのが、やっと四戦目、五着、二着、二着と続いて十一月の未勝利戦で一番人気の一着になった。

スロースターターのイシノヒカルに、エンジンがかかった。十二月の寒菊賞に勝ち、明けて四歳の三月にもオープン、ヴァイオレット・ステークスと勝って、四連勝を飾った。続くオープンに四着で敗れたのは、まったくのローテーションミスにすぎなかった。

イシノヒカルは馬手ストのあおりをモロに受けた。馬手の向中野が組合の副支部長をやっている関係上、どうしても手入れが悪くなる。しかも体調が充分でない時に、皐月賞前に一度はどうしても加賀に乗せるということで無理をしてしまった。

そして、五月の皐月賞。大物四歳馬に挑戦するのは、これが初めてだった。人気はそれでも四番。

石嶋夫人は、浅野の来てほしいという電話で見物に出かけた。競馬はまったくわからない。ヴァイオレット・ステークスで生まれて初めて馬券を買ったくらいだ。イシノヒカルが快勝して、お小遣いが増えたと喜んだのもつかの間、調べてもらったら、イシノヒカルの単勝を枠ナンバーで買っていてすべてパーになってしまった。

皐月賞は馬券を買わなかった。昼すぎ、馬主食堂の傍にいる係員に、どこで馬主章を貰ったらよいかを訊ねた。彼女がイシノヒカルの馬主だとわかると、その三人の係員は歓声をあげた。

《去年も、同じように、私たち三人の所へ馬主章について聞きにきた馬主の奥さんがいます。一着になったヒカルイマイですよ》

同じヒカル同士、ゲンがいいからきっとイシノヒカルも勝ちますよ、と励まされた。

まさか、と思いつつ石嶋夫人は気をよくしていた、という。

石川喬司のレポートによれば、この日、中山には三好徹、虫明亜呂無《むしあけあろむ》、山野浩一、古山高麗雄《こまお》などという常連が顔をそろえていた。山野浩一は、「良血の馬こそ勝つべきだ」という理想を持ち、「競馬必敗法」という文章まで書いている。理想に従えば、必ず敗れるものなのだ……。

古山高麗雄がいった。

《今日はイシノヒカルをねらっているんですがねえ、ダメでしょうか》

山野浩一が即座に応じた。

《イシノヒカルは勝てません。なんせマロットの子ですからね。マロットの子で重賞を取ったのはヨコズナぐらいでしょう。イシノヒカルは母系も走らないので有名です》

《失礼ですが》

虫明亜呂無が口をはさんだ。

《そのご意見に確信をお持ちですか》

《血統的にいえば間違いなくそういうことになるのです》
《競馬必敗法の権威のご高説、たしかに拝聴しました》
レースはタイテエムがハナを切り、一コーナーでトルーエクスプレスが先頭を奪うや、トップを守りつづける。イシノヒカルはドン尻だ。四コーナーでタイテエム、ランドプリンスそれにトルーエクスプレスが並ぶ。直線でタイテエムが逃げるが、内からランドプリンスが走りぬけ、大外からイシノヒカルが急追する。まさに文字通り「ヒカリ」のようなスピードだ。二頭が並んでゴールになだれ込んだが、半馬身差でランドプリンス。しかし、あと五十メートルあれば確実にイシノヒカルが抜き去っていただろう。
——この日、イシノヒカルは初めて名門、名血の若武者たちと相まみえ、「追いつき」はじめたのである。ダービーへの切符を手に入れたのだ。あとは、晴れの舞台で「抜き去れ」ばいい。

7

七月七日　金曜日　晴
攻め馬から帰ってきた浅野さんに、奥さんがいった。
《これから、あたしお参りに行ってこようかな》
御殿場のナントカという神様が、勝負事の霊験あらたかな神様なんだそうだ。しかし、浅野さんは声を荒らげて怒鳴りつけた。
《馬鹿！　今になって神頼みしてどうなるんだ》
ペロッと可愛らしく舌を出した奥さんは、あとで気弱くぼくにいった。
《勝てるかしら……》
ぼくにわかるわけがない。
《負けてもいいから、カッコよく負けてくれればいいじゃないですか》
《そうね。皐月賞みたいな負けなら、あきらめもつくわね》
オリの中のイシノヒカルの馬房をのぞくと、彼は後ろをむいてうなだれるように首を垂れていた。中に入れてもらって、青草をやっても、食べようとしない。ふだんならポクポクおいしそうな音を立てて食べるのだが……。レース直前になると、攻め馬がきつくなるので馬も緊張してくる。そのために食いが細くなるのだともいう。イシノヒカルも、カイバ桶の鎖を噛んで、ガチガチいわせたりするいつもの悪戯《いたずら》をぱったりしなくなっていた。
頭を撫でると、ぼくの顔に鼻面を押しつけてくる。
昼前。新聞社から通報があった。枠順が発表されたのだ。イシノヒカルは23番の7枠。浅野さんも奥さんも大喜びだ。内に包まれる心配がなくなった。ダービーには20番以上の外枠は勝てないというジンクスがあるのだが、まったく気にしない。
《ゆっくり、どん尻からついていけばいいのさ》

浅野さんは、外枠なら28番でも結構だと豪語した。

今夜は七夕《たなばた》である。淳子ちゃんや洋一郎君、それに馬手さんたちの子も加わって、綺麗な笹飾りができあがった。短冊には「美人になるように」とか「＊＊ちゃんと仲よくなりたい」という可愛らしい願いが書かれてあった。が、中に一枚だけ「必勝！　イシノヒカル」という短冊があった。聞けば、向中野さんが真剣な顔で書いたのだという。

十時頃、報知新聞から《イシノヒカルの足がどうかしたそうだが……》という電話が入った。浅野厩舎では寝耳に水だ。そろそろ怪情報が乱れ飛びはじめたらしい。奥さんは《へえ、イシノヒカルの足はそんなに悪いんですか？》と皮肉に問い返していた。

どちらにしてもあと一日だ、と浅野さんは大声でいう。

《無事に走りさえすれば、まず滅多に負けるもんじゃない。あんな速い馬はいないんだから》

あとはひとり言だった。

《加賀にもいってやったんだ。大人と子供の喧嘩なんだから、そのつもりで乗ってくれよって……》

加賀武見は今度のイシノヒカル騎乗で、ダービー十二回目の挑戦である。現在のトップ騎手加賀がどうしてもダービーには勝てないのだ。最高が四十三年のアサカオーによる三着。なぜ勝てないのか？

ひとつは彼の騎乗法が強引すぎるからだ、といわれる。多頭数のクラシックレースでは、ジッと我慢したものが勝つのだが、加賀にはそれができないというのだ。もうひとつは強引すぎるために騎手内に敵が多い。レース中にも違反すれすれの妨害をされる。

リーディング・ジョッキー七回の第一人者は、自分が乗りたいと思えば強引に乗せてもらう、といったところもある。加賀がしばらく外国にいっている間、イシノヒカルは増沢末夫が乗っていた。増沢がそれとなくダービーにも乗せてほしいと頼んであるのに、加賀は帰国した翌日に浅野を訪ね《乗らせてほしい》と正式に申し入れてしまう。

馬手たちの溜り場「かすみ中華」で飯を食べながら、「加賀は汚ねえから嫌いだ」という評判をよくきいた。浅野夫妻は「どうせなら憎まれるくらいじゃなきゃ」という考えなので、そんな評判には驚かない。ある時、日出子が加賀に訊ねた。妻と子と仕事からひとつを選べるか。加賀は躊躇《ちゅうちょ》せず、仕事と答えた。

《仕事があるからこそ、妻や子も養える》

加賀は騎手という職業がハングリースポーツであることを、骨身にしみて知っている。騎手がハングリースポーツだという時、意味は二重である。

ひとつは、農家の二、三男が大した躰も必要とせずに、大金を稼げるようになるということ。もうひとつは、現実にいつでも減量のために腹をすかして、つまりハングリーでいなくてはならぬこと。タケシバオー時代の森安弘明は、減量苦のため騎乗したまま失神していることがあったという。

《騎手とは一般にたえず腹をすかしていなければならない職業である》

加賀の定義である。

彼は、青森県の生まれだ。小さい頃から農耕馬に乗っており、学校の作文にも「大きくなったら馬乗りになりたい」と書いた。

十七歳の時に、家を出て関西の新堂捨蔵厩舎に下乗りとして入った。そこで最も苦労したのは体重の減量であった。カッパを着て外を駆ける。それでも減らない。そこで食事を抜く方法を取る。しかし、ただでさえ食べたい盛りのうえに毎日激しい労働をしているのだから、そのつらさといったらなかったという。他人の食事を見ていると口に唾《つば》が溜ってくる。空腹に耐えきれず、何か食ってしまった時は、すぐ下剤を飲む……。飢えと戦いながらとうとう自分の胃袋を小さくすることに成功する。体重が四十七キロにまで下がったのだ。

しかし、その苦労の甲斐もなく、学科の成績が悪く騎手試験に落ちてしまう。失意のうちに青森へ帰った。帰ったものの、競馬への愛着絶ちがたく、今度は東京の阿部正太郎厩舎へ背水の陣をしいて入門した。

名騎手の誉《ほま》れ高かった阿部正太郎は、三十一年のダービーで吉川英治のエンメイに乗って出場した。しかし、審判台手前で転倒し、エンメイは即時薬殺、阿部も騎手生命を失うほどの重傷を負った。馬主としても有名だった吉川英治は、無常を感じ、以後競馬場へは二度と足を運ばなかった。その阿部が調教師として再起するにあたって、ぜひ乗り役を育てたいと思ったのだ。彼は加賀に眼をつけた。その願いに応えて、加賀は見事に育った。デビューの翌年には、公営上がりのタカマガハラで天皇賞を制するまでになったのである。

デビュー三年目にして、リーディング・ジョッキー争いで一位を獲得し、以後、六回もリーディング・ジョッキーになっているが、どうしてもダービーにだけは勝てない。

ある朝、その加賀と顔を合わせ、話をする時間がもてた。

《ダービーなんて、一生の一番最後にとればいいのかもしれない。でも、今年で十二回、そろそろチャンスかもしれないな。運じゃなく、自力で取れるかもしれん》

《イシノヒカルをどう思います？》

《根性のある馬だ。競馬は血統じゃない。馬しだいだ。根性のある奴が勝つし、勝たなければ嘘《うそ》だ。イシノヒカルには私の生き方と通じるところがあるような気がする》

加賀の話からは、今年こそダービーに勝つ、という意気込みがピリピリ感じられる。根性のある者がどうして勝てないのか？　俺が勝てないというのは嘘ではないか？

彼もまた「追いかける」者だった。

《ダービーで強い馬に乗らせてもらえるようになったのは、ここ数年のことさ。今年の馬は中でも優秀、おまけに長いコースに向いているし……》

《マークすべきライバル馬は？》

《二十七頭全部がライバルさ。でも、ホントの、一番の敵は自分の馬だよ。イシノヒカルが最大の敵だ》

加賀はそこで少し笑った。

8

七月八日　土曜日　晴

本番を明日にひかえて、各紙の予想が出そろった感じだ。本命はランドプリンスとロングエースに二分された。イシノヒカルはダークホース的な扱いをされている。浅野厩舎の人たちは《本命人気を背負わなくてよかった》といいながら、チョッピリ物足りなさそうだ。例外はスポーツニッポン紙。イシノヒカルを本命に推した。

《印は絶対つけないでって、よく頼んだのになあ》そういいながら、奥さんはまんざらでもない表情だ。

そこへスポニチの記者が慌てて飛び込んできた。馬場ではイシノヒカルに脚部不安あり、という噂が乱れとんでいるがどうなのか。「本命イシノ」という記事を書いた手前、責任を感じてやってきた、というのだ。「裂蹄」という怪情報まで流れている。

《大丈夫だって。心配するなよ》

向中野さんに逆に励まされている。どうもそのウワサは、ランドジャガー、本命ランドプリンスを擁する高橋直陣営から流れたらしい。そういえば、と奥さんは頓狂な声をあげた。

《このあいだ削蹄屋さんが調べに来た時、庭に高橋直さんの息子さん……ほら、獣医をしている……あの人がいたわ》

この話を聞いて、スポニチの諏訪間記者は、安心して帰っていった。彼は皐月賞の時も「江戸っ子ならイシノヒカル」という記事を書いたのだそうだ。明日も書く、とのことだった。

それにしても、この日、他の馬がほとんどいない広い馬場で、首を少し落として疾駆するイシノヒカルの姿は、実に見事なものであった。美しい、と腹の底から思った。

今日はレースのある日だ。浅野厩舎からも第一レースにアラブのイシノライトが出走する。騎手は野川君だ。彼は今年、浅野厩舎に移籍された。足の骨折というハンデがあってなかなか「一勝」ができない。根が真面目だから、厩舎の人たちの仕事を黙々と手伝ってくれる。何とか勝たせてあげようと厩舎全体でバックアップするが、ダメなのだ。何度もチャンスを逸《いっ》している。今度のイシノライトも本命人気だ。

《寝てても緊張して……本命って大変だもんね……》

今朝、野川君がいっていた。そしてレース。結果。イシノライトは四着に敗れた。他の厩舎のようにガムシャラに勝とうと思えば、野川君には乗せないだろう。本命馬で何とかさせてあげようという「人情」が、いつまでも浅野厩舎を小さくさせておくのだろうし、またそれだからこそよいのだともいえた。
《競馬は印だけでは決まらない。人情によっても馬の走り方は変るんですものね》
奥さんがしみじみいった。
報道陣はひきもきらず取材に来た。今日は放送関係が多い、ＴＢＳ、ニッポン放送、日本短波放送等々……。どこも足はどうかと訊ねる、と浅野さんは苦笑していた。
《何て答えました？》
《せっかく向こう様で、負けた時の理由を考えてくれているのだから、まるまる否定するのも悪いじゃないか……。負けたら、やっぱり足が悪くてといえばいいんだからな》
「負けたら」――この言葉を、浅野さんの口から聞いたのはこれが初めてだった。弱気になったのだろうか？
《負けそうですか？》
《いや、絶対負けん。皐月賞の時のような事故さえなけりゃ、勝つさ》
すさまじい自信であった。その時、ふと不安になった。イシノヒカルはもしかしたら本当に勝ってしまうかもしれない。勝ったその時、イシノヒカルは何を得るのか。栄光か。多分そうだ。だが、それは同時に、彼の「追いつづける」人生の終焉でもある。以後、彼は何のために走ったらよいのか……。
《絶対とはいえないかな。もし、俺が乗るんなら「絶対」と断言してもいいけどな。俺が乗れば……途中で小便してもイシノヒカルは勝っちゃうよ》

この自信は、ほとんど信仰に近かった。そして、その信仰を支えているものは「今度こそ」ダービーを取るという執念だったかもしれない。

たしかにそれは執念といえただろう。

ダービーといえば、浅野には言葉に尽しがたいほど苦い思い出があったのだ。昭和二十四年のことである。それまで、騎手としての彼は五度ほどダービーに出場したことがあった。しかし、十六年のカミワカで三着になった以外はすべて着外。「とにかくダービーに出すべえ」といったような馬ばかりに乗ってきたからだ。

ところがその年、彼に与えられた馬は、トサミドリというとてつもなく強い馬だった。皐月賞にも楽勝し、前年のミハルオー同様、まったく波乱なく終るだろうと思われていた。対抗はヤシマドオターだったが、トサミドリ一頭に人気の過半が集中した。

六月五日、馬場は良。スタートと同時にトサミドリがダッシュした。先行争いは激しく、向正面に入ってテツオーがハナを奪う。後続集団も一団になって追ったが、あまりの激しさに二頭が落馬、対抗のヤシマドオターも負傷という、ダービー史上最大の事故が起きた。

一方、先行グループは四コーナーで激しく脚を使ったトサミドリが先頭。しかし、直線でミナミホープ、タチカゼなどに急追され、トサミドリはみるみる脚色が衰えて、後退。中からタチカゼが抜け出し、シラオキの追い込みをかわして勝った。トサミドリは無惨七着。

タチカゼの調教師、伊藤勝吉は「勝つわけがない」とサッサと京都に帰っていた。上京前に肩を痛め、東京では一度も出走しなかったので、尾形厩舎に預けっ放しの馬であった。調教師すら予想しなかった勝利である、なんと五万五千四百三十円の単勝大穴となった。この記録は現在に到るまで破られていない。当然、トサミドリの敗因が追及された。そして、大方の意見は浅野の騎乗ミスということだった。強引な先行争いがトサミドリの自滅を招いたというのだ。

だが、浅野にもいい分があった。トサミドリは「追い日」に午前と午後の二回も追われている。いくらトサミドリでも疲労が残らないわけはない。しかも調教師が二度も追った理由というのは……。

《朝帰りをして朝の攻め馬にこなかった。カミさんと喧嘩してムシャクシャしているときトサミドリを見て、追い方が軽すぎると午後に追い直したんだよ。後で聞いた話だが……》

秋。トサミドリは浅野のムチによって菊花賞に快勝する。

口惜しかったことであろう。三冠騎手の長蛇をほんの小さなミスで逸してしまったのだから。それ以後も二度ダービーに出場したが、勝機がふたたびめぐってくることはなかった。

その口惜しさは、昔話の好きな浅野が、このダービーのレース経過についてはほとんど話したがらないのでも察せられる。トサミドリの調教師を、彼は許すことがなかった。

《その方、アイヌの人だったらしいのね。だから、絶対アイヌの人を許さないんです》と妻の日出子がいう。しかし、山沢君や小島君もアイヌの血が流れている。しかも可愛がっている。

《そう、でも、許さないために身近に置くということもあるでしょ？》

三十年。浅野は引退して調教師になった。それから十五年、クラシック戦線に登場する馬を、浅野は持たなかった。もちろん、ダービーに出て、彼の失った「only one chance」の無念をはらす馬などいるはずもなかった。だが今年とうとうその馬が出たのだ！

——イシノヒカルは勝つ。

浅野は固く信じていた。

《ちょっとごめんなさい。そこどいて。あんたたち何やってんの。じゃ、お先に。……そんなレースだよ》

しかし、と娘の淳子はいう。酔っ払って寝込む寸前にいつもいうの。

《イシノヒカルより速い馬はこの世にいないけど……俺の乗ったトサミドリには、負けるだろうな……》

9

七月九日　日曜日　小雨

朝。イシノヒカルは「たった一度」の朝をオリの中で迎えた。馬手に曳かれるまま、黙々と歩いて軽くウォーミング・アップを済ませる。

昼。牧場関係者や馬主などが次々と厩舎を訪れる。そして小雨。

イシノヒカルは洗い場に曳き出されて、最後の手入れだ。蹄に勝負鉄を打ちつける。メンコをかぶり、たてがみに黄色い毛糸玉のお守りをまきつけて貰って、準備はすべて完了する。

出発だ。背中に塩をふりまかれて、ゆっくり厩舎を出ていく。馬主、牧場長、生産者、馬手、調教師、家族たち……。イシノヒカルの堂々とした後姿を、皆は黙って見送った。

ひと塊りの黒い馬群が、四コーナーを回り切った。直線。先行するタイテエムの内にロングエース、外にランドプリンスが並ぶ。四コーナーで十番手にあがったイシノヒカルは、大外を回って、それでも直線で六番手に進出した。追い込みだ。加賀のムチが入る。

——さあ、追いつくのだ！

ハードリドンの子、ロングエースに。テスコボーイの子、ランドプリンスに。セントクレスピンの子、タイテエムに。ヒンドスタンの子、ハクホウショウに。ロムルスの子、ランドジャガーに。生まれてから今日この時まで、おまえが追いつづけてきた相手のすべてが、目の前にいるのだ。さあ、決着をつけようではないか。「たった一度」のこの時に「追いつき」そして「追い抜いて」やるがいい。その時、おまえの追いつくだけの人生はかわるのだ。

イシノヒカルは、長い直線を必死に走った。差はつまらない。

――皐月賞でみせた、あの稲妻のような末脚《すえあし》はどうしたのだ！

ムチが入る。ハナをいくロングエースとの差は五馬身。もうゴールまで五十メートルもない。が、脚が伸びない。差がつまらない……。

厩舎に戻ったイシノヒカルは、お湯でサッパリと躰を洗われた。まだ息遣いの荒い彼は、時おり無念そうに足で宙を蹴る。

イシノヒカル。結局おまえはこれからも「追いつく」ために走らなくてはなるまい。これからずっと。

洋服に着換えた加賀騎手がやってきて、誰にともなくいった。

《躰はホントによく出来上がっていた……》

そこに、浅野調教師が戻ってきた。騎手は頭を下げた。

《申しわけありません》

調教師はやっと微笑《ほほえ》んだが、「許す」という意味の言葉を一言も吐かなかった。

《負けたか……》

夜。十一時頃、酔っ払ったひとりの馬手が、イシノヒカルの馬房に入った。しばらくして、外へは酔払いの呟きが洩れてきた。

《いいさ、おまえはたしかに走ったんだから……》

さらば　宝石

1

ひとつの噂がどこからともなくきこえてきた。

それはプロスポーツの元プレイヤーに関する無惨な話だった。もちろん、プロスポーツが栄光と分かちがたく存在するかぎり、プレイヤーは常に悲惨と隣り合わせに住んでいる。栄光という名の眩《まばゆ》い輝きの下に生きた者の、とりわけ「その後」の人生についての無惨な話は、格別珍しいものではない。

しかし、ぼくは、その何でもないはずのひとつの噂話に躓《つまず》いてしまったのだ。噂の主人公は、プロ野球の元選手だった。

E……という。彼は戦後日本のプロ野球が生んだ名選手のひとりである。川上哲治、山内一弘に次いで史上三番目に二千本安打を記録した。その彼が引退した今もなおトレーニングを続けているというのだ。引退して数年たつのに、Eは依然として三時間から六時間のハード・トレーニングを自宅で続けている。彼の家の近くを通ると、苦し気な表情をして走るEの姿をよく見かけることがある。噂はそういうものだった。いつかどこかの球団が自分を必要とし迎えに来てくれる、と頑《かたく》なに信じこんでいるらしいというのだ。

そういえば、Eほどの選手がいつ引退したのかも記憶にないのは奇妙なことだった。

球団でコーチをしているという話もきかなかった。それだからこそ、Eは今も球界に復帰しようとしているのかもしれない。そう説明することも確かにできる。だが、彼が望んでいるのはコーチや監督でなく打者としてなのだ。しかも、彼は二流の打者ではなく、一度は打者として頂上を極めたはずの男だった。その彼がなぜ復帰しようと苦闘しているのか。彼はやがて四十になろうという年齢である。

往年の名バッターが採用されるあてもなく、老化しようという躰に鞭打《むちう》って猛練習を続けている。この噂は無惨なものである。そのうえ、彼はすでに精神的に「錯乱《さくらん》」しているのではないか、という人もいた。しかし、たとえば、元日本ミドル級チャンピオンのボクサー、ベンケイ藤倉がパンチ・ドランカーになったあげく、千葉栄町で風俗店の用心棒になり、果てはタクシー強盗で捕まるという無惨さとは、確かに異質な匂いがある。透明な哀しみのようなものが漂っている。ぼくが躓き、立ち止まったのもそれが原因だったかもしれない。

火曜日の夜、ぼくは池袋から出ている私鉄に乗っていた。ウィークデーなのに乗客は数えるほどしかいない。それも無理はなかった。プラットホームの時刻表には「本日より休日用ダイヤ」という紙が貼られてあった。暮も押しつまり、あと二日で新しい年になる。そういう火曜日だったからだ。

　Eに会おうと思い、ついに会えないままに十二月三十日を迎えてしまった。彼に会う方策はついに尽き果て、これから彼の父親に会いに行くところだった。父親に会ったからといって彼に会えるわけでもあるまい、ということはよくわかっていた。それに、父親に会って何を訊ねればよいのか。

　暗く冷えびえした電車の中で、次第に憂鬱《ゆううつ》になってくる。修業中のルポライターとして、今までいったい何千人にインタヴューしてきたことだろう。人に会うことが面白くてならなかった。インタヴューを前にして憂鬱になりだしたのは、かなり最近のことなのだ。その理由が自分にわかっていないわけではない。

　The Overreachers と口の中で呟《つぶや》いてみる。ニューヨーク・タイムズの元記者で、アメリカのノンフィクション・ライターとして傑出した才能を持つゲイ・タリーズの何番目かの著作に、『The Overreachers』という作品がある。元世界ヘヴィー級チャンピオンのジョー・ルイス、フロイド・パターソンやギャングスターのフランク・コステロなどの肖像を描いたものだ。それらの、いわば盛りを過ぎた人々を、ゲイ・タリーズは「ジ・オーバーリーチャーズ」と名づけた。翻訳家の常盤《ときわ》新平によれば、「背伸びした人々」と訳せるらしい。確かに、overreach は背伸びし過ぎた、行き過ぎたの意と辞書にある。しかし、ぼくには「行き過ぎた」の語感が大事なように思えてならない。まさに彼らは盛りを過ぎ、頂点を極め終えた人物だった。ゲイ・タリーズが『The

Overreachers』という作品を持っていることを知ってぼくは驚いた。ここ一、二年、頂点に向かって登りつめようとしている同世代の若者たちに対する恋文のような人物論を書き終えて、気がついてみるとぼく自身の興味も「オーバーリーチャー」に向かっていたからだ。インタヴューが辛《つら》く、憂鬱になりはじめたのもその頃からだった。Eもまたひとりのオーバーリーチャーだった。

富士見台という駅で電車を降りた。小さな駅前広場はほとんど人通りがない。灯の消えた商店街を抜けて、番地を頼りに父親の家を探した。団地を過ぎ、住宅街を過ぎると、突然、畠の点在する一角に出る。

家は、とりわけ暗い一角にあった。古い農家の造りだった。仄《ほの》かな灯りに照らされている門をくぐり、しばらく歩くと玄関に出る。夜だったせいもあるのだろう、広く、暗く、しかも静かで、不気味に感じられた。案内を乞うと中から白髪の目立つ老婦人が現われた。写真で見るEとよく似た顔つきをしていた。しかし、父親は不在であるという。

《わざわざ遠いところを済みませんね》

約束もせずに急に訪問したこちらが悪いのだが、老婦人はそういって謝った。

《いえ、すぐ近くにいることはいるんです。町内を拍子木《ひょうしぎ》をたたいて火の用心の巡回をするんです、何人かの皆さんと。ええ。九時頃から十二時頃まで二度廻るそうです。今晩で年内は終りなもんですから、そのあとで寄合いがあると思いますよ。今なら、まだお宮の社務所に詰めているかもしれませんけどね》

念のために社務所へ寄ってみた。どうやら中には彼ひとりしかいないようだった。戸を開けると、台所で沢庵《たくあん》を切っている。茶請けの用意をしていたのだ。これからボツボツ集まってくる頃なのだろう。
《Eの父親だが、どんな用件かな》
問い返されて少し慌《あわ》てた。何と説明してよいのかわからなかったからだ。
《オリオンズの歴史を取材中なんですが……》
それは嘘《うそ》だった。かといってすべてが虚偽というのでもない。Eは、かつてミスター・オリオンズと呼ばれていたことがある。Eの歴史は、同時にオリオンズの歴史でもある。Eの現在は、オリオンズの崩壊という過程と無関係ではないのだ。しかし、今のぼくに関心があるのはオリオンズそのものより、Eという人物である。説明しなおそうとすると、それを遮《さえぎ》るように彼はいった。
《じゃあ、明日にしてくれませんか。これから皆さんいらっしゃる頃合いだから》
明日は大晦日《おおみそか》だがいいのだろうか。確かめると構わないという。ホッとした。話すことができるということにではなく、辛いインタヴューが一日のびたことに安心したのだ。

2

背番号3とは誰のことかと問われ、長島茂雄と答える。その答え方に間違いはない。

しかし、長島以外に無数の背番号3がいたことも、また確かなことである。二リーグ分裂以後を数えただけでも六十人を超す。千葉茂（巨人）、藤井勇（大洋）、平山智《さとし》（広島）、中利夫（中日）、大下弘（東急―ライオンズ）、長池徳二（阪急）、土井正博（近鉄―ライオンズ）。これらすべてが「3」という背番号をつけた。

では、この中で最も長く背番号3を背負ってプレイした者は誰か。あるいは長島と思うかもしれない。そうではないのだ。同じ昭和十一年に生まれながら、長島より一年分だけ長くプレイしたもうひとりの背番号3がいる。それがEだった。

Eの名を知る人も、彼の背番号となると思い出せないことが多い。Eは地味な選手だった。圧倒的に素晴らしい成績をあげているのに人気が少しも沸いてこなかった。「人気がない」ことが、もうひとりの背番号3の宿命であった。

たとえば、長島とEの生涯記録を比べてみるといい。

	年数	試合	打数	安打	打率
長島	一七	二一八六	八〇九四	二四七一	〇・三〇五
E	一八	二二二二	七七六三	二三一四	〇・二九八

二人の間にさほど大きな差があるわけではない。人気の差は、まず二人の性格の差だったかもしれない。少なくともEは「陰」に属するタイプの人間だった。はったりがき

かない、どちらかといえば愚直な人間だったのだ。彼の談話は、見出しになりにくかった。千葉茂は長島を「サーカスのライオン」、Eを「神主《かんぬし》」に譬《たと》えたことがあった。好調を持続しているEにインタヴューして、

《相手の投手がぼくにいい球を投げているだけだよ》

という答えしか返ってこなかったとしたら、その記者は記事を書くことを断念するかもしれない。しかも困ったことに当人は真面目に答えているのだ。

昭和四十一年、彼はこの年、二度目の首位打者を獲得するが、シーズン途中、毎日新聞記者の石川泰司にこう語ったことがある。

《気がついたらバットを振っていたというのが理想じゃないかな、とぼくは思うって話ですよ。ぼくみたいなヘボにそんな話をする資格なんかないんだ。荒川さんや川上さんみたいな人に聞いてください。でも日本人で箸《はし》をどうやって使うか考える人はいないでしょう。無意識に使って、うまくご飯を食べている。打撃の窮極もそこだろう……と、これはぼくの考えですよ。昨年のシーズンオフに荒川さんのところで、捨て身でけいこをやった。けいこは時間でなくて内容です。それで形がなおった》

この言葉の中には、早実の先輩であり同時に打撃の師匠でもあった荒川博の影響が色濃く滲《にじ》んでいる。荒川の直接的な影響というより、荒川を通して接近した合気道をはじめとする古武術の発想である。Eにとっては、トレーニングではなく「けいこ」であり、フォームでなく「形」であった。

バッティングとは、長島にとってダイヤモンドという華麗な舞台装置で「演じる」ひとつの手段にすぎなかったろうが、Eにとっては「窮《きわ》める」べき目的そのものだった。彼には打つことしかなかった。

《セ・パ両リーグの選手を見渡して、いま〝打撃の神様〟といえるのはEしかいない。彼の打撃のコツは名人芸だ。長島といえどもEに追いつかない》

川上が優しさをこめてそう語ったこともある。川上は、自分に似て不器用な一塁手であり、しかも努力の才によって天才となったこのバッターを、かつての自分に重ね合わせるように見ていたのだ。

Eの、生涯で最も華麗な舞台は、彼が二千本安打を放った四十三年の東京球場だったかもしれない。対近鉄十七回戦に鈴木の初球を右翼線に二塁打した。この二千本目の安打を放った記念のボールを手にし、控室で報道陣のインタヴューを受けている時、赤い袋に入った一通の祝電が届いた。

「ニセンボンアンダ　オメデトウ　イツソウノケントウヲイノリマス」

差し出し人の名は「カワカミテツハル」とあった。

《オウ、E、俺のいう通り第一打席で打てたろう》

と永田雅一《まさいち》が大声をあげながら入って来たが、Eはその電報から眼を離さなかった。

その夜、家人にこういっている。

《川上さんという人は凄い人だ……》

そして、それからはひとり言のように呟いた。
《あと三百五十一本、あと四年……》
しかし、悲劇的なことには、この時すでにEの精神は「錯乱」しはじめていたのだ。
Eは早実時代から荒川のコーチを受けている。
《あいつは馬鹿正直で、登校する前に五百本素振りをしろというと一本も欠かさず毎日振った。千本といえば千本振った。ふつう千本といえば、そのくらい沢山の、という意味なのだが、Eは一本たりともゆるがせにしなかった》
Eが毎日オリオンズに入団したのは、すでに荒川が早稲田からオリオンズに入っていたからという以上の理由はない。Eの「人気がない」という宿命は、確かに彼の内向する性格にもよったが、同時にオリオンズという球団の宿命であり、パシフィックというリーグの宿命であったかもしれない。
新リーグ創設の中心的な存在であった毎日オリオンズは、二リーグに分裂した時、セの巨人に対するパの盟主をもって任じた。土井垣武、若林忠志、呉昌征《ごしょうせい》、別当薫という阪神の中心選手を大量に引き抜き、ノンプロの星野組出身の荒巻淳、西本幸雄らを加えた戦力は他のチームを寄せつけないほど強大だった。分裂一年目に優勝し、日本シリーズでもセントラルの松竹ロビンスを一蹴した。しかし、阪神引き抜き事件が長く尾を引いたためか、いまひとつ華やかな人気に乏しかった。しかも「盟主」意識が災《わざわ》いし、あまりに毎日オリオンズと他球団との力が離れているのはよくないということで、一年目が終ると自軍の選手を分け与えるというまさに「愚挙」に出た。この年のオフには出ていった者はいるが、ただのひとりも入団していない。必然的に弱体化していった。実に大新聞社らしい誤算をしたものだ。これで人気の出るわけがあるまい。

《下町的な巨人に対して、山の手で人気の出るようなチームを造ろう》

という毎日の基本方針で、大量の大学出身者が集められた。その象徴的存在が別当だった。しかし、皮肉なことに第二次のオリオンズ黄金時代が訪れるのは、山内一弘、E、葛城《かつらぎ》隆雄という高校出身者の才能が花開いた時だったのである。だが、大学出を集めたことは決して無駄ではなかった。今でも多くの元選手が、かつてのチームメイトを懐かしく思い出せるような、和《なご》やかな品のいいチームの雰囲気を作ることができたからだ。

昭和二十五年創設にもかかわらず、オリオンズ育ちの監督とコーチの数が、ジャイアンツ育ちに次いで二番目に多いという理由の一端もそこにあるかもしれない。やがて、三十三年に大映と合併し「大毎」となり、毎日が経営から手を引いて「東京」になると、かつてのオリオンズ・カラーは次第に稀薄になった。

Eは、昭和三十年「毎日」オリオンズに入団した。契約金は二十五万円というから、毎日はとてつもない安い買物をしたことになる。当時の監督は別当。その彼がEのバッティングを見て、

《高校を出たばかりの打者で、はじめて何も手を加える必要のないバッティングフォームを持つ者が現われた》

と驚いている。守備は下手だった。しかし、当時、一塁手だった西本幸雄が自分の正位置を奪うかもしれないEに、手を取って守備を叩き込んだといわれる。九州から出て来た葛城は、同じ新入生のEのバッティングを見て、いやになった。打球が自分の何倍も鋭く速いように思えたからだ。風采は自分と同じようにあがらぬ田舎者に見えたが、バットを振らせて貰うと二百八十匁《もんめ》の素晴らしい物を使っていた。

三十年にいきなり二割九分八厘を打って新人王に選ばれる。高校出の野手でいきなりプロに通用し、新人王を取るという例は中西太、豊田泰光、それにEくらいなものだろうが、この中でも、やはりEは最高の打率をあげている。

Eは「安打製造機」としての道を少しずつ歩みはじめる。そして、その一応の完成を見た三十五年、ただ単に「安打製造機」への道をのぼりつめることに専念しているわけにはいかなくなる、ひとつの事件が起きる。

3

「すれ違い」を多用するメロドラマ作家のように、「劇的な」という形容詞を頻発するスポーツライターは決して一流ではありえないだろう。しかし、プロ野球という極めて人生そのものに酷似したスポーツには、時として「運命的な」というより仕方のない瞬間があるものだ。

たとえば、それは昭和三十五年に大毎オリオンズと大洋ホエールズとの間で覇権が争われた日本シリーズの第二戦に訪れた、一瞬の出来事のようなものである。

《あれは、確か十月十二日だったと思う。浅沼さんが山口二矢《おとや》に刺殺された当日だった》

東京放送のアナウンサーである渡辺謙太郎はいう。

《もし、あの第二戦で、八回表の谷本のバントがあと一メートル転がっていたら、シリーズの行方はわからなかった。もし、あと一メートル転がっていたら、三原大洋に西本大毎はむざと連敗しなかったろう。あのバントが西本さんの運命を変え、オリオンズの運命を変え、あるいは永田雅一の運命をも変えたかもしれない》

だからこそ、Eの運命もまた変えられたといえるのだ。

昭和三十五年のオリオンズは圧倒的な強さを誇った。田宮謙次郎、E、山内、葛城と続く打線は、相手チームの三、四点のアヘッドなら苦にしなかった。そのくらいのハンデがつかなければ面白くなかった程だと田宮はいう。ジャーナリズムはこれをミサイル打線《ロウ》と呼んだが、打線《ロウ》といわれるもので真にミサイル打線と拮抗《きっこう》しうるのは、第二次黄金時代の与那嶺要、千葉、青田昇、川上という巨人打線と、関口清治、豊田、中西、大下のライオンズ打線くらいである。

その年のパシフィック・リーグの打撃十傑は、ミサイルの四人に独占された。第一位E三割四分四厘、第二位田宮三割一分七厘、第三位山内三割一分三厘、第六位葛城二割九分五厘。実に四人の放った安打の合計は六百本を軽く超える。一試合平均にすれば四人だけで五本は打つ勘定になる。しかも四人以外の、柳田利夫、谷本稔、矢頭高雄、坂本文次郎といったところもよく打ち、チーム打率は十二球団中最高の二割六分二厘を記録している。まさにオリオンズは打のチームであった。

ペナント・レースでは、一時、南海に四ゲームの差をつけられたが、六月から追い上げ、十八連勝という離れ技を演じてトップに躍り出た。オールスター戦が終ってからの後半戦では、ついに一度もトップの座を譲らなかった。十八連勝の中には半数近い逆転勝ちの試合が含まれている。ナインが、いかにミサイル打線を信じ切っていたかを別の角度から証するものだろう。

監督はコーチから昇格した一年生の西本幸雄だった。ペナント・レースで優勝するに際しては、西本の地道な采配が大きく貢献していたのだが、当時は誰もそれを認めようとしなかった。西本でなくとも、これだけの打線があれば眼をつむっていても勝てる、と。

オリオンズにとって十年ぶりの優勝を遂げることのできた三十五年は、E個人にとっても最良の年だった。三割四分四厘の高打率で宿願の首位打者を獲得したからだ。しかも、シーズンオフには関西育ちの女性と結婚式をあげている。本塁打王と打点王が山内、勝率・防御率・最多勝の投手三冠を小野正一が占め、この年の個人賞は三振王と盗塁王を除いてオリオンズ勢が独占した。

ただひとつ、オリオンズにとって残念だったのは、日本シリーズの対戦相手が巨人ではなかったことだ。オリオンズが戦後創設された時からの窮極の目的は、日本シリーズで巨人を完膚《かんぷ》なきまでに叩き伏せることだった。不運にも、オリオンズが優勝する時にかぎって巨人は敗退する。この年は三原魔術と呼称される三原脩の卓抜な用兵によって、万年下位に低迷していた大洋が一躍優勝をさらってしまった。

「力の大毎、技の大洋」がシリーズのキャッチ・フレーズになった。評論家の予想は六対四、あるいは七対三で大毎の圧倒的有利というものが多かった。

《いや、でもシリーズは短期決戦です。いかに大毎の打線でも、うちの投手に慣れるには時間がかかる。勝負は、七試合のうちの何試合をうちのペースに持ち込めるかがカギだ。それに、相手より一点多く取ればいいんですからね。そんなに点はいらない》

と三原は語った。

川崎球場で行なわれた第一試合。先発鈴木隆が不調と見るや、初回一死をとったところで三原はエース秋山登を大胆に投入した。大毎は再三のチャンスを逸《いっ》し、中西勝己、秋山の投げ合いとなったが、これこそ三原のいう「うちのペース」だった。七回裏、好投の中西から大洋金光秀憲が右翼席に叩き込んだ。この一点が大毎の命取りになった。田宮によればいつでも点がとれるような気がして、そうしているうちに試合は終ってしまったのだという。

《近鉄に似たチームだな、これだったら明日は勝てるさ、とみなでいい合っていた》

そして第二試合。大毎打線は大洋島田源太郎の巧みな球速の変化についていけず、五回まで沈黙を強《し》いられた。しかし六回、安打の田宮を一塁に置いてEが実に美しいスイングで右中間に二点本塁打を放った。猛打のミサイル打線がシリーズ十五イニングスにして初めて得た点であった。一方、大洋もすかさずその裏二点を奪い、七回にも勝ち越しの一点を入れた。三対二。そして、ついに「運命的」な八回表が訪れる。

大毎の先頭打者は突貫小僧と異名をとる坂本文次郎。いきなり坂本がセーフティーバントを試みると、これがヒットとなる。打者田宮の時、大洋の捕手土井淳が球をそらした。坂本二進、その結果田宮は敬遠気味の四球。無死一、二塁で打者はこの日ホームランを打っているE。ここで西本は意表をついてEにバントを命じた。成功して一死二、三塁。打者山内のところで、今度は三原が敬遠策をとった。一死満塁で谷本というところで三原はさらに投手を交代させふたたび秋山を投入した。この試合最大のヤマ場に、西本は迷わずサインを送った。ワンボール・ナッシングのあとの第二球を、谷本はいきなりスクイズバントした。球の勢いを殺した絶妙なバントだ、と誰もが思った。しかし、不運にもボールは一メートルほど転がるとピタリと止まってしまったのだ。捕手土井が慌てて拾い上げ、走ってくる坂本を本封、一塁に転送して併殺が成立した。この瞬間、この試合に大毎が敗れることが決定し、このシリーズに敗れることが決定したといえるかもしれない。事実、第三戦六対五、第四戦一対〇と四連敗することになる。そのすべてが一点差の試合だったことが、三原の声価を一層高めることになった。

《三原はおそらく当代のヒーローだろう。中途半端なヒーローがうようよいる世の中に、ひとりくらいほんとのヒーローがでるのもよいことかもしれない》

このシリーズを観戦した石原慎太郎はそう語った。三原と比較され批判されたのは西本だった。一年生監督にしてリーグ優勝という功績は忘れ去られ、多くの評論家からクレームをつけられた。問題は常になぜ谷本にスクイズをさせたのか、という一点に集約された。

第二戦に敗れた夜、西本の家に永田雅一から電話が掛かってきた。なぜバントなどという小細工をさせるのだ、うちのチームは打力が看板なのだ、負けてもいいからどうしてガンガン打たせないのだ。怒り心頭に発しているようだった。ある意味でそれも無理はなかった。『羅生門』でヴェネチア映画祭のグランプリをとり、トキノミノルで日本ダービーをとった永田が、唯ひとつままならなかったのが野球だった。大映では不可能だった優勝が、大毎になってやっと願いがかなったのだ。

《あんな消極策をなぜとったのだ》

しかし西本にもいい分はあった。秋山は落ちる球でゴロを打たせようとするだろう、しかも谷本は鈍足だ、併殺の恐れがある。大毎は小細工できないという意表をついてスクイズをしよう。失敗しても併殺は免れ、葛城に打順がいく。それが一メートル先で止まってしまったのは運がなかったのだ。あと三メートル転がれば、意表をついた素晴らしい作戦ということになったかもしれない。あと二メートル転がれば併殺は避けられたろう。実際は一メートルで止まってしまった。しかしそれがベースボールというものではないか。
《あのバントはない。評論家もみなそういっている》
静かにきいていた西本は、その一言にカチンときた。
《作戦は監督の直感によって決めるものだ。だからこそ責任もとる。だが、無責任な評論家が事後にいうことによってなにかをいわれるのは心外だ》
するとと永田は電話口で、
《馬鹿野郎！》
と怒鳴《どな》った。しかし、山内が《あの人は昔から信念の人だった》というように、西本には若い頃からこうと思ったら自説を曲げない頑なところがあった。
《その馬鹿野郎というのは撤回してください》
永田は撤回する必要がないというとガチャンと電話を切った。それで終りだった。
《ペナント・レースのあいだ中、永田さんは少しも注文をつけなかった。のちの監督にはうるさくいったらしいが、私のときはやり易かった。その夜が初めてのクレームで、結局、最後のクレームとなったわけです。しかし、今でもあのスクイズが誤りとは思っていないんですよ。もしあのボールがもう少し転がっていたら……》
だが、転がらなかったことで、さまざまなものの歯車は大きく狂っていくことになる。

4

一本のバントの成否が、ひとつの集団に属する人々の運命を決したということは、ある意味では凄まじいことで、これぞプロスポーツだといえなくもない。

まず西本が罷免《ひめん》された。

永田から直接にクビを宣告されたわけではないが、頑固な西本がシリーズを終えても挨拶に行かないでおくと、永田がどんどん新人事構想を発表する。その中に自分が見つからなかったのだ。永田という人は、身をすりよせて来る人間には過剰なほど親切だが、独立自尊の人間を煙たがる傾向を持っていた。そのために、せっかく黒字経営に転じ、オリオンズの黄金時代を築ける芽を潰《つぶ》してしまった。西本はいう。

《公平に見て、本来なら、三、四年はミサイル打線をもつオリオンズの天下が続いたはずや》

永田は西本という珠《たま》を捨て、宇野光雄という、少なくとも監督としては二流の存在を拾い上げた。宇野はその年、セントラル・リーグで国鉄を最下位にした責めを問われてクビになったばかりだった。永田には巨人の宇野《ウーヤン》というビッグネームが欲しかったのだ。

《これは、棚からボタ餅じゃないか》

と宇野は喜びのあまり知人に洩《も》らしたといわれる。監督に就任した宇野の第一声は

《去年優勝したんだから同じようにやってくれればいい》というものだった。その結果が二年連続の四位だった。以後、永田はついに最後まで監督に苦労することになる。

西本が去った時、実は毎日も手を引くことになった。毎日新聞の内部で、リーグ優勝という手土産《てみやげ》もあることだし、球団経営から撤退すべきよい時期だという派と、ようやく黒字になったのだから強化すべきだという派が争い、結局、前者の主張が通ることになったのだ。もし、これが日本シリーズに勝っていたら、この両者の力関係は変っていたはずだともいわれる。役員を引き揚げ、いよいよ永田のワンマン経営となった。やがて、Eにとって最も大事な人であった荒川が、毎日色が強すぎると見なされた他の何人かと共に追い出される。そして三十八年暮、山内と葛城がトレードされる。「打のチームは波があるが、守りのチームにはそれがない」という青木一三らフロントの主張に、永田が動かされたからだ。毎日生え抜きということも関係あったのかもしれない。しかも、同じ時期に田宮が引退声明を発表した。シーズン後半とくに監督の本堂安次に干《ほ》され、二割七分台に終ったことにいや気がさしたのだ。

一瞬のうちにミサイル打線は崩壊した。そしてEだけが残った。

四枚の駒が一枚になった時、そこにかかる重圧は計り知れない。Eにとって残ることはむしろ苛酷な状況に追いやられることだった。それまで、心理的には他の三人に守られるような形で、バッティングに専心できたのだが、こんどはあらゆる面でチームのリーダーにならなければいけない立場に置かれてしまった。彼にはその役廻りが向いていなかった。

三十九年には、三十五年から四年も続けた打率三割を、わずかながら割ってしまった。

Eにとってショックだったのは、その年の暮にやってきた契約更改の際に、球団側が示してきた十年目のボーナス額である。前年の契約時に《君はチームに大きく貢献している。打率など心配しないでやってくれ》と永田はいっていたのに、三割に二厘欠けたからといって規定ギリギリしか出そうとしない。しかも年俸もダウンさせるという。Eが裏切られたと感じても無理はなかった。大毎時代の球団代表である和田準一によれば、Eはかつて一度も更改時にゴネたことがなかった。いわれた額をはいといって承認した。その彼が、この年だけは頑強に拒絶したのは、孤立無援にさせられた者の怒りも含まれていたのかもしれない。

以後、彼は今まで以上にバッティングの錬磨にのめり込むようになる。庭に六十万円かけて自家用バッティング場を作った。試合から帰ると、またそこで練習した。そして四十一年、三割五分一厘という高率で二度目の首位打者を手中に収める。この頃、すでに巨人に入団し、王貞治の一本足打法を完成させていた荒川が、もし日本に四割打者が生まれるとしたらそれはEだ、と語ったことがある。

《Eにもう少し足があればそれは可能だったと今でも信じているよ》

だが、この年をピークとしてEの打率は少しずつ下降していく。オリオンズのナインからEが奇異なものを見るような眼で眺められるようになるのも、これ以後である。

「Eの奇行」がチーム内の笑い話にされはじめる。早実の後輩で、オリオンズに入り、現在も二軍監督を務める醍醐《だいご》猛夫は、そのことが口惜《くや》しくてならなかった。

《今でも、Eさんを笑い草にする若い選手がいるが、そんなのを見ると張りとばしたくなりますよ。Eさんがどれほどの打者だったか、おまえたちは知っているのかと怒鳴りたくなります》

Eの奇行というのは、たとえば山内が移籍後久し振りに出会った時に目撃した「坐《ざ》禅《ぜん》」のようなものだった。

《いつだったか大リーガーが来て日米対抗に一緒に出たことがある。みんなが練習してるのにEだけがダッグアウトでじっと坐禅を組んでいる。Eは何やってんのやと巨人の山崎マネージャーに訊くと、一時間も前からああしたままなんですという。Eよ、寝てんじゃないのかと冷やかすと、ちがうといって動こうとしない。あいつ出るのかと訊くと、スタメンですというじゃないか。ノックもバッティングもせず、とうとう試合に出たけどね》

四十二年二割九分、四十三年三割〇分六厘、四十四年に二割七分三厘。

ミサイル打線の中で、最初に現役を引退したのは田宮だった。中日コーチから東映コーチのあと、四十五年半ばから東映監督になったが四十八年に退かされる。現在は野球解説者をつとめるかたわら、自動車整備工場を経営している。

《いや、いずれ野球じゃ食えなくなると思ってね。監督業？　そうだな、もう未練はな

いさ》

葛城は、中日から阪神と移ったが、四十五年、競艇の不正事件に連座し、黒い霧事件への配慮もあってのことであろう、コミッショナーからきつい罰を受ける。阪神から契約解除をいい渡され、結局、球界を去らねばならなかった。葛城を知る人は、誰もが口を揃えて《彼の方が被害者だろう》といった。理由は《あんな気のいい奴はいない》というのだ。

葛城は、田宮の経営する整備工場で働いていた。葛城が途方に暮れて田宮に相談しに行くと、《もしおまえが油まみれになって働く気があるなら》と拾ってくれたのだ。二年間はほんとに油だらけでね、と笑いながら語る葛城は、みながいうように確かに気のいい優しい人物だった。

《その二年間、やはり球界に戻りたかったたな。まだまだやれると思っていたからね。三年目からはもうこちら側で生きていくんだって気になったね。向こう側じゃなくてね》

彼が博奕《ばくち》に手を出すようになったのは、中日に移籍してからだという。

《オリオンズには、麻雀以外に博奕をやるような人がいなかったんだな。いても恥かしいのでコソコソやっていたと思う》

初めて賭け事に手を染めたのは《忘れもしないが》四十年のキーストンとダイコーターのダービーからだった。競馬から競輪、そして競艇に向かった。

《未練？　未練はないが後悔はあるよ。家で酒を飲みながらよくテレビ観戦するんだが、

テレビで観ると野球っていうものが実によくわかるんだ。現役時代、もっとテレビで野球を観ておくべきだったと思ったね》
田宮が、華やかな時代を送った男がよくあんな仕事に耐えられたというほどの「油まみれの仕事」から、今は営業部門を担当している。会いに行くと、師走を、忙しそうに動き回っていた。
山内もまた四十五年に現役を退いた。十九年間に数多くの記録を残したが、持病が再発して引退を決意した。阪神から広島に移籍して三年目のことだった。十月十三日、引退試合が催された。この試合に代打として出た山内は、三塁ファウルフライに倒れた。
山内の引退には多くの野球人のコメントが発表されたが、その中に、心細そうなEの談話も載っている。
《山内さんとは長く一緒にプレイしたが、若い時から私のよい手本だった。ひとことではいえない思い出がある。引退されることはとても寂しい》
ミサイル打線の中で、現役として残っているのはEだけになった。

5

Eの内部で何かが決定的に崩れ去ったのは、自分を支えていた二つのものから切り離され、孤立させられた時からだったと思われる。

そのひとつは「バッティング」である。昭和四十五年、Eは球界に入って初めて規定打席に不足する。バッティング一筋に生きてきた男が、そのバッティングの機会そのものに恵まれなくなってしまったのだ。

当時、オリオンズの監督は中日からやってきた濃人渉《のうにんわたる》だった。そして、この年、水原茂によって中日を放出された江藤慎一を濃人が引き取った。二人はノンプロ日鉄二瀬時代の師弟だった。江藤も一塁だったことから、決して器用とはいえないEが、外野を守らされることも少なくなかった。やがて次第に、試合から遠ざけられるようになった。

しかし、Eの力がさほど落ちていたとは思えない。不規則な起用のされ方をし、今まで一試合に四回打っていたのが三回、二回と減らされたのにもかかわらず二割八分四厘をマークしているのだから。彼は依然として「安打製造機」たりえるはずであった。だが、その年の日本シリーズで、濃人体制下のオリオンズでは、バットマンとして復活することは不可能だと思い知らされることになる。

オリオンズは、三十五年に優勝してからちょうど十年後の四十五年、G・アルトマン、有藤通世《みちよ》、山崎裕之、池辺巌、A・ロペスという五人の二十本以上のホームラン打者を擁し、二位南海に一〇・五ゲームの大差をつけて優勝した。日本シリーズの相手は宿願の巨人だった。しかし、この時には毎日オリオンズ生え抜きの選手は醍醐とEの二人しか残っていなかった。

このシリーズで、Eは終始ベンチを暖めさせせられる。それは、シリーズの明暗を分けた第一戦の時に、Eにはわかっていたことかもしれない。

後楽園で行なわれた第一戦は、巨人堀内恒夫、オリオンズ木樽正明の投げ合いで零対零のまま延長戦に入った。オリオンズが押し気味に試合をすすめていくが、十一回裏、二―二からの真中低めのスライダーを黒江透修《ゆきのぶ》が左中間に引っ張ると、それがサヨナラ本塁打になった。しかし、この試合の最大のヤマ場は、四回表の攻防にあった。球の荒れている堀内は、この回、自滅寸前にまで追いやられた。ロペスが一塁ライナーで倒れたあと、アルトマンが四球を選び、有藤は中飛に打ち取られたものの、山崎が中前にクリーンヒットした。そして醍醐は四球。二死満塁のチャンスをつかんだ。打者は千田啓介。ここはどうみても代打である。ベンチにはEと江藤が残っていた。だが、ここは誰が考えてもEである。事実、ネット裏の記者の多くもそう考えた。Eも、バットを握って指名を待っていた。

《濃人が江藤の名を呼んだ時には唖然《あぜん》としましたね》

オリオンズの担当記者だった山崎武の言葉である。セ・リーグ時代、江藤は必ずしも堀内に強くなかった。制球力を失っている堀内には、選球眼のいい左打者のEこそこの場面には相応《ふさわ》しかった。にもかかわらず濃人は江藤を起用した。Eは信頼されていないことを宣言されたようなものだった。江藤はボックスに入るや、またたく間に三振してしまった。

この時のEの「屈辱」は、しかし十年前のホエールズとの日本シリーズで、彼の師匠の荒川が味わったものとほとんど同質のものだった。「運命的な」と形容される第二戦の八回表、一死満塁で谷本がスクイズした。この時、谷本のところで代打を出すべきだと思った人は少なくなかった。大下弘はその観戦記に「八回は秋山に対して当然荒川を代打に出すべきだった」と書いている。谷本は三打数無安打、しかも投手は下手投げの秋山である。往年の冴《さ》えはないにしても、代打の切り札的存在だった荒川の出番であるはずだった。荒川は素振りをくれはじめた。しかし西本監督は見向きもしなかった。共に頑固なところのある二人は、どうしても性格的に馴染まなかった。

《そこで打たせて貰えなかった時、ああもう俺もおしまいだなと思ったね》

現在、セ、パ両リーグの監督となった荒川と西本は、互いに《選手をくれや》といい合う仲だが、

《でもね、深いところでは絶対にあの人を許していないんだね、奇妙に思えるかもしれないが》

と荒川はいう。

十年の歳月を隔てて、師とその弟子が同じ状況に置かれ、同じ仕打ちに遭う。しかも、その師は、敵軍のコーチになっているのだ。毎日側の重役がすべて引き揚げたあとで、大映側のフロントに放り出されるという形で、荒川は大毎を退団する。その時彼を打撃コーチとして拾ったのが川上だった。理由はたったひとつだった。

《君は、その若さでEという素晴らしい打者を育てあげた。それだけで充分だ》

Eは、荒川と川上の眼の前で、ついに華々しい姿を見せられないままにシリーズを終えなくてはならなかった。
同じような屈辱といっても、荒川とEを比べる時、その傷の深さは微妙に異なっていただろう。荒川には、自分が打てなくなっても人に教えるという道が残されていた。一方、Eには打つこと以外になかった。もちろん、Eが後輩にまったく教えようとしなかったわけではない。
関西に遠征した折のことだ。オリオンズの打線は低調を極めた。その晩、醍醐が有藤や山崎とマージャンを打ち終って部屋に戻ると、同室のEがいない。うとうとしているとどうやら深夜の三時頃戻ってきた。翌朝、有藤と顔を合わせると《参った、参った》を連発する。きけば、部屋に戻った有藤と山崎をEが待ち構え、バッティングのコーチをしてくれたというのだ。
《だけど、どうしてもEさんのいうことはわからないんだ。なんだか剣道の達人の話をきいているみたいでさ》
Eにとってバッティングとは、まさに「道」と呼ぶに相応しいものだった。それは他人に容易に理解できるものではなかったろう。オリオンズ担当記者の高山智明は、かなり親しくなったあとで、Eがよくこう呟いていたことを記憶している。
《体《たい》が生きて、間《ま》が合えば、必ずヒットになる》
会心のミートで飛んだ打球が、記録上のヒットになるか野手の正面をつくかは運の問題だ。そして、それはさして重要なことではない、とEは考えていた。ダッグアウトの中で、四打数三安打なのに《四の一か》と呟いたり、四打数ノーヒットなのに、《四の四だ》と喜んでいるEを、オリオンズのナインはよく見ている。彼にとっては、テキサス安打やコースがよく転がって外野に抜けた安打など、ヒットではなかったのだ。「体が生きて間が合」ったものだけが、彼の心の中の、真のヒットだったのだ。

《ボテボテでも、テキサスでも、四打数四安打なら誰でも喜びますよね。ビールでも呑んでツキを祝うんだけど、Eさんは違うんですね。部屋の中でグリップを握って、じっと考え込んでいるんですよ。どうして打てなかったんだろうといって。打てないといっても四の四なんですよ》

早実の後輩にあたる醍醐の話だ。

四十六年、しかし、このバッティングの「求道者」に与えられた打席は、わずか九十にすぎなかった。ほとんど愚痴をこぼしたことのないEが、新聞記者に情なさそうに洩らしている。

《打ちさえすればヒットになる気がしたころがあったが、最近はヒットを打つことが苦しくなりました》

Eが「安打製造機」の名をほしいままにできたのは、荒川のコーチによるしなやかなフォームと天性の選球眼があったからだ。とりわけ眼がよかった。入団したその年に、九十七個の四死球を得ている。たとえば二ストライク・ナッシングになる。投手の投げた第三球がきわどいところに入る。Eは見逃すが、審判はストライクの宣告。三球三振。ダッグアウトに戻ってきたEは、別に口惜しまぎれというのではなく、淡々とした口調で、

《三球目はね、外側に五センチほどはずれていたんだよ》

と誰にともなく呟く。葛城はそういうEを同年代であるにもかかわらず畏怖《いふ》するような気持でながめていたという。打席に立てなくなるに従ってまずその選球眼が曇ってきた。デビュー時には、五打数に一つの四球、十打数に一つの三振という割合だったものが、四十六年には、九打数で一つの四球、六打数で一つの三振という具合に、逆転してくる。このシーズンで唯一の慰めは、史上五人目の三千五百塁打を記録したことであった。しかし負け試合ということもあって、祝福といえば老雄小山正明が静かに手を差し出しただけであった。打率二割四分四厘。自己最低のシーズンだった。

打つこと以外に何もなかった男の、まさに打つというそのことが崩壊しはじめた時、彼はどうしたらよかったのか。

球界で、Eの奇行が声高《こわだか》に語られるようになるのは、この頃からである。

ある日、Eの夫人から荒川の家に電話が掛かってきた。Eがおかしいので来てくれというのだ。Eにとって荒川は、打撃の師匠というばかりでなく私生活においてもほとんど唯ひとりの親しい知人だった。慌ててEの家がある鷺宮《さぎのみや》に駆けつけた。夫人によれば、猟銃を手に応接間にこもって出てこないのだという。

《何をつまらないことしてるんだ》
と荒川が入ろうとすると、Eが入るなと鋭く叫ぶ。
《たとえ荒川さんでも、入ってきたらぶっ放す》
馬鹿なことをいうな、といいながら荒川がドアを開けると、凄まじい音をたてて発砲してきた。
《もう自分の手には負えない》
といって荒川は帰るより仕様がなかった。あとで調べると銃口は上に向けてあったらしく、天井にくっきりと弾痕が残っていたという。それでも実弾がこめられていたことは確かだった……。
この話は、直接、荒川から聞いたのではない。二重、三重の話者を経るごとに虚偽が附着していったということもあるかもしれない。しかし、Eの行き場のない哀しみが、その銃声の中に込められていただろうということだけは、信じられるような気がしてならない。
そして四十七年、Eは彼を支えていたもうひとつのものから切り離される。十七年間もプレイヤーとして過したオリオンズから放出されたのだ。
山内が去ったあと、名実共にEがミスター・オリオンズだった。大毎から東京、さらにロッテと経営主体が変っても、オリオンズというクラブネームを残してくれたことを、誰よりも喜んでいたのがEだった。Eはおそらくオリオンズに骨を埋めるつもりでいた。

だが、濃人が四十六年途中から退き、大沢啓二が新監督になった時点で、Eの放出は決定していたという。大沢の構想する南海仕込みの機動性豊かな野球に、Eは不要だった。

ロッテ代表の武田和義から、ライオンズの村上公康とのトレードを通告され、Eも《まだユニホームに愛着がある》とそれを了承した。村上は通算打率二割一分台にすぎない二線級の捕手だった。

このトレードは残酷だった、とかつてのミサイル打線の僚友たちはいう。

《もし、毎日新聞がずっと持っていたら、決してEをトレードになんか出さなかったろう。十年も十五年もスター・プレイヤーとして働いた選手は残しておきたいと私個人は思う。単なる人情論ではなく、それがチームカラーとなり、つまりは伝統となるからだ》

と山内はいう。

しかし、自らもオリオンズを出され、ブレーブス、バファローズと歩いた西本は、彼らと異なる意見を持っていた。

《確かに残酷やなとわしも思う。でも、あの川上さんですら、九連覇という誰にもできないことを成し遂げた川上さんですら、読売はよう遇し切れず、川上さんは出ていかなければならん。それが野球界です。いいとも悪いともいえんのですよ。あるがままの世界に生きるより仕方ないでしょ》

そういう西本もまた、リーグ優勝した大毎から追われ、弱体阪急を常勝阪急にまで仕上げたにもかかわらず居づらい思いをさせられ、近鉄という新天地を求めて飛び出さなければならなかったのだ……。

四十七年三月二日、Eはライオンズの四番打者として、対ヤクルトのオープン戦に出場した。二打数でノーヒット。翌日の毎日新聞は、一般紙としては珍しいほどパセティックな調子で、

「Eよ 何思う」

という大きな見出しの記事を掲げた。

「だが、このE、旅館でみんなが寝てしまう午後十一時ごろ黙々とバットの素振りをしている。……若い選手の多い西鉄の中で、ベテランEは自分を精いっぱい生かそうと努力している。

関口コーチが『あの当たりを見たが、十分に四番打者はつとまるよ』とわがことのように自慢していた」

しかし、やはり駄目だった。四番どころか、試合に出ることすら難しくなった。Eが彼の存在をライオンズのナインに印象づけたのは、山内をして「これぞバッティングという完璧なフォーム」といわしめた技倆《ぎりょう》ではなく、ここでも奇行だった。

東京での試合はビジターだが、Eは自宅が東京にあるためナインと別々に球場入りしていた。

ある日、Eだけが五分ほど遅れて球場にやってきた。遅刻は罰金ものである。Eは監督の稲尾和久に金を払わされた。それからしばらくして、高速道路の渋滞によってバスに乗っていたチーム全員の球場入りが少し遅れた。ところがEだけは時間通りに来ていた。稲尾に、全員罰金を払うべきだと主張した。ひとりでも全員でも遅刻に変りはない、とマニアックなほどの執拗さでいい張ったという。Eの主張は正しくもあるが、誤ってもいる。彼にはその兼ね合いが見えなくなっているようだった。

四十七年度のEの全成績。一六三打数三八安打二割三分三厘、本塁打一、盗塁一。盗塁一という数字が哀しく眼を射る。

田宮のように引退を大きく報ぜられるわけでもなく、山内のように引退試合を開いてもらうこともなく、やがてEは消えた。

6

Eほどの打者である。何らかの形で球界に残るのが当然と思えるのに、どこのチームも彼を拾わなかった。

この十二月、川上が巨人を退団するに際して、柴田らが発起人となって送別会が催された。会場である自由が丘の中華料理屋へ向かう車の中で、荒川がふっと洩らしたのは、

《ぼくが監督をして、Eに打撃コーチをさせられれば、それにこしたことはないのだが

……》
ということだった。それができないのは、Eの精神状態のためだと暗に嘆いているようでもあった。
なぜ、Eはそのように不安定な精神状態になってしまったのか。
《神経が細過ぎた》
と、大毎時代の球団代表だった和田準一はいう。Eの最良の年であった三十五年。この年にさえ、現在のEの精神状態に連なる不吉な小さい芽のような事件が起きている。大阪球場での対南海戦。試合前の練習中、Eが素振りをしているところへ、柳田利夫が通りかかった。Eが気付かずバットを振ると、バットは柳田の顎《あご》に喰い込んだ。血が吹き出し、柳田は倒れた。グラウンド中大騒ぎになり、柳田は毎日新聞のセスナ機で東京に運ばれた。柳田が移籍された巨人で「殺し屋ジョー」と呼ばれたのは、この時の顎の傷がそもそもの由来である。倒れた柳田は意外に元気だったが、Eの方が蒼白になった。ガタガタと震えが止まらないほど怯《おび》え、ついにその試合は、最後までEにプレイさせることができなかった、という。
《発散させるものが何もなかったからかもしれないな。内にどんどんこもってしまった》
と葛城はいう。麻雀をやるわけでもなく、仲間と酒を呑んで騒ぎもしない。酒は呑むがひとりで部屋にこもり、考えながら呑んでいたという。

田宮は、今まで四人でやっていたものが、一挙に三人がいなくなり、ひとりで頑張らなければならなかった責任の、あまりの重さに押し潰されたのかもしれないと考えている。
《あの、一見、磊落《らいらく》そうな王ですら、長島の抜けたあとの重圧に負けてしまった。たったひとりで風に立ち向かうのは誰だって辛いことなんだ》
醍醐は、Eがあまりに「バッティング道」を追いつめすぎたからだ、という。そして、荒川はこういった。
《紙一重なんだよ。天才というのはいつでも狂気と向かい合っているものなんだ。半歩行き過ぎただけで崩れてしまう、危ない均衡の中を生きているんだ。Eだけじゃない。王だってその危険をはらんでいる》
しかし、その彼らも、どうしてEが今もなおトレーニングを続けているのかということになると、途方にくれるようだった。ほんとうに復帰できると思っているのか。もしそうならそれこそほんとうに狂っている。いったい、どういうつもりか……という具合だ。しかし、Eの練習は健康維持のための運動といった生易《なまやさ》しいものではない。かつてのチームメイトも、上野不忍池《しのばずのいけ》を凄まじい顔つきで走っているEを見ている。
会おうと思い何度かEの家に通ううちに、ぼくも一度だけEの走る姿を見かけたことがある。濃紺のタイツにマラソンシューズをはいて走るEの表情には、錯乱などという言葉では片付けられない必死さがあった。彼が走り去るのを見送りながら、ぼくはその後姿にほんの二カ月前に取材の終った円谷幸吉《つぶらやこうきち》の像をダブらせていた。小学校の運動会で後ろを見るなと父に叱られて以来、どんなレースでも後ろを振り向かず、オリンピックでも前を向いて走りつづけた円谷と、その愚直さにおいて、愚直さの美しさと哀れさにおいて酷似しているように思えたのだ。

7

大晦日《おおみそか》、ふたたびEの父親の家を訪ねた。心労が多いせいか、二十年前の契約時にはあまり若いので当人と間違えてしまった、と和田がいうほどの若々しさはすでにないように思えた。

この周辺にはEという姓が多い。訊ねると、わかっているだけでも二百年以上も昔からこの土地で農業をしている一族だとのことだった。

すぐ話題につまってしまう。父親は無口というのではなかったが、訊ねられたこと以外にも喋《しゃべ》るというタイプではなかった。Eはなぜハード・トレーニングを続けているのかという一点を中心として、会話は行きつ戻りつした。なかなかその核心に触れることができなかった。

《早実に入っても貧乏百姓だったから部費も払えなくてね。甲子園に出ても畠が忙しいのでラジオできいたくらいだ。新人王もらったときは嬉しかったらしいね。表彰式が大

阪であったらしいが、やっぱりちょうど畠が忙しい頃でね、行かれなかった》
野球部の父兄会で息子のポジションを訊ねられ、何をきかれているのかさっぱりわからなかったほどだという。そんな父親だったんです、と初めて顔を綻《ほころ》ばせた。
《プロになっても、息子の試合はテレビで見てました。球場に行くと、いい時はいいが悪い時の野次をきくのが辛いでしょ。テレビは野次がきこえない》
二時間ほど話をして、やっと訊ねる勇気が出た。なぜEさんは精神的に不安定になってしまったのか。
《……お医者さんによれば、なんだか入団した年に喰ったデッドボールの後遺症だとかいうんですがね》
あまり信じていそうもない口調で、そう答えた。それにしてもどういうつもりであのトレーニングを続けているのだろう。
《さあ……走っているところはよく見かけるんだが。今でも三時間は走ってるそうだがな……》
会っても黙って別れるのだという。しかし、と父親が初めて自分から喋った。
《プロ野球の選手は寿命が短いときいていたけど、あんなにやって、うちのは運がいい方なんでしょ》
相槌《あいづち》の打ちようがなかった。幸運とも不運ともいえはしない。Eはもう「運」などが支配する世界とは別のところへ走り出してしまったようにも思えた。

《野球を終えたらまったく別のことをやるといってたんですけどね……》
これは父親の独白だった。恐らくEにとって、野球はいまだ「終え」ていないものなのだ。何かの未練をダイヤモンドに置き去りにしてきたにちがいない。その心残りは何なのか。

五十年十二月六日の新聞のスポーツ欄に小さな報告記事が載った。

「毎日オリオンズOB会　毎日オリオンズ（現ロッテ・オリオンズ）が生まれて今年で二十五周年。それを祝って毎日オリオンズOB会が五日東京・築地のスエヒロで開かれ、和田準一・スポーツニッポン新聞社社長をはじめ土井垣武捕手、大館勲夫内野手、田宮謙次郎外野手ら約四十人が旧交を温めた」

オリオンズのOB会は、この年はじめて開かれたわけではなく、ここ十数年も続いている恒例の会だった。

ゴルフコンペのあとの宴会でも、みな和気藹々《あいあい》とし座は弾《はず》んだ。彼らが愉し気に昔を懐かしみ語り合うことができたのも、彼らが完全にOBである自分に慣れたからだ。彼らがプレイをしていたダイヤモンドに、完全にグッドバイといえたからだ。

今年、EはOB会に姿を現わさなかった。OB会でEの話はついに出なかったという。意識して出さなかったわけではないだろうが、ダイヤモンドに「さらば」といってしまった彼らにとって、今もなおそれに執着しているEの話題は、妙に避けたいものではなかったかと想像できる。

Eはいまだに「さらば」といえないでいる。いつになったら断念できるのか、いったいダイヤモンドに何を忘れてきたというのか。

彼が打った二千三百十四本の安打に、あと二十二本の安打を加えれば、終身打率が三割に達する。忘れてきたのは二十二本のヒットだったのか。あるいは川上の残した二千三百五十一という記録への三十七本のヒットだったのだろうか。

ともあれ、Eが「さらば 宝石」といわないかぎり、overreacherとしての彼の物語は完結しない。なぜなら、彼は依然として峠を過ぎた者ではなく、峠を目ざす者でありつづけるからだ。

あるいは、彼が求めているのは、ヒットの中のヒット、完璧なヒットという幻なのかもしれない。必死に走りつづけていたE――榎本《えのもと》喜八《きはち》の姿が眼に浮んだ時、ふとそう思ったりした。

ドランカー〈酔いどれ〉

1

リングの真上からはテレビ用の強力なライトが眩《まぶ》しいほどの光を放っていた。その光線の中を、紫色の煙草《たばこ》のけむりが、ゆっくりと立ち昇っていく。ぼくは、リングサイドの席に坐り、そのゆらめきを眼で追いながら、ぼんやりと考えていた。インドネシアからまだとうとう来ないのだろうか。彼はとうとう来ないのだろうか。この試合だけは見たくない、というのだろうか。チケットは確かに届いているはずだ。どうして来ないのだろう。

しかし、とまたぼくは思っていた。まだゴングが鳴るまでに五十分以上もある。来ないと決まったわけじゃない……。

その日、東京・両国の日大講堂には、一万二千の観衆が集まった。衰退気味の日本ボクシング界にとっては、近来にない大観衆といってよかった。午後八時十六分に第一ラウンドのゴングが鳴るこの試合は、WBA世界ジュニアミドル級タイトルマッチ十五回戦であった。王者柳済斗《ユジェドゥ》にとっては二度目の防衛戦、挑戦者輪島功一にとっては奪われた王座を奪還すべき最後のチャンス、つまりリターンマッチということだった。

セミファイナルの趙旻《チヨーミン》対渡辺裕一郎の試合が、わずか三回で片付いてしまい、次のメインイベントまで五十分以上の間があいてしまった。趙旻は、スパーリング・パートナーとして柳済斗が韓国から連れてきた、東洋三位のボクサーである。その趙旻が日本一位の渡辺裕一郎を軽く三回ＴＫＯに降《くだ》した。

柳陣営の誰もが、幸先よしと思ったにちがいない。ぼくには、敵地に乗り込み緊張しきっている彼らが、些細《ささい》なことにすぎないにしても勝利への「前兆」を見出して、張りつめた表情を少しだけ緩《ゆる》めている様が、眼に浮ぶようだった。だが柳だけは、恐らく、控室の血のような色のビニールを張っただけの粗末な椅子に坐り、笑いもせず、あの強い斜視の瞳を前に向けたまま黙りこくっているだろう。彼は試合が近づくにしたがって、不安を訴えるようになっていた。それは、故国の熱狂的な期待の重圧によるものだ、と誰もが思い込んでいた。しかし、柳の、ボクサーとしての本能は、的確に「不調」なはずの輪島を怖れはじめていたのだ。

リングは無人だった。リング上の白布が、ライトを反射し、この休息の刻《とき》をさらに空虚なものにしている。しかし、この空虚な刻こそ、観衆にとって最も充実した刻なのだといえなくもない。リングの上で、これから五十分後にどのような凄《すさ》まじいファイトが展開されるか、無人の白布の上にそれぞれの柳と輪島を闘わせているにちがいないからだ。今、リング上では、一万二千の柳と一万二千の輪島が、一万二千の試合をしているはずだった。

ぼくもまた二人を架空のリングで闘わせようとしていた。しかしどうしても像が結ばない。気になってしかたがなかったのだ。隣りの空席がやはり気になって、ふっと散漫になってしまう。

彼は本当に来ないのだろうか。そうだとしたら、百ドル近いこの特等席が無駄になってしまう。彼のためになけなしの金をはたいて買ったのだ。いや、金の問題ではなかった。

《この席よお、空いてんだろ》

顔を上げると、酒気を帯びたやくざ風の男が立っていた。空いていようといまいと余計なことだ。この席は俺が買い、ある男に贈った。黙っていると、男は勝手に坐った。

《そこには人が来ることになっているんですよ》

とぼくはいった。まだ、彼が来ないと決まったわけではなかった。だがその男はぼくの言葉を聞き流して坐りつづけた。もう一度頼んだ。

《どいてくれませんか》

《いいじゃあねえか》

男がドスをきかしたつもりでそういった時、突然、激しい怒りがこみあげてきた。

《自分のチケットの席に戻ってくださいよ》

《うるせえな、いいだろ。ゴチャゴチャ女の腐ったようにいいやがって》

男は怒鳴《どな》った。

《……席を空けろよ》

そういってしまってから、ぼくは自分があまりに深く苛立《いらだ》っていることに驚いた。酔っ払いのやくざを相手に喧嘩《けんか》をしても始まるまい、面倒なだけだし、刃物でも持っていたりすればさらに厄介なことになる。いつもならそう思ったにちがいない。だがこの時は、譲れないと思ってしまったのだ。この席だけは譲れない。

ぼくは苛立っていた。

《どけよ》

とぼくはもう一度いった。

《ふざけるなよ》

男は凄味《すごみ》をきかしたつもりでいった。そして立ち上がった。ぼくも立ち上がった。男は少したじろいだようだった。身長が二十センチ以上ちがっていたからだ。しかも、ぼくのオーバーは、ロンドンの古着屋で買ったイギリス海軍の厚手の外套《がいとう》だった。巨大な体軀の持ち主と錯覚したのかもしれない。いや、それよりも、ぼくが意外に険《けわ》しい表情をしているのに気圧《けお》されたのかもしれない。

《馬鹿野郎……》

捨て台詞《ぜりふ》を吐くと、男は肩をゆすりながら立ち去った。ほっとしたものの、しかしあとに残ったのは、ひとつの空席と陰鬱《いんうつ》な胸のつかえだけだった。こんな気分で輪島の恐らく最後の試合を見るのは、彼に対して無礼ではないか。まだ充分に時間はある。輪島の控室に行って、彼とひとことでも言葉を交《かわ》せば、あるいは気分が変るかもしれない。その間に、彼、カシアス内藤がやってくるかもしれなかった。ぼくは、観客席の背後にある選手控室に足を運んだ。

冷えびえとした小さなコンクリートの檻《おり》の中で、男たちがひしめいていた。薄汚れた灰色の壁に囲まれた控室は、畳を敷けば八畳くらいしかない狭い空間だった。そこに、報道陣、ボクシング関係者、後援者などがひしめき、じっと輪島の動きを見つめていた。男たちは空中に線が引かれてでもいるかのように、部屋の半分に固まっていた。部屋の残りの半分に、輪島と、彼の所属するジムの会長である三迫仁志《みさこひとし》、それにトレーナーがいた。輪島は肩を落とすように小さな椅子に坐っていた。驚いたことに、試合直前という今になってもマスクをつけたままだ。

《あのマスクは、いったいどういうつもりなんだろう》

ぼくの前に立っていたスポーツ新聞のボクシング担当記者が、誰にともなく低く呟《つぶや》いた。確かに、いくら風邪気味だとはいえ、この期《ご》に及んでまでマスクをつけているのは異常すぎた。

マスクから眼だけをのぞかせている輪島の顔は、蛍光灯のせいか土気《つちけ》色に見えた。マッサージ師の五十嵐に躰を揉《も》みほぐしてもらったあとで、ゆっくりとバンデージを巻きはじめた。ふとそれを中断すると、じっと自分の拳《こぶし》を見つめた。そしてふたたび、その拳に白布を巻きつけていった。

肩を何度かゆするようにして動かし、一度、二度と宙にパンチを放った。

《これでいいですね》

そういって輪島は柳陣営から派遣されてきたオブザーバーに両方の拳を突き出した。威力を増すための異物が巻き込まれないように、互いに監視し合うのだ。

《オーケー》

それを聞いて、コミッショナー側の役員がマジックで封印する。もうこれでバンデージを巻き直すことは許されない。柳側のオブザーバーは黙って部屋を出て行った。

輪島は、その狭い空間でゆっくりとシャドー・ボクシングを始めた。仮想の敵に向かってパンチを放つ。左のジャブ、ジャブの連打、オープン気味の右フック、眼を閉じ想像の世界に敵を呼び込む……。

シャドー・ボクシングをしているボクサーの姿は、どんな時にも哀し気に見えるものだ。たとえ控室で大勢の熱い視線を浴びているにしても、この檻につながれているのが彼ひとりであり、やがて闘技場に追い込まれるライオンのように、リングという名の格闘場に上がっていくのは結局彼ひとりであるという真理が変らないかぎり、それは同じことだ。

その間にも、彼の後援者、友人、知人などが入って来ては、言葉をかける。彼らは激励に来ているつもりだが、それは輪島のことを本当に思っての行為ではない。自分が激励に来たことを輪島に知らせたいだけなのだ。輪島にもそんなことは充分わかっている。だが、輪島は、彼らのすべてに必ず心のこもった言葉を返していた。そこにガッツ石松が飛び込んで来た。

《今夜の相手は軽い軽い》

石松の調子のいい物言いが、控室の雰囲気に合わず、みなが気不味《きまず》く黙っていると、《だってさ、輪島さんだっていつも俺ん時そういうんだぜ》と弁解するようにいった。

輪島と石松が親しい友人ということはないはずだ。石松が来たのも単なる社交上の手続きの問題だ。石松自身も柳が「軽い」とは思っていない。むしろ、賭けているとすれば輪島の負けに一口乗っているだろう。輪島も笑いながら石松に調子を合わせているが、心の中では苦々《にがにが》しく思っているはずだ。いつだったか、ぼくと二人で食事をしている時、輪島はいかにも耐えられないという表情をして語ったことがある。

《ボクサーがね、どれだけ減量しなければならないにしても、それを苦しいだの怖ろしいだのといって大騒ぎするのはいやだね。何が恐怖の減量だ。そんなことを試合の宣伝に使うのは、プロとして恥かしいことじゃないか。いいかい、どのクラスでもいいがそのクラスで闘うという契約をした時に、たとえば自分なら体重を百五十三ポンドにするということは、最低の条件だったはずだ。プロというのは与えられた条件を必ず満たせるから金を貰うんだ。減量に苦しんでるなんて、これは恥かしくて人になんかいえることじゃない》

それは明らかに、ガッツ石松が昨年十二月の対ロハス戦で行なった「地獄の減量」を念頭に置いての言葉だった。
《そんなに苦しければ一階級あげればいいじゃないか。そうすれば負けちゃうからあげないのさ。その読みはプロとして当然のことだ。だったら、もっと静かに減量すればいいのさ》
人についてほとんど批評しない輪島が、珍しく強い語調でいっていた。
控室の人の出入りが激しくなった。突然、部屋の電気が消えた。
《どうしたんだ、三度目じゃないか！》
輪島が苛立たし気に叫んだ。出入りする人が、扉近くのスイッチを背中で押してしまうのだ。
《もう、みんなに出て行ってもらおうぜ》
コミッショナー・サイドの係員が、報道陣や後援者を押し出した。ぼくも部屋から出されそうになったが、トレーナーの金井に《この人はいいんです》と救ってもらった。
輪島陣営の何人かと竜反町《りゆうそりまち》だけが残った。
竜反町は、輪島の世界タイトルに挑戦したことのある日本で唯一のチャレンジャーだったが、三年前に判定で敗れていた。しかし、その四年前には、本来ウェルター級だった輪島が、同じクラスに先輩で、しかもスターだった竜がいるためにJ・ミドル級にかわったという因縁《いんねん》もあった。輪島の三迫ジムと竜の野口ジムが兄弟ジムという関係にあったからだ。三迫は名門野口ジムから分家したジムだった。二人はジムの違いをこえて仲がよかったが、輪島がJ・ミドル級で世界チャンピオンになると、まだひとりも世界チャンピオンを出していない名門野口ジムの期待を背負って、竜は挑戦しなくてはならなかったのだ。だが、竜は勝てなかった。

二十分前になる。輪島はトレーニング用のタイツを脱ぎ、サポーターをつけた。そして黒に太い白線の入ったトランクスをはく。そしてまた椅子に坐った。

《このあとが一番いやなんだよな》

竜反町がいった。

《すべてが完了してからがさ。時間が長くて、恐くてさ。リングに上がっちゃえば、何てことないんだけどさ》

輪島は黙って躰をゆすっているだけだ。リングに上がる時間が刻々と近づいてくる。と、輪島が立ち上がり、トレーナーの金井に何事か囁《ささや》いた。金井は慌《あわ》てて部屋から飛び出した。通路で、バケツはないかと大声で叫んでいる。彼は急に小便がしたくなったのだ。バケツが来るのももどかし気に、彼は後ろを向いた。サポーターの横から引っ張り出すようにして一物をつかむと、壁際にある大きな空きカンに向かって放尿しはじめた。スパーリング・パートナーであり会長の甥《おい》にあたる三迫将弘が、びっくりしたようにバスタオルをその背後から拡げた。

小便がブリキを叩く音が、コンクリートの檻の中に寂しく響きわたった。

《四分前です》
少し緊張した声で、テレビ局のディレクターが伝えに来た。シャツを脱ぎ、白い絹のガウンを着た。背には登り竜の美しい刺繍《ししゅう》がしてある。
そして、ついにマスクを取った。
マスクの下には、いつもより少し硬《こわ》ばっただけの当り前の彼の顔がある。マスクで何かを隠そうとしていたのでは決してない。騙《だま》そうとしていたのだ。報道陣や柳済斗ではなく、自分自身を欺《あざむ》こうとしていたのだ。マスクはそのシンボルだった。
俺は調子が悪そうだ。だが、これは人にそう思わせるための演技なのだ。こう躰が動かないのも、調子が悪いせいではない。人を欺いているだけなのだ……。
だが、それは自分自身を欺き通すことでもあった。輪島にとって、この試合の最大のテーマは、どこまで自分自身を欺けるか、つまり自分自身をどこまで信じ切れるかという点にあったのだ。
《時間です！》
上ずった声が飛んだ。控室を出ていく輪島を捉《とら》えようとテレビカメラが動き出す。ぼくは、彼に何かいおうとしたが、「頑張って」という月並な言葉以上のものは思いつかなかった。黙って、眼で彼の視線を摑まえようとした。
《さあ、出発するか》
三迫会長がそういった時、輪島がぼくを見た。眼で挨拶すると、彼も「ああ」というように頷《うなず》いた。そして、観衆の待つ試合場に向かって行った。

ぼくもリングサイドの自分の席に駆け戻った。が、やはり隣りの席にカシアス内藤は来ていなかった。

セレモニーはアッという間に終った。少なくとも、ぼくにはそう思えた。

第一ラウンドのゴングが鳴った。柳はコーナーでひとつ膝の屈伸をしてから飛び出してきた。輪島はロープを持って腰を深く落とすと、素早く振り向き、低い姿勢でリングの中央に向かった。輪島功一は、壊れかかった発動機を載せた小舟で大海に出ていく漁師のようなものだった。しかしそれは、無謀というより恐らくは勇気あふれる航海であり、白布に覆われたキャンバスという名の海を突き進むその後姿は、一瞬、蒼く輝いた。

輪島は、低い姿勢のまま、いきなり左のストレートを放った。これが、やがて一時間後に一万二千の観衆を熱狂に導くことになる、タクトの最初の一閃《いっせん》だった……。

2

ぼくが、輪島功一に初めて会ったのは、二月に入って間もない頃だった。その日、東京には、この冬最初の雪が降った。

夕方から雪は霙《みぞれ》にかわり、やがて冷たい雨になった。ぼくは地下鉄を門前仲町《もんぜんなかちょう》で降り、タクシーを拾った。輪島の属する三迫ジムは、各種の倉庫が林立する、塩浜という殺風景な町にあった。「お米の倉庫」で通っている農林省の試験場を左に曲がると、黄土色の壁に「三迫ボクシングジム」と墨で大書された古びた建物が見えてくる。

立てつけの悪い戸を開けてジムの中に入ると、強いライトに眼を射られた。テレビ用のハンディーライトだった。柔軟体操で躰をほぐしている輪島を追っていたのだ。

ジムでは、さほど広くない空間に、十五人くらいの若者が思い思いのスタイルで、それぞれのトレーニングに励んでいた。ロープ・スキッピングをしている者もいれば、パンチングボールを気持よさそうに叩いている者もいる。一発一発、力をこめてサンドバッグにパンチをめり込ませている者もいた。テレビカメラは彼らの間を縫うようにして輪島を撮りつづけていた。「ニュースセンター九時」というニュースショーの取材班が、試合の前夜に放映するための録画をしているとのことだった。

ぼくもその様子を眺めているより仕方なかった。しばらくして、その番組でスポーツニュースを担当しているアナウンサーが、スパーリング用のリングの傍《そば》に立った。

《ちょっと輪島さん、こちらに来ていただけませんか？》

練習中の輪島を呼んでインタヴューする、という絵柄を撮りたいようだった。しかし、そのとき彼の示した態度は、ぼくの予想外のものだった。《えへへへ》と愛想笑いをすると、次に、

《まだやることがありますんで、待ってくれませんか》

といったのだ。鄭重《ていちょう》な物言いだったが、その言葉には、自分のトレーニングにはたとえどんな人物でも指図することは許されないのだ、という毅然《きぜん》たる響きがあった。「愛想笑い」と「毅然たる言葉」という、奇妙なほど鮮明なコントラストは、輪島がただ単にトリッキーなボクシングをする「お調子者」というだけの存在ではないことを、あるいは物語っているのかもしれなかった。

輪島は、ひとりで自分の練習のスケジュールを消化しはじめた。ストーブの熱と厚めに着た服装のため、数分もしないうちに汗がしたたり落ちる。異様なスタイルの目的もその汗にある。減量へ向けてのワン・ステップなのだ。やがて、大きな鏡を前にしてシャドー・ボクシングを始めた。百発も宙にパンチを繰り出すと、輪島の躰から湯気が吹き上がるようになる。彼は狂ったように練習しつづけた。

――ストーブの真横での腹筋運動で、ひと通りのトレーニングが終ると、テレビ局のアナウンサーはもどかし気にインタヴューを開始した。

《三十二歳というのに頑張りますね》とかいうつまらない質問には、《三十二じゃなく、二十三と思っています》などとふざけていたが、《なぜ柳に負けたとき引退しなかったんですか》という問いをぶつけられると、急に顔を引き締めた。狂ったような練習に疲労しきったのか、まるで酒に酔っ払ってでもいるかのような呂律《ろれつ》のまわらぬ口調で、しかし一語一語、頭の中で確かめながら喋《しゃべ》った。

《引退ということも考えられなくもなかった。でも、それはよくないと思ったんです。

自分はまだ挑戦できる、そしてみなさんも挑戦させてあげようというんです。ということは、まだ金が稼げるということだ。まだ金が稼げるのに、その機会を放棄するっていうのは、プロのやることじゃない。五万だって、十万だって、稼がしてくれるというなら稼ぐべきじゃありませんか。それがプロということだ。それに……》

といって、一度、言葉を切った。喋ろうかどうしようか迷っているようだった。しかし、彼は続けることにした。

《それに、この試合で、仮に勝っても、仮に負けても、みなさんは讃《ほ》めてくれるように思うんです……》

ぼくは、輪島のこれらの言葉を聞きながら、昨年六月柳に叩きのめされた彼の姿を見て「何か」を感じたことが決して誤りでなかったことを、確認できたと思った。

彼は、「自分自身のリターンマッチの意味を、ようやく摑みはじめていた。

輪島が挑戦するのは、興行権を握っている三迫のプロモーション上の犠牲になったからだ、という噂が業界では囁かれていた。事実、柳済斗の挑戦を輪島側が受けるに際して、仮に輪島が負けてチャンピオンベルトが柳のもとへ移っても、チャンピオンのその後二試合の興行権は三迫プロモーションが持つ、という裏契約がなされていた。つまり、柳陣営にとっては、その二試合の防衛に成功しないかぎり、チャンピオンとしての真の甘い蜜は吸えない仕組みになっていたのだ。三迫は、柳の初めての挑戦者に甥の将弘を選んだ。本来、三迫将弘はウェルター級のボクサーだった。しかも挑戦者としてはキャリアも実力も不足していると見なされていた。あたら若い芽をつぶす「ミス・マッチ」と、ボクシング・ジャーナリズムはプロモーターの三迫を叩いた。将弘は予想外の善戦をしたが、六回KOで屠《ほふ》られる。三迫にとって、残りの唯一回の興行権を有利に行使できるチャレンジャーは、やはり輪島以外にいなかった。輪島の観客動員力は群を抜いていた。しかし、柳に敗れた試合があまりに無惨だったために、このリターンマッチは輪島にとって酷すぎるという見方が圧倒的だった。「輪島が三迫の興行政策の犠牲になった」ということの意味は、そういうことだ。

だが、輪島は、自分自身のリターンマッチの意味を、自分自身で組み換えようと必死に努力したにちがいない。仮にスケープゴートとして選ばれたとしても、スケープゴートとしてリングに上がらなくてはいけないという理由はない。なぜ自分はリターンマッチをするのか。そのひとつの答が、《……みなさんは讃めてくれるように思うんです》だったのだ。三十二歳のこの俺が挑戦するそのことだけで充分に価値がある。なぜなら、俺は俺自身の「宿命」を俺自身で選び取ろうとしているから……。

ぼくが、輪島の敗れる姿を見ながら感じた「何か」も、まさに「宿命」ということに関わるものだった。

3

輪島功一は二流のチャンピオンだった。少なくとも昨年の六月までは、ぼくにとってスリリングな興味の持てるボクサーではなかった。

昨年の六月七日、輪島は通算八度目の防衛戦を行なうことになった。その話は「またか」という程度の印象だったが、相手の名が韓国の柳済斗だと聞かされた時、ぼくは思いもよらぬ方向からパンチを喰らったようなショックを受けた。

柳済斗。日本のボクシング・ファンには馴染《なじ》みがないボクサーだった。多くの日本人ボクサーと闘っているが、それらの試合はすべて韓国内であったからだ。しかし、ぼくは彼を知っていた。名前だけではない。少なくとも三日間は彼と共に同じホテルに泊ったことがある。あの釜山《プサン》の暑い夏の、半島《バンド》ホテルという古いホテルでのことだった。たった五百ドルで「噛《か》ませ犬」として買われ、柳済斗に倒されるだけのために韓国へ渡った混血のボクサーと共に、ぼくも釜山に行ったのだ。ボクサーの名をカシアス内藤といった。もう三年も前のことになる。

だが、釜山での長い暑い三日間は、惨憺《さんたん》たるものだった。

とりわけ試合は無惨だった。

ダラダラと長いだけの試合が暑い九徳《クドク》体育館で続けられた。柳も失うことを怖れ、内藤も冒険をしなかった。双方が有効なパンチをほとんどふるわないうちに、十二ラウンドが過ぎた。判定は大差で柳に下った。リングから降りてくるや、内藤はいったものだ。
《せっかく沢木さんが韓国くんだりまで来てくれたのに、二、三回でひっくり返っちゃ悪いもんね。長くのばそうと思ったんだ》
それを聞いたとき、ぼくはひどく無駄なことをしに来たのだと思い知らされた。長く闘ってくれることなど、いつ望んだか。
東京に帰ってふたたび内藤と会った。
《たった五百ドルぽっちのファイト・マネーでブンブンぶっ飛ぶわけにはいかなかったのさ。命がかかってんだからね》
《いつブンブンぶっ飛ぶんだい？》
《いつか、そういう試合ができるとき、いつか……》
内藤はそういった。だが、その「いつか」はついにやってこないだろうとぼくは思った。
しかし、別のある日、彼のアパートの本棚に、『若き愛と性の悩み』と並んで『人間革命』というタイトルの本が哀しく並んでいるのを見たとき、彼のいう「いつか」を、このぼくの手で作れないものか、と思ってしまったのだ。
ぼくは次第に「いつか」を生み出すことに熱中しはじめた。彼を、もう一度、復活させることはできないだろうか。テレビ局にいる友人を通じて、マッチメイクを含んだ復活のためのプログラムにおいて、少しずつ具体的な話が生じかけていた。彼の「いつか」が、いつの間にか自分自身の「いつか」になっていた。東洋ランカー、東洋チャンピオン、世界ランカー、世界チャンピオン。どうやって登りつめさせるのか。金の工面はどうするのか。興行界のしきたりや力関係を知らないために、ずいぶん遠廻りをしてしまった。だが、やっとなんとかなりそうだ……という時期に、すべてが一挙に壊れた。

ある日、週刊誌の記者から電話が掛かってきた。カシアス内藤についてコメントしてくれというのだ。

《どうしてです？》

《知らないんですか？　今日の読売新聞にデカく出てるじゃないですか》

カシアス内藤が逮捕されたというのだ。

「スロットマシン泥に『カシアス内藤』も　コイン盗み別の店で遊ぶ」

一般紙に四段で記事が出てしまえば、たとえ彼が盗んだものが現金二千円とコイン二千枚であっても、すべては壊れるより仕方がなかった。「いつか」はやはり来なかった。彼にも、そしてこのぼくにも。

昨年六月。輪島のタイトル防衛戦の相手が柳済斗だと知って驚いたのは、単純に知っている男が出ているという理由を除けば、あの柳がよく……という思いだった。あの時の柳は、世界へのチャレンジなどとても不可能なボクサーだった。勝手知ったる湾でのみセールするヨットマンのように、新しい世界に飛び立つ冒険心がなかった。次に思ったのは、柳が挑戦できるのなら、内藤だってよかったはずだ、という口惜《くや》しさである。

輪島と柳の試合は、しかし、信じられぬほど面白いものだった。

輪島は二流のチャンピオンだった、とぼくは確かにいった。ノックアウトの数や防衛戦の数においては、日本人のチャンピオンとして、あるいは超一流に属するかもしれなかった。しかし、彼には「何か」が欠けていた。彼の試合を見るたびに、ついに二流にしかなりえずに年老いていかねばならない王者の姿を見て、無惨に思うことがあった。

だが、この試合の輪島は美しかった。第五ラウンド、終了のゴングが鳴ったあとで強打されるという不運はあったものの、第七ラウンドに柳から浴びせられた右フックには、絶望的な破壊力が秘められていたはずだ。モハメッド・アリのいう「百万匹の蟻が躰中を這《は》いまわる」というパンチだったろう。柳の右の拳は、確実に輪島の左頰《ほお》を捉えた。各社のカメラマンがキャッチしたように、深く腰が入り、切れも鋭い見事なフォームの一撃だった。輪島はゆっくりマットに倒れていった。これですべてが終るはずだった。しかし、輪島は立ち上がった。柳は連打する。そしてまた右のフック。輪島は崩れ落ちる。だが、輪島はまた起き上がったのだ。膨れあがった顔面、瞼《まぶた》と頰の間から微かにのぞいている彼の眼は、すでに焦点を結んでいなかった。どこに柳がいるのかさえ見えてはいなかった。だが、輪島はとにかく立ったのだ。たとえ、その直後に、みたび柳に打ちのめされ、みたびマットに這わされたとしても、彼はあの凄まじくも完璧な柳の右フックを一度は耐えたのだ。

ぼくの内部で、カシアス内藤、柳済斗、輪島功一という三人のミドル級ボクサーたちが、複雑に絡み合い、動き出しはじめた。

《輪島は恐らく引退するだろうが、もし再度柳と闘うようなことがあれば、もしかしたら彼は何者かになれるかもしれない……》

試合を見終って、昂奮しながらそう友人に喋った記憶がある。

輪島は引退しなかった。

そして今年の二月十七日に柳とのリターンマッチを行なう、という報を昨年の暮れに聞いた時、ついに輪島功一というひとりの男が「何者か」になるための旅に出たのだ、とぼくは思った。そして、この試合を、できることならカシアス内藤と共に見たい、と望んだのだ。ついに「いつか」がやって来なかった者どもとして。

4

雪の降った日に輪島と初めて会って以来、ぼくは毎日のように塩浜の三迫ジムに通いつづけた。

輪島は夕方の五時頃ジムに姿を現わし、五時半からトレーニングを始める。正味一時間ほど躰を苛《いじ》めると練習を切り上げ、ジムの風呂に入る。そして七時過ぎにジムを出て行く。毎日がその繰り返しだった。その時間に合わせて、ぼくもジムに入り、ジムを出た。世界戦というビッグファイトが近づくにしたがって、ボクサーというものがどのように追いつめられていくのか、輪島という挑戦者がそれをどう耐えていくのか、トレーニングで何を獲得し、ファイトでどのようにそれを発揮するのか。日々の練習を黙って見守ることで読み取れるかもしれない。そう思ったのだ。

あの日、テレビのインタヴューが終ると、さっそく輪島は風呂に入った。青のスラックスに黄色のセーター、そして茶色のハーフコートに着換えてふたたび姿を現わすまで四十分はかかったろうか。次々と若者たちも練習からあがり、ジムには誰もいなかった。ガラーンとしたジムで、備えつけの大鏡の前に立つと、入念に櫛《くし》を使いはじめた。分け目をつけようと顔を斜めにした時、オーバーのポケットに手を突っ込んだままどう話しかけようか迷っていたぼくと、鏡の中で視線が合った。俺に何か用かい？　輪島が眼でそう訊ねてくれた。救われた気持で、ぼくは彼に近づいて行った。

《うん？》

と彼は櫛を入れながら訊ねた。

《書きたい、と思っているんです》

唐突にそういってしまって、初めて、自分が何をしようとしているのか、何がしたいのかが理解できたように思った。ぼくは、輪島に向かって、懸命に喋り出した。

《つまりさ》とぼくの話が終ると輪島がいった。《勝ったにしても負けたにしても、輪島功一はこんなふうにして、勝ったり負けたりしたんだ、っていうことを書くわけでしょう？》

疲労のために声は低く聞きとりにくいほどくぐもっていたが、言葉は簡潔で話の内容は正確だった。

《そうです》とぼくは答えた。そうです、輪島功一がどのように闘い、どのように敗れるかを見たいのです。そう胸の中でつけ足したが、言葉に出せはしなかった。不思議なことに、ぼくは彼が勝つなどということを考えもしなかった。だから、彼が《その書いた物っていうのは、出るのがいつ頃になる？》と訊ねてきた時、質問の真意を測りかねたのだ。

《試合の前に印刷されるのか、後かっていうことだよ》

試合の決着がつくまでは書けるわけがないのだから、当然、かなり後のことだ。

《それは、間違いないね》

異様な粘っこさで念を押した。嘘《うそ》をついても仕方がない、とぼくは答えた。

《それならいいんだ》といって輪島は顔中を皺《しわ》だらけにして笑った。だが、眼は笑ってはいないようだった。

《それなら俺も君に嘘をつかなくて済む。なんでも見てもらって、本当の姿を書いてもらえるかもしれない》

《嘘をつく……？》
《そうさ、もし君が試合の前に書いた物を発表するんだったら、嘘をつき通さなくちゃならない。柳陣営には日本語のわかる奴が多い。マスコミのほんの些細な文章からでも、こちらの作戦を見抜いてしまうだろう。だから逆に嘘をつき通し、彼らを欺き通すのさ。それにはまず日本のマスコミから騙す》
先程のテレビのインタヴューも演技だった、と輪島は顔の表情ひとつ変えずにいった。疲れ果て、舌がもつれ、苦しそうに喋ったのも、恐らくそれを柳も見るだろうということを計算においての嘘だった、といった。
《笑ってくれてもいいけどさ、そうしなくちゃならないんだ。調子のいい時代にはそんなことまでする必要なかった。でも、こんなふうに下り坂になると……》といって、しばらく間をおいた。
《勝つためには、そのくらいしなくちゃ駄目だ！》
最後は自分にいいきかせるような調子になった。それを聞いて、軽い衝撃を受けた。輪島が勝とうとしている、ということに驚いたのだ。それも異様なほどの執着でもって勝とうとしている。敗北を覚悟で闘う、などという生易《なまやさ》しいものではなかった。
数日前のスポーツ紙に「〝炎の男〟輪島　流感でダウン」という大きな記事が出た。
「……チャンピオンの柳済斗（韓国）に挑戦する前チャンピオンの輪島功一（三迫）は、一日『カゼで練習が思うようにできない。できるなら世界戦の日程を延期したい』と語った。世界戦まで三週間足らずに迫った時期だけに成り行きが注目される」

これは決して演技ではなかったろう。だが、日程の変更は不可能と決まった時、この記事を最大限に活用しようと作戦を立てたに違いない。それほど彼は勝とうとしていたのだ。負けるために闘う、などというセンチメンタリズムを、輪島の言葉は厳しく拒絶していた。じっくりインタヴューをする時間はないだろうか、とぼくは訊ねた。《ない》と輪島が答えた。日にちはいつでもいい、と喰い下がった。

《いつという約束ができないんだよ。躰の状態がどうなるかわからない。練習が終ったら会うのがいやになるかもしれない》

それは当然のことだとぼくにも思えた。

《しかし》と彼がいった。《気が向いたら、君と一緒に飯を食ってもいいな。その時、少しは喋れるかもしれない。でも、いつと約束するのは勘弁してくれないかな》

それだけで充分だった。ぼくは毎日ジムに通い、練習を見に来るだろう。もし帰り際に、一緒に食事をしてもいいと思った時は誘ってくれないか、それを待つことは決して苦痛ではない。

《悪いけど、そうしてくれるかい》と輪島はまた顔中を皺だらけにして笑いながらいった。

そして、その日の別れ際に、ふたたび眼をギラつかせながら真剣に繰り返した。

《試合の前には、ほんとに書かないな？》

三迫ジムに何日か通いつづけているうちに、ジムの若者たちばかりでなく、輪島とも軽い冗談なら交せるようになった。

しかし、彼にとって、練習は日を追って苦しくなっていくようだった。動きが次第に緩慢になってきているのが眼に見えてきた。憑《つ》かれたように凄まじいスピードのロープ・スキッピングをしている時があるかと思うと、赤くなったストーブの傍で山吹色のバスタオルをすっぽり被り、うずくまったまま微動だにしない時もあった。

ある日、それはとりわけ苦しそうな一日だったが、トレーニングを終えて、バンデージを取り去っていた。白い布を無意識に巻き戻しながら、放心したように窓の外を眺めていた。そこには、会社帰りの中年や、自転車に乗った店員の若者などがあまりの寒さに足踏みなどしながら中を覗《のぞ》き込んでいた。そのひとりがVサインを出すと、ハッと気がついて輪島は笑いかけた。彼独特の顔中を皺だらけにしての笑いだ。そして、次には妙に寂しそうな表情を浮べた。

かつて、輪島もあのように窓の外から中を覗き込むうちのひとりだった。九年も前のことだ。

北海道から東京に出て来て以来、さまざまの職業を転々とした。やがて土建会社の飯《はん》場《ば》に入った。飯場から工事現場へという日々が続いた。その通り道に三迫ジムがあったのだ。いつもは気にもしていなかったが、四十二年の十二月のある日、窓越しに黒山のような人だかりがしている。ふと、中に何があるのか覗《のぞ》いてみよう、と思った。ジムの中では小柄ではあるがキリッと締まった躰つきのボクサーが、シャドー・ボクシングをしていた。素晴らしいスピードで動き回る。カッコいいな、と彼は思った。素晴らしいはずであった。そのボクサーこそ、東京オリンピックで金メダリストとなり、プロに転向してまたたく間にバンタム級の世界ランカーになった桜井孝雄だった。桜井は、二十二連勝後、ファイティング原田から王座を奪ったライオネル・ローズへのチャレンジャーに選ばれた。桜井は僅差の判定で敗れ、やがて引退した。輪島がカルメロ・ボッシを破ってジムで初めての世界チャンピオンになった時、《ぼくらの夢をよくかなえてくれた》といって桜井は泣いた。

輪島は窓の外の見物人の中に、あるいはもうひとりの自分を見ていたのかもしれない。

だが、窓の外にいたのは輪島だけではない。

全羅南道《チヨルラナムド》からソウルに「なんとかしたい」と出て来た柳済斗も、またジムの窓から中の様子を見ていたひとりだった。ソウルの町を歩くと必ずといってよいほど金鋏《かなばさみ》を気持よく空切りしながら流している廃品回収専門の金物屋がいるが、柳もそのような仕事をして生活していた。麻浦区を流している時、第一拳闘会というジムが目にとまった。中では李元錫《イウオンソク》が練習していた。彼は、それを見てボクシングに惹《ひ》かれはじめた。その李元錫のように自分もなりたい、と思ったのだ。

——その日、風呂に入り、着換えて出てくると、《飯でも食いにいかないか》と輪島がいった。

《やっとお声がかかりましたね》ぼくは素直に喜んだ。

ジムの外には、ポンティアックが駐車されてあった。五百万円はするという豪華な車だ。週刊誌に「庶民ぶってはいるが、こんな車を買うようでは……」と叩かれたことがある。まったく余計なお世話としかいいようがないが、ファイトマネーが十万ドルを超えるようになっても高島平の公団住宅に住みつづけている彼にとって、唯一の道楽が車だった。

車に乗ってしばらくは無言だった。運転するのが辛《つら》そうだった。信号が赤になると、ハンドルの上に顔を伏せる。あまり疲労の度合が激しいので、一緒に食事をしてくれるのは別の機会でいい、と申し出た。

《いや、構わないんだ》

聞きとれないほど掠《かす》れた声でいった。

《躰が疲れ切って、食事がすすまないんだ。躰が受けつけないのさ。君と話しながらゆっくり食べれば、少しは食事が喉《のど》を通るかもしれない》

築地から銀座を抜け、六本木に向かった。繁華街を足早に歩く人々の流れを見遣《みや》りながら、《あーあ》と輪島が溜め息をついた。

《なんだって、ボクシングなんてヤクザなものを、俺はオッパジめちゃったんだろ！》

彼は憎々し気にそう呟いた。

《そうじゃないか、金を稼ぐ方法なら他にだっていくらもあるんだ。よりによって、なんだってボクシングなんか！》

答えようもなく、ぼくは黙っていた。すると、彼はふふと自嘲的な笑いを浮べた。

《いや苦しいだけなんだ。わかっているんだ、自分にも。……苦しいと、いつもそう考えるのさ》といい、臆病者奴《おくびょうものめ》、と小さく呟いた。

その時、ぼくは初めて、輪島の内奥の声を聞いた、と思った。

5

試合まで残るは八日になった。
いつものように練習を終え、風呂から上がってきた輪島に、ぼくは話しかけた。
《出迎えに行くんでしょ？》
《誰を出迎えに行くって？》
《柳、柳済斗ですよ。今晩、来日するって聞きましたけど》
輪島は顔をしかめた。
《どうして俺が行く必要があるんだい。いつだって行きはしないさ》
それは意外な返事だった。

《行って何をするのさ。アリみたいに殴りっこでもするのかい。だめさ、日本ではああいうショーマンシップはウケないんだよ。日本人は生真面目にやらないと、しまいに腹を立ててくる》

ぼくはひとりで羽田に行った。柳済斗の一行は大韓航空〇〇一便で、午後十時に到着するはずだった。しかし世界チャンピオンを出迎えるにしては、プロモーターでもある三迫仁志など数人という寂しい歓迎陣だった。報道陣も、その直前に来日したゴーマン美智子を撮るために来たカメラマンが、ついでのようにひとり残っただけだった。

予定よりだいぶ遅れて飛行機が着いた。

やがて税関を通って、一行が姿を現わした。柳済斗、姜錫雲《カンソグン》マネージャー、金徳八《キムドッパル》トレーナー、そしてスパーリング・パートナーの趙旻。全員が大柄だが、地味な服装のためか人目をひくようなところはない。

姜は日本語が驚くほど上手だ。さっそく三迫たちと談笑する。柳は三迫の前に来ると、手を前に組んで、無器用な挨拶をした。腰を折って深々とお辞儀したのだ。プロモーターに対する敬意だとしても、それほどまでしなくてもいいではないか、とぼくには思えた。それは、ある友人から聞いた話と、まったく同じようにほろ苦い味のしそうな光景だった。去年の秋、友人は羽田空港で柳済斗を見かけた。テレビで寡黙な彼の姿に強く好感を持っていた友人は、とっさに手を差し伸べた。一瞬、柳は驚いたようだったが、すぐ友人の手を両手で固く握りしめると、

《アリガトウ、アリガトウ》

と真剣な面持ちで、しかも日本語でいったというのだ。それだけの話だが、なぜかぼくには心に残った。

柳は出迎えのひとりひとりの顔を丹念に見た。ぼくのところで視線が止まった、と思ったがそれは気のせいだった。やはり覚えていなかった。少し落胆した。が、無理もない。三年前のことだ。三年前のたった三日間のことだ。

マネージャーの姜に調子を訊ねた。

《悪くないよ》

スパーリングは、どのくらい。

《いつも通りね》

三迫がニヤニヤしながら耳を傾けている。もうこの時には、すでに柳と輪島のファイトは始まっていたのだ……。

翌日、六本木のTSK・CCCで調印式が行なわれた。

上座中央に、まずWBAからやって来たビル・ブレナン、その横に日韓双方のコミッショナー、その両サイドに柳と輪島、姜と三迫が並ぶ。

世界ヘヴィー級の調印式に比べれば、悲しくなるほどチャチでつまらなく恥かしいものだった。挨拶に立った国会議員は「日韓は友邦」と無責任に連呼し、後援者は自分の遅刻した理由だけを喋った。

ただ、姜がこういった時だけ、式場に一瞬の緊張が生まれた。
《個人の感懐としては、輪島に男の花道を飾らせてあげたいが、どうしてもそういうわけにはいかない。柳もそう思っています》
姜が「男の花道」といった時は、輪島は唇を結んですっと下を向いた。もちろん、すぐに、へらへらしたいつもの笑い顔に戻ったのだが。
ぼくの横には、ボクシング評論家の郡司信夫が坐っていた。入れかわり立ちかわり新聞記者がやって来て郡司の意見を聞いていく。
《輪島君には勝ち目がないと思いますよ。しかしKOもない。つまり輪島君が柳のパンチを警戒して、ノックアウトだけは避けようとするだろうからね。輪島君にチャンスがあるとすれば、早い回ですね。でも今の状態を見れば無理でしょう》
調印式が終ると会場はそのままレセプションの場になった。料理と酒が運ばれてくる。輪島はマスクをかけコートを羽織った。
《帰るの?》
《うん、こんなとこに長居してても仕方がない》
《練習?》
《これからするのさ》
彼はうまく抜け出した。しかし柳は、日本語の氾濫する会場で、小皿と箸《はし》を持たされ、所在なさそうに立っていた。料理に眼をやった。迷った末に春巻を二つ、小皿に取った。

ひとつ食べ、もうひとつに箸をつけようとして、ふと迷った。箸を宙に浮かせたまま、じっと春巻を見た。自分の体重のことを考えたのだろう。輪島よりひと回り大きい柳は、それだけ減量が苦しいはずなのだ。しかも、減量のテンポがかなり遅れているような躰つきをしている。いま春巻を食べることは、後の苦しみを増すだけなのだ。迷い抜いた末に、彼はやっと小皿も箸もテーブルに置いた。

その様子を三迫だけは見逃していなかった。ぼくは三迫の傍に行った。

《これで準備万端整いましたね》

《うん、これでもう俺の出る幕はなくなったよ》と三迫は上機嫌で笑った。《まったく苦労したよ。日本じゃやれないとかゴネだしてね。いくら約束してあるといっても、そんなことは知らないよっていわれりゃしまいだもんな。チャンピオンベルトは向こうにあることだし。何といったって、この世界はチャンピオンが神様さ。ボクサーはチャンピオンにならなきゃ喰えない、プロモーターはチャンピオンを持たなきゃ浮ぶ瀬もない》

日本では、ジムのオーナーとプロモーターがアメリカのように明確に分化していない。必然的に古い体質の興行形態にならざるを得ないが、その中でも三迫仁志はＢＶＤヨネクラの米倉健司と並んで、若手の有能な近代的プロモーターとして知られていた。その三迫にしても、チャンピオンベルトを取り戻すためには、「権謀術数」のようなものを用いなくてはならなかった。

いつだったか、飯田橋にある三迫プロモーションの事務所で、三迫はチラリと本音を洩《も》らしたことがあった。

《将弘を挑戦させたのは勝つことを望んで、というのじゃなかった。中南米あたりの強い奴にベルトを持っていかれないためだ。あっちに行ったら、当分、日本には戻って来ない。柳が持っているかぎり、奪い返す可能性はある!》

料理にも酒にも手を出さず、人々の様子に眼を配りながら、三迫はひとりで煙草を吸っていた。

その夜、練習を終えた輪島にまた誘われた。

六本木の「瀬里奈」でしゃぶしゃぶを食べた。

《人間ってほんとに勝手だなと思うよ。こんなに上等な肉がちっともうまく感じない。口に入らないんだからなあ。昔だったら涙を流して喰ったたね》

彼が注文したのは、焼き蛤《はまぐり》一皿、わかめの酢あえ、特製サラダ、蒸しニンニクの塊《かたま》り五個、しゃぶしゃぶ(肉、野菜、うどん)、それに牛乳、生ジュース二杯、ビール(小)一本。食べるのが苦痛だということは見ているだけでわかる。疲労の極に達しているのだ。これらの食べ物を三時間くらいかけて、無理に食べる。

《本当に人間って勝手ですね》とぼくも頷《うなず》いた。小さい頃、塩をまぶしただけの白米がいいようもなくおいしかった記憶がある。一時期、無理な借金をかかえていたぼくの家では、父親のわずかな給料では普通の生活ができなかったらしい。給料日が過ぎるとオカズが増えるかわりに麦の入った御飯になる。ところが給料日間際になると麦を買う金さえなくなるのか白米だけの御飯になるのだ。それが塩や味噌をまぶしたおにぎりになる。だが、子供心にはそちらの方がはるかに豪華でおいしかったのだ。

《君は塩か。俺は砂糖だ》と輪島がはにかむような笑いを浮べていった。少年時代、彼の口には砂糖が入ることがなかった。ある日、やっと手に入った砂糖を前に、どうしようかと考えた。このまま舐《な》めるのはもったいなさすぎる。どうしたらいいだろう。そうだ、何かにまぶして食べよう。そして、彼はうどんの玉に砂糖をかけることにした、というのだ。

《今でも、オヤツで一番の好物は、うどんに砂糖をかけたやつなんだ》

6

日がたつにつれ、マスコミの論調は「柳、有利か」というものから「柳、圧倒的に優勢」に変化してきた。

確かに、輪島の練習量が少ないことは事実だった。ただ、それが本当にコンディションが悪いためなのか、自覚的にセーブしているのかは、毎日彼の練習を見つづけているぼくにもわかりにくいところがあった。

《もうこの歳だから昔みたいに目茶苦茶なトレーニングはできないさ。疲労を少なくして、本番にのぞまなくてはならない》

輪島はそういっていた。その言葉には、かなりの真実がこめられているようだったが、残りの何分かには「欺いている」という気配が漂っていた。ぼくを騙そうとしていたのではない。そうではなく、彼は、彼自身を欺こうとしていたのだ。

試合が近づくにしたがって、恐怖が忍び寄ってくる。もしそのファイトの最中に、自分の肉体が自分の命令をきかないとしたら……肉体の謀反《むほん》はすべての終りになるはずだった。今、自分の肉体は命令に背《そむ》き、充分に動こうとしてくれない。だが、それは動こうとしないのではなく、自分が動かそうとしていないだけなのだ。練習ができないのではなく、しないのだ。彼はそう自分で思い込もうとしていた。試合の始まった瞬間に、自分の肉体は命令どおりに動くだろう。いや、動くはずだ。輪島は信じなくてはならなかった。自分の肉体に対して、時として芽ばえてくる疑念を押さえ込み、彼は信じようとしていた。どこまで肉体を、つまり自分自身を信じ切れるか。この試合の前にまず輪島が闘わなくてはならなかったのは、彼自身だった。

しかし、柳と輪島の公開スパーリングがあいついで行なわれるに到って、マスコミの論調は「輪島、絶望」というまでになった。

東亜ファイティングジムで行なわれた柳の公開スパーはかなりの迫力があった。シュッと口で息を吐くのではなく、ムスッムスッと鼻で激しい息をしながら、リング上をシャドー・ボクシングで回りはじめる。それを三ラウンドほどこなしたあと、趙旻とのスパーリングが始まった。東洋第一位の趙を、柳はほとんど寄せつけなかった。パンチの重さがまるでちがう。軽くあしらい、一歩踏み込んで、軽く右アッパーを突き上げると、かすったくらいと見えたにもかかわらず、趙の鼻から激しく血が滴《したた》りはじめた。趙は逃げ、柳はゆったりと追った。コーナーに追いつめ、何発かハンマーを振り回すようなパンチを叩き込むと、周囲で見ていたボクシング担当記者の間から、小さく嘆声が洩れた。

《ああいうリラックスしたボクシングをやられたら、輪島もかなわないと思うよ。チャンピオンの自信がついてきたようだ》

公開スパーに姿を現わしていた三迫会長は、そう呟いた。

ボクシング評論家の多くは、このスパーを見て「強打に巧さが加わって、鬼に金棒」といった文章を書いた。

その翌日、三迫ジムで輪島の公開スパーが行なわれた。このスパーリングは、ぼくから見ても明らかに演技過剰と思えるものだった。三迫将弘を相手に、ボクシングというよりクリンチばかりの組み打ちのようなことをしていたからだ。取材陣の多くは失望の色を隠せなかった。「迫力ゼロのスパー」と書いた。しかし、柳のマネージャーである姜だけは、苦笑しながらも、

《輪島はなかなかの役者だからなあ》

といっていた。

しかし、輪島の「組み打ち」は、必ずしも演技ばかりでもなかった。彼にとっては必要な練習だったのだ。輪島は低い姿勢から、大きな柳に向かって飛び込んで行く。その時、クリンチをする柳に上から激しく押さえつけられる。肘《ひじ》で首筋に全体重をかけ、ゴリゴリとこすりつけられる。それが大きく疲労につながってしまう。柳の巧妙で強引なクリンチをどうはずすか。技術的な部分での問題はその一点だった。輪島は、誰も見ていないと、将弘を相手に相撲の「網打ち」や「内無双《うちむそう》」などの手をよく研究していた。

《あのクリンチが強烈なんだ》

将弘もいっていた。将弘が柳と対戦した時には、持ち前のスピードで何とかかわすことができたが、それでもかなり痛めつけられた、という。

将弘は今年二十四歳になる。かつては高校野球の名門として知られる広陵高校で野球をしていた。遊撃手の二番打者として、四十四年夏、四十五年春と二度も甲子園の土を踏んでいる。広島カープに入団した佐伯和司と同期だった。彼もプロに進みたかったが、上背が少し足りなさすぎると自分で見切りをつけた。そして、一度もやったことのないボクシングに転身した。叔父に三迫仁志がいたというただそれだけの偶然によってである。誰に勧められたわけでもなく、自分で決めた。父母は反対した。

《仁志みたいな顔になるから、ボクシングだけはやめてくれ、というんですよ》

二人で食事した時、将弘はそういっておかしそうに笑った。事実、彼はボクサーとしては珍しく、もしかしたら「シンデレラボーイ」西城正三以上といえるかもしれないほど、端正な顔立ちをしていた。六年目にして、世界タイトルに挑戦できたのは本当に幸運だった、と彼はいう。

《柳のパンチは強烈だった。重いんです。でも足がない。ぼくは負けたけど、実力は出し切ったと思いますよ》

将弘が意外に善戦するのを見て、三迫と輪島の間にリターンマッチへの新しい希望が湧いてきたのは確かだった。これならいける、と思ったのだ。輪島が負けたのも、あの第五ラウンドのアン・フェアーなパンチが原因なのだから……。

《いや、それはちがうと思いますね》

と、将弘はいった。

《この世界は勝った者が官軍です。勝った者が強かった者なんです。五回のパンチがどうしたということじゃなく、柳は強かったんです、だから輪島さんに勝った》

そして、こうもいった。

《誰でも多少のスポーツ神経があれば、日本ランカーくらいにはなれる。しかしチャンピオンになるには、もうひとつ何かが必要なんです。まして世界チャンピオンになるにはその上の、もう運としかいえないような凄い何かが必要となる。だからチャンピオンは、いくら打たれてたって倒れるわけにはいかないんです。そんな簡単に寝るわけにはいかない。寝れば楽になるのに、ね》

その晩、輪島とぼく、それに三迫会長が加わって食事に出かけた。乃木坂にある「カウ」というステーキ屋だった。

椅子に崩れ落ちるように坐ると、輪島が苦っぽい笑いを浮べながらいった。

《動物って奴はしようがないなあ、水を断っただけでこんなにガタがきちゃう》

テーブルの上に顔を伏せた。

もっとも、輪島は水分を完全に断っているわけではなかった。水そのものを断っているのだ。つまり同じ水分を摂《と》るなら少しでも栄養分の含まれているものを口に入れようとする。するとどうしても生ジュースか牛乳ということになる。激しい練習のあとには冷たい水が欲しくなるものなのだ。だが、ボクサーは決して水を飲まない。ウガイをして、必ず吐き出す。水による体重の増加を極力避けるためだ。毎日食べ、翌日の練習で汗をかく。水分をおさえてまた食べる。そして翌日、また激しく動く。そのようにして水分を躰から絞り取り、減量していくのだ。そうしていくうちに、やがて食事が喉を通らなくなる。

その晩も輪島はステーキを残した。もったいないから食べないか、とぼくにすすめた。結構です、と断わった。別に遠慮したわけではない。

《これを一切れ食べると、輪島さんの躰を二十グラム食べてしまうことになりますね》

そんな気がしたのだ。輪島はまた苦笑した。彼の辛そうな様子に、よほど敏感に反応しすぎていたのかもしれない。輪島がトイレに立った時、三迫がいった。
《別に同情することはないんだぜ。輪島は、食べられるだけでも幸せなのさ》
《でも痛々しくって……》
《いや、君がそんなふうなのは、君に減量の経験がないからだ。経験のない奴は何でも過大に考えるものだ。俺は輪島と同じことをやってきた。だから、あのくらいなんでもない》
恐らく三迫の言葉は正しかった。アマチュアから転向し、東洋フライ級チャンピオンになり、あと一歩で世界チャンピオンのパスカル・ペレスに挑戦できるというところまでのぼりつめた三迫の言葉には、経験からくる迫力があった。
《しかしな》
と三迫は続けた。
《水というのは不思議な飲み物だ。ボクサーというのはいつも水に渇《かっ》えているもんなんだ。でも、ボクサーであるかぎり、水を飲むことには常に罪悪感が伴う。引退した時、何が嬉しかったって、喫茶店で出される水をガブガブ飲めるということほど嬉しかったことはないな》
コーチによくいわれたものだという。「水は嚙んで飲め」と。三迫の所属していた野口ジムは目黒にあった。彼は、ジムの近辺のどこにどんな「水道」があるか全部知っていたともいう。寺院の境内《けいだい》、商店の路地、ロード・ワークの途中で眼に入る水道の蛇口《じゃぐち》が頭に刻み込まれてしまう。そこを走り過ぎるのが辛くてならなかった……。

三迫の話を聞いて、なるほどと理解できたことがあった。いつだったか輪島と車に乗っていて、突然、彼が車を止めたことがある。もどかし気にドアを開けると、妙な所に走って行った。ビルのガレージに向かったのだ。そこには洗車用の水道があった。蛇口に口をつけると、驚くほどの必死さで水を貪《むさぼ》った。──だが、ふっと頭を上げてぼくの方を見た。そして、その水をコンクリートの上に吐き出した。車に戻ってくると、輪島は小さく呟いた。

《みっともないところを見られちゃったな……》

彼のいった「みっともない」という言葉の意味は、三迫の話を聞くまでは充分に理解できていなかったのだ。

その帰りに、輪島の車に乗せてもらいながら、ぼくたちはやはり柳済斗について話していた。

《去年、俺が負けたのは、五回にゴングが鳴ってから打った、柳のパンチが原因だと思う。しかし、それをいっては負け犬が、もっとみじめになる。──それをいうためにも、柳は汚かった、というためにも、今度は勝たなくてはならないんだ》

話が途切れたとき、どうしてもカシアス内藤のことを喋りたい誘惑にかられた。

カシアス内藤と輪島はたった一度だけ闘っている。輪島が世界チャンピオンになった直後の四十七年二月。それはノンタイトル戦ではあったが、もし内藤が勝てばそれは世界に通ずる門になり得るはずだった。カシアス内藤が、たった一度だけ燃えた試合だった。ついに燃えきることはなかったが、七度マットに這わされながら、彼は立ち上がり一度は豪快に左フックで逆に輪島をダウンに追いこんだ。七回一分三十秒に内藤側のセコンドがタオルを投げ入れ、ＫＯ負けを喫したが、内藤の意外な善戦にむしろ関係者の賞讃が集まった。

だが、それが内藤の最後の輝きだった。それ以後の彼のボクサー生活は、「噛ませ犬」としてのそれだった。

運転をしながら輪島がいった。

《結局、内藤君は信じ切れなかったんだな》

《なにが？》

《ボクシングさ。ボクシングを信じ切ることができなかった》

何日かしてぼくは横浜に行った。伊勢佐木町のはずれにあるディスコティックで働いているカシアス内藤に会うためだった。二月十七日の試合の切符を手渡そうと思った。タキシードを着た支配人が、内藤はいないと告げた。

《明日は来ますか？》

《ここ当分は来ないはずだ。インドネシアに行くとかいっていた》

なぜ、と更にたずねた。

《ボクシングをやりに行くとかいってたよ》

内藤のライセンスはてっきり取り上げられているとぼくは思っていた。今度こそ、ボクシングの世界から離れているにちがいないと思っていた。だが彼はまだ、ボクシングを続けているのだ。それならば、なおのこと、輪島と柳という昭和四十三年に同時にデビューしたライバルたちの闘いを、彼に見せたかった。

いつ帰ってきますかと訊ねると、わからないという答えが返ってきた。仕方がなかった。いつ帰るかわからないにしてもこのチケットだけは彼のアパートに送っておこう。もし試合当日までに帰ってくれば、あるいは彼は試合を見にくるかもしれない。

7

眼覚まし時計のベルで、ぼくは飛び起きた。

二月十七日、柳済斗対輪島功一の世界戦の当日だった。ぼくが早起きしたのは、朝の十時から計量が行なわれるからなのだ。場所は日本ボクシングのメッカ、後楽園ホールだという。

九時半頃からボツボツとスポーツ紙の記者が集まりはじめる。白井義男の顔も見える。十時二分前に、柳済斗が姿を現わした。輪島がまだ来ていないのを見て取ると、また出ていった。そして、一分もしないうちに戻ってきた。彼はトイレに行ってきたのだ。もう充分に躰から排泄物を出しているはずである。しかし柳はまだ不安なのだ。一滴でも、いや半滴でもその分だけ体重を減らしたい、という願望が尿意を催させるのだ。が、尿意はあっても、一滴も出てこない。——あるいは、柳の減量は危ない綱渡りだったのだろうか。

十時五分になっても輪島はやって来ない。日本コミッショナーの丹羽春雄が《挑戦者が遅れてあい済みませんね》と、柳側に謝罪した。十時七分、やっと現われた。わずか七分だったが、大勢が無言でひとりを待つ七分は、意外に長かった。

《武蔵を気取ってるのかな、輪島は》

記者同士が小声で話している。

《どうも済みません》

マスクをつけたままで輪島が謝った。

セレモニーがあるわけでもなく、二人はその場で服を脱ぎはじめた。柳はズボンの下に股引《ももひき》をはいていた。一方の輪島はステテコを脱いだ。

まず、柳の計量だ。柳はパンツひとつになると、まず秤《はかり》の上部に手をかけ、文字通り「そろり」と片足を乗せた。そして祈りでも捧げるような表情でもう片足を乗せた。どのように乗っても、目盛りは変らないはずなのに、その慎重さは異様だった。リミットいっぱいの錘《おもり》を載せてある秤が、上下に動きその中空で止まった。まさにリミットぎりぎりだったのだ。

《オーケー》という係員の声を聞くと、柳は飛び降りた。次の輪島はほとんど問題なかった。パンツに靴下《くつした》という珍妙なスタイルで秤に乗ると、秤は少しも動かない。はるかにリミットを割っていたのだ。健康は双方に異常なし、と判断された。
後楽園ホールを出ると、輪島は道路工事の作業員たちに呼び止められた。
《輪島さん、恐い顔してどうしたの》
《そんな顔してるかい？　ごめん、ごめん》
《頑張って下さいよ》
《うん、平気さ》
そして輪島は強い調子でいった。
《勝つよ》
この長い取材の中で、輪島が初めていった言葉だった。
輪島は、三迫の運転する外車に素早く乗り込んだ。記者たちに混って、彼を見送ろうと立っていると、輪島が早く乗れと手招きする。ぼくは慌てて走り寄り、乗り込んだ。
確かに「最後の一日」がどのように過ごされるものか知りたい、といってはいた。リングに上るまでついていたい、といいはした。だが、まさかそれを受け入れてくれるとは夢にも思っていなかった。しかも、輪島の、いつもと違った張りつめたような表情を見ていると、それを望むのは身勝手すぎると思えた。彼は、ある意味で命を的にして闘わねばならない男なのだ。彼に余計な負担をかけるようなことはすべきでない。これからどこへ行くのかわからないが、本当について行っていいのだろうか。
《邪魔だったら断わって下さって、本当に結構ですから……》
気を兼ねていうと、珍しく輪島は苛立った。
《そんなに人の心の先廻りをするのはやめろよ。見たいんだろ、だったら、この俺が乗ったらといってるんだからいいじゃないか》
そして、今度は普通にいった。
《無神経な奴はもっと嫌いだけど、気を使い過ぎるのもいいもんじゃないぜ》
その叱責は、ぼくにとって気持のよいものだった。よし、それなら、あなたが戦死し、焼場で骨になるまで見させてもらおうではないか……。
車は駿河台《するがだい》の日大病院に着いた。彼らが診察室に入っている間、ぼくは待合室に坐って待っていた。二十分ほどして三迫が「中に入らないか」と迎えに来た。診察室のベッドでは、輪島が横になって栄養剤の点滴を受けていた。医師の吉田幸夫によれば、五百cc近いこのビンを空けるには、四、五十分かかるという。そんなに待たせてはかわいそうだというので、輪島が呼んでくれたのだった。彼もまた「気を使い過ぎる」人なのだ。
《そこで輪島は最後の悪あがきをしていた、なんて書かないでくれよ》
横になっている輪島がおどけていった。
《ところでな、昨日の竜の試合、見た？》
三迫が彼に訊ねた。

《ひどくなってたな、アデグ》
独特な思いのこもった調子で、輪島は答えた。
アデグとは、かつて世界ウェルター級のチャンピオンだったペドロ・アデグのことである。前夜、東洋チャンピオンの竜反町が、今では東洋一位でしかないアデグと闘ったのだ。三十一歳になったアデグを、竜はメッタ打ちに降した。
《でも、輪島はアデグのおかげで今があるのかもしれない。そうだろ？》
三迫がいった。
七年前のことだ。日本J・ミドル級チャンピオンになったばかりの輪島に、ウェルターとはいえ世界チャンピオンのアデグとの、ノンタイトル十回戦の話が持ち込まれた。輪島の強打を怖れて、日本では相手になってくれるボクサーがいなくなっていることもあり、チャンスとばかりに、三迫と輪島は勇んで応じた。輪島の戦績は、十二戦十二勝十一KOという目ざましいものだった。結果は一回二分二十一秒、アデグの綺麗《きれい》な右フックの一発で気を失った。
《あそこで負けたから、よかったんだ。確かにそうかもしれない》
輪島が呟いた。その初黒星からちょうど二年と一日目に、ボッシから世界タイトルを奪取したのだ。この大事な試合を前に、過去のさまざまなことが、盛んに思い出されるらしかった。
点滴を終えて部屋を出る時、輪島は医師の吉田に向かっていった。

《先生のためにも頑張るよ》

吉田は元プロボクサーという異色の医師だった。彼の最高のランクは日本ライト級四位だったという。その彼が輪島の健康管理に熱意をもって参加していたのだ。

《負けたら、先生の好意が徒《あだ》になっちゃう》

車の中で、三迫と輪島は、柳済斗について話し出した。

《柳の血圧、少し異常じゃなかったか》

と三迫が口を切った。

《うん、高すぎた》

《前の試合のダメージが残っているか、減量の失敗か、どちらかだな。急に落としすぎたのかもしれない》

そういえば、とぼくも口をはさんだ。計量直前にトイレに行ったたし、あの秤の乗り方も異常だった。すると、輪島が《いいや》といって熱っぽく喋りはじめた。

《そうじゃない。みんなは柳のことを笑うかもしれない。でも、ボクサーっていうのはああいうものなんだ。柳だって自分の体重がいくらあるか、出て来る前に測っているはずさ。計算ではオーケーなんだ。でも怖ろしい。まして敵地じゃないか。ドスンと乗ったらもう上がった秤が元に戻らないような気がしても不思議じゃない。……柳も職人さ、計算してピシッと落とすよ。減量っていうのはね、経験による科学なのさ。たとえば、俺なら一晩寝ると六百グラム落ちる。起きて二時間たつとさらに百グラム減る。そうい

うもんなんだよ。柳に落とせないはずがない。ただ……》
そこで一息ついた。
《ただ、ジワジワとでなく、急激に落としたとすれば、奴は俺を甘く見ている！》
車は恵比寿に向かっていた。昼食を摂るためだ。「ボン」という、ロシヤ料理の店だった。レストランというより食堂といった方が相応《ふさわ》しい。気取った所で食べるより、気持よく食べられる所が一番いい、という輪島の発想によって、「最後の食事」はここと決めているらしかった。注文しないうちから、ボクシング狂の親父の勝手に決めたメニューが運ばれてくる。鶏の骨つき肉のフライのようなものを指さして、《これが何かわかるかい》と輪島はぼくに質問した。首を振ると、食べてみろと勧める。試すと、ブロイラーのようにパサパサしてない。
《カエルなのさ》
《それじゃあ、共喰《ともぐ》いですね》
つまらぬ冗談を飛ばすと、嬉しそうに笑った。
オレンジジュース二杯、イチゴのジュース、スッポンのスープ、野菜サラダ、カエルのフライ、朝鮮人参の炒《いた》め物、ステーキ、イチゴと生クリーム。しかし、さすがにステーキは食べられないようだった。すると、店のおばあちゃんが、輪島に気合を入れた。
《駄目じゃないか、そんなんじゃ。ファイトだよ。危なくなったら、あたしの顔を思い出すんだよ》

「ボン」から、宿舎の東京プリンスに戻った。途中、疲れたらしく、シートを倒して眼を閉じた。三迫がぼくに話しかけてきた。
《昨日の晩、ホテルに変なオヤジが来て、ほんとに参ったよ。元警察官とかいうジイサンなんだけど、あらゆる格闘技を身につけているから、輪島に柳を倒す秘策を授けたいというんだ。アントニオ猪木にも教えてあげた。だからルスカに勝った、なんていう。でもね、ってこっちもいったのさ。悪いけど、猪木はあなたにおそわらなくても勝つことになっていたけど、ボクシングは真剣勝負です。ほんとにどちらが勝つかわからないんですよ。でも、なかなか帰ってくれなくてほんとに困った》
格闘技という言葉から、ふと輪島に質問してしまった。
《輪島さんは、よく喧嘩した？》
《いや、ほとんどしたことない。人には騙されるばかりだから、向こうから仕掛けられないだろ》
しかし、そういえば一度だけある、といって躰を起した。
《あれは中学の頃だった。どうしても許せない奴がいて、決闘したんだ。バスケットのコートに丸いゾーンが描いてある。その中だけで殴り合おう、という約束でやったんだ。相手が鼻血を出しても、俺は殴りつづけた。参った、っていうまでな。今思えば、その時、俺はもうボクシングをしてたんだなあ……》
ホテルに戻ると、輪島は少し眠るために自室に入った。

《じゃ、またあとで》とぼくがいうと、何もきいていないのに、彼の方から《勝てるさ、心配しなくていい》といって笑った。

ホテルのロビーで待っている間に、どうしてだろう、と考えた。どうしてこのようにとことんまで付き合わせてくれるのだろう。面倒だろうに、いったい何故だろう。もしかしたら、と思わないわけではなかった。輪島は自分の最後を予期し、ぼくにそれを看取らせようとしているのではないか。これが最後の試合、と心の底では思い定めているのではないか……。

六時十分。輪島が降りて来た。

《頑張って下さい》とぼくはいった。輪島は少し口元を動かしただけで結局ひとことも発しなかった。車に乗り込んだ輪島の表情は、不思議なほど透明だった。

車は両国に向かって走り去った。

8

リングの上の輪島は蒼白かった。しかし怯《おび》えてはいなかった。

たとえばすでに一度は相まみえたことのあるボクサーにとって、第一ラウンドとは過去の闘いを肉体で復習するための三分間といえる。一発一発パンチを繰り出すごとに、棋譜《きふ》のごとく「瞬間」が蘇《よみがえ》ってくるものなのだ。しかし、輪島はそれを待とうとしなかった。長い距離から、突然、柳の懐《ふところ》に飛び込んで、パンチを突き上げた。いきなり前に進みはじめたのだ。激しく躰を揺さぶりながら、前に出た。柳は後退する。前進のための武器は左だった。時にフック、時にストレート、時にジャブと、輪島の左はリングの上で自在に動き、蛇のようにしなった。第一ラウンドの中盤で、輪島の左ストレートがクリーンヒットすると、柳の膝《ひざ》はわずかに崩れそうになった。強打の持ち主が常にそうであるように、柳もまた打たれ弱い特性を持っていた。公開スパーのあとで、三迫がそっとこういっていた。

《奴は骨太で頑丈すぎる、ああいう躰はパンチを喰うと二倍こたえるのさ、怖れることはない》

柳は必死に後退しながら驚きつづけていた。輪島の前に出る気魄《きはく》に驚き、パンチの出る低さに驚いていた。

第一ラウンド終了のゴングが鳴って、コーナーに戻った柳は椅子に坐らず立ったまま一分間を過ごした。ひとつの示威《しい》だったが、第二ラウンドのゴングが鳴って、それがまったく無駄な小細工であることを知らされた。輪島は前に進みつづけたのだ。しかし、観客にはまだ判断がつきかねていた。あの第一ラウンドからの突進が何を意味するものなのか、前半にしか活路がないとみた輪島の、あるいは捨て身の戦法なのだろうか。

輪島は躰を左右にゆすり、スピードに変化をつけながら前に出た。柳は後退する足を止め、左から右へと強烈なフックを輪島の顔面に叩き込んだ。強打の柳に相応しい凄まじいダブルだった。ダメージを受けなかったわけではない。だが、それにまったく反応せず、輪島は前に出た。

第三ラウンドになって、三迫がコーナーから叫んだ。

《いきなり右を出すな！》

足も使えず小細工もきかない柳にとって、最も高度な作戦はカウンター戦法だった。強引なクリンチワークと相手の不用意なパンチに対するカウンターこそ、柳の主武器だった。柳は後退しながらカウンターを狙いつづけた。輪島に危険があるとすれば、いきなり打った右フックが、柳の左で迎え打たれることだった。しかし、輪島の躰は常に低くあった。腰を落とし、右で顎《あご》をガードし、ほとんど半身になって柳を見る。そして、一瞬のうちにキャンバスを蹴り、柳の顎に向かって一直線に躰が伸びていく。実際、そのようなパンチの時は、輪島の足は宙に浮いていた。輪島の対カウンター作戦はそれだったのだ。対等の高さから出てくるパンチに対しては応じられても、腰のあたりから突き上げられてくるパンチに対しては、どうカウンターしていいのか柳はわからなかった。彼が左右の打ち下ろすパンチを見せるようになった時には、パンチの力が失われはじめていた。

第四ラウンドになって、これは、破れかぶれの作戦でも、偶然でもないことに観客は気がつきはじめた。輪島は柳を間違いなく圧倒し、翻弄《ほんろう》しているのだ。柳の一発が決まらない限り、輪島の攻勢は続きそうだった。しかも、柳は次第に憔悴《しょうすい》した表情になってくる。力をこめて振うパンチが、何発も何発も虚しく空を切るからだ。空を切るパンチは、ボクサーを二倍疲れさす。そして、自信とエネルギーが、虚しく宙にさまよい出る。第五ラウンドの二人の打ち合いは、近来、日本のボクシングファンが見たことのない、凄絶《せいぜつ》なものだった。

輪島はラッシュし、柳は苦しげにクリンチする。左手を首に巻きつけ、右腕で輪島の左を抱える。輪島は空いている右で、柳の脇腹を殴りつける。臓器がきしむような鈍い音がする。

第六、第七ラウンドと輪島は追った。追いつづけ追いつづけ、また追いつづけた。リングの上を走るように追った。彼が打たれていないわけではなかった。それ以上に打っていただけなのだ。百七十五センチの柳の前では、輪島はひとまわりもふたまわりも小さかった。

今、輪島功一という小さな老いたボクサーは、敵を追いつめようとリングの上を疾走していた。輪島のジャブは際限なく当りつづけた。輪島は、第七ラウンドの最後の十五秒、綺麗に燃えた。ゴングが柳を救った。

ダウン寸前に追い込まれた柳は、一分間の休息では回復しなかった。第八ラウンドの前半は互角に打ち合ったものの、後半は急激に崩れ出した。しかし、輪島のパンチは最後の一発が決まらない。空を切り、あるいは柳にクリンチされる。だが、終了の十秒前、輪島の右が左の肩口に当ると、柳は突然、転倒した。そして尻もちをついたまま茫然と坐り込んでしまったのだ。起き上がる気力もない。観客は熱狂した。ノックダウン、いやこのままノックアウトかも知れない！

その時、まったく信じられないことが起きた。韓国人のレフェリーが、動けないでいる柳の両手を取って、引っ張りあげてしまったのだ。スリップダウンだということだった。そこにゴングだ。観客の怒りは爆発した。物がリング上のレフェリーに向かって投げつけられた。三迫もリングに飛び込むと血相を変えて、抗議に行きかけた。館内には怒声が渦巻いた。しかし、輪島は椅子に坐り天井を見上げたまま、不思議なほど静かな顔をしていた。その時、彼は思っていた。絶望的な試合ならば怒り狂いたくなるような仕打ちだ。しかしあのくらいはいいだろう。許してあげよう。なぜなら、俺は今、俺が最高だということを知っているから……。

恐らく、この瞬間に、輪島はこの試合を手中に収めたのだ。そして、この瞬間から、彼の試合のテーマは、柳を追いつめることではなく、輪島自身を追いつめることに変った。輪島は、彼以上の彼になるために、柳を追った。

第九ラウンド以降の輪島は、疲労の深まりとは別に、次第に自由になっていくようだった。軽やかにステップを踏み、左右のジャブを放つと見事に顔面をヒットする。右から囮《おとり》のパンチを出し、反転して左のフックを出す。面白いように決まるのだ。輪島の精神の中で、その面白さが無限に増幅されて、強固な自信を生んでいく。

一方、観客の意識は二つの方向に分裂していった。もうこのままで逃げ込めば、明らかに輪島の勝ちである。無理をして、柳の一発を喰うことを怖れる者。逆に、ここまで追いつめて逃すことの無念さに歯ぎしりする者。しかしこの二つの思いは、ひとりの観客が同時に併せ持っているアンビバレントな感情でもあった。

しかし輪島は逃げなかった。彼が追いつめているのは、柳でもなく、チャンピオンベルトでもなく、金でもなく、名誉でもなく、彼自身だったからだ。逃げるわけにはいかなかった。前に進み、パンチを叩き込む。が、しかし最後のツメに失敗する。

逆に第十二ラウンド、柳の左フックが強烈にヒットする。口を開き、輪島は少し喘《あえ》いだ。右フックも顔面に炸裂する。柳済斗の、この試合における初めてのチャンスだった。だが輪島はここでも逃げなかった。踏みとどまって前に出た。無謀といえなくもなかった。ボクシングの思想はstand and fight〈スタンド・アンド・ファイト〉だ、と誰かがいっていた。「踏みとどまって闘う」と。輪島はまさに踏みとどまって闘うことで、柳の唯一のチャンスを潰《つぶ》したのだった。

輪島が至近距離から右アッパーを突き上げると、柳の鼻から血が滴った。

第十四ラウンドに入っても輪島の前進はやまなかった。追いつめ切れない。しかし観客から苛立ちの声が発せられることはなかった。惹き込まれ、叫ぶことで精一杯だったのだ。

柳の足がついに止まった。もはや後ろに下がる足がないのだ。柳は打たれながら、打たれることを覚悟で踏みとどまると、渾身の力をふりしぼって、大きく凄まじい右のフックを放った……。

しかし、それが虚しく空を切った時、柳にとっての試合は終っていたのだ。最後の望みをこめた一撃が空振りに終った時、柳はその場に崩れ落ちてもよかったのだ。柳は無数のパンチを浴びていた。ミドルという重量級の試合で、これほどの数のパンチを浴びたボクサーが他にいただろうか。柳を支えていたのは、自分はチャンピオンである、というただそれだけの思いだった。「寝れ」ば楽になる。「寝れ」ば楽になる。だが、チャンピオンはそう簡単に「寝る」わけにはいかないのだ。

輪島の左アッパーが鋭く柳の顎を抉《えぐ》ると、柳の躰はグラッと揺れた。

最終回のゴングが鳴る前から、場内は騒然としていた。ワッショイ、ワッショイと叫ぶ者、輪島の名だけを連呼する者……。そして、ぼくもまた大声で叫んでいた。他人の声は耳に残っているが、ぼくが何を叫んだかはひとことも覚えていないのだ。

ゴングが鳴って、相変らずの低い姿勢で飛び出していった時、思わずぼくは眼を伏せた。正視できなかったのだ。負けているわけでもないのに、ぼくはなぜ見ていられなかったのだろう。躰が小刻みに震え出した。躰の内奥からの震えで、止まらなかったのだ。このラウンドの何秒間をぼくは見ただろう。一分半を過ぎて、顔を上げた時、輪島の鋭い右のショート・ストレートが、カウンター気味に柳の左の顔面に突き刺さった。そのひとつのショート・ストレートに今までのパンチと異なる、どれほどの力がこめられていたわけでもなかった。四十四分にわたって打たれつづけていた巨大なダメージの奔《ほん》流《りゅう》を、必死にせき止めていた水門のたった一本の閂《かんぬき》が、そのショート・ストレートによってコトリとはずされたにすぎなかったのだ。堤防は決壊し、疲労と苦痛と、怒りと諦《あきら》めとが柳の躰を駆けめぐり、やがて、ガクッと右足を折り、キャンバスに膝を沈めた。しかし柳は立ち上がると、二歩、三歩、よろめいてロープにもたれた。両手をロープにあずけ、頭を観客席に向かって垂れた。彼は堤防が崩れたあとも、辛《かろ》うじて耐えたのだ。彼はチャンピオンだった。

だが、ふたたびファイティングポーズをとることは不可能だった。ロープにもたれたままカウントアウト。十五回一分四十七秒だった。

誰もが勝つとは信じていなかった試合に、震えるような勝利を収めた輪島は、しかしリングの上でファンに抱きかかえられながら、まるで地獄への旅から生還した幽鬼のような顔をしていた。そうなのだ。彼は幾多の恐怖を乗り越え、乗り越えしながら、今、やっと彼自身を信じることができたのだ。

リングの上でマイクを向けられた輪島は、

《これが日本魂というものです》

と泣きそうな声でいった。ふだんなら馬鹿ばかしく思えるそのような言葉が、その時のぼくには、素直に胸に届いた。輪島はいつかこの言葉をいいたいと願っていたのだ。いつでも試合が終るたびに「これが大和魂だ」といいたくなるのを堪えてきた。いや、まだこの言葉を吐く時ではない、と。いつか、いつかと思いながら、だ。しかし今、彼は、彼の最高の時の「時」を迎えて、叫んだのだ。ただ大和を日本といい間違えてしまったのだが……。

控室には報道陣が殺到した。ひとこと、挨拶を交《かわ》したいと望んだが、カメラマンにはじき飛ばされた。

もうすべては終ったのだ。

帰ろうとすると、三迫プロモーションの女性に呼び止められた。

《これから祝勝会をやるんです。東京プリンスにぜひ来て下さい》

迷ったが、ひとことだけでも輪島と言葉を交したかった。

彼が戦いに出る時、ひとりで見送ることになった同じホテルの同じロビーで、彼が帰って来るのを待った。一時間ほどして柳のパンチでひどい顔になってしまった輪島が戻って来た。入口で肩を並べると、笑いながら、ぼくはいった。

《空高く舞い上がって行ってしまいましたね》

すると輪島は少し頰を動かした。疲労しきっているために充分筋肉が動かないが、恐らくは微笑《ほほえ》もうとしていたのだ。

《ありがとう……勝てたよ》

ぼくはもうそれで充分だと思った。宴会場で共に祝杯をあげることもないだろう……。

輪島は勝った。輪島はついに彼以上の彼になった。見事な「ケリ」のつけ方だと思った。彼は、本当に空高く舞い上がってしまった。

ホテルを出て、坂道を歩きつづけていると、冷たい夜気の中で、ふと、灼熱のジャカルタが思い出された。カシアス内藤はついに来なかった。不思議なほど彼が懐しかった。できることならこのまま横浜に行って彼に会いたかった。

しかし、今、この瞬間、カシアス内藤は、あのジャカルタで、試合をしているのかもしれないのだ。輪島の素晴らしかったファイトのいくつかのシーンが脳裡をよぎった時、ぼくには、ジャカルタで暑く長く、しかし炎のように燃えることもないダラダラとした試合を闘っているカシアス内藤の姿が、見えたと思った。

あとがき

ヘミングウェイの『男だけの世界』という短篇集に、闘牛士を描いた作品がある。盛りを過ぎてしまった闘牛士が、やっと手に入れた前座試合の機会に、牛に嘲弄《ちょうろう》され、腹を突き破られてしまう。この「敗れていく男」の物語に、ヘミングウェイは“The Undefeated”（敗れざる男）という題を与えた。それが彼の「勝負の世界」に対する美学だったのだ。ぼくが、この本を『敗れざる者たち』としたのも、ここで描いた主人公たちに“The Undefeated”を見たからである。

ぼくが望んだのは、恐らくは戴冠式だった。無人の競技場で、敗れていく者たちのただ一度だけの戴冠式を、この手で行ないたかったのだ。月桂を冠するためではなく、敗者をして真に敗れせしむるために……。

ここに収められた六篇の作品は「勝負の世界に何かを賭け、喪《うしな》っていった者たち」という主題に沿い五年間にわたって書きつづけられてきたものだ。それぞれが独立し完結してはいるが、その意味ではひとつのまとまった長篇と考えられなくもない。いや、むしろそう読まれることを望んでいるといった方が正直だろう。

五年前、大学を出たばかりで、自分に何が可能かさえわからないままにジャーナリズムのリングの上にのぼってしまったこの四回戦ボーイに、「勝負の世界」というひとつの強烈なイメージと方向を与えてくれたのは、東京放送の専門誌『調査情報』だった。編集部の今井明夫、宮川史朗、太田欣三の三氏には、六篇のうちの半分を発表させてもらったという以上のものを負っている。三氏と語り合い、酒を呑み、共に仕事をすることが、ぼくの生活のすべてである時期が長くつづいた。とりわけ太田氏は、コーチであると同時にレフェリーであり、しかも敵であるという、だからこそ掛替えのない存在だった。いま思いおこしても、それは徒弟修業中のライターにとって、眩《まばゆ》いばかりの充実した日々だった。そして、「イシノヒカル、おまえは走った!」を書き終えた時、自分に可能なひとつの道筋が見えてきたのだった。

『展望』の間宮幹彦氏や『オール讀物』の茂木一男氏との闘争的でしかも幸福な協力関係がなかったとしたら、このうちの何篇かは生まれることはなかったろう。一冊の本となるには文藝春秋の新井信氏の粘り強い努力がなくてはならなかった。平野甲賀氏という素晴らしい装幀家を得られたことを含めて、これは実に「幸せな本」であった。

いま、無人の競技場にボクサーが、ランナーが、バッターが、サラブレッドが、騎手が佇む。あなたには、彼らの曳《ひ》く長い影が、はたして見えるだろうか。

昭和五十一年六月

沢木耕太郎

あとがきⅡ

すべての発端は「日米対抗ゴルフ」だった。

そのとき二十三歳の駆け出しのライターだった私は、ＴＢＳの放送専門誌である「調査情報」の編集部に出入りするようになっていた。

ある日、編集部に行くと、こんなことを言われた。

近く大阪の富田林《とんだばやし》で「日米対抗ゴルフ」という大会が行われる。そこには日本とアメリカのトップ・プロが出場するが、面白そうなので書いてみないか。

私はゴルフをやったこともなければ、テレビで試合を見るということもなかった。それは、私のどこかに、ゴルフをスポーツとは認めていないというところがあったからかもしれない。

小学生時代の私にとって、スポーツとは野球と同義だった。

放課後は、毎日、毎日、クラスの友達と近所の原っぱで野球をやっていた。時に、その原っぱの使用権を巡って他校の生徒と争い、話し合いの末、試合で決着をつけるなどというようなこともあった。その試合に負けたりすると、悔しさのあまりつい涙を流したりもした。

だが、小学校の高学年になる頃から、スポーツはただ単に「する」だけでなく、「見る」ものにもなっていった。

まだ家にテレビがなかった時代は、小遣いをためて、夜、近所の甘味処に行くのが楽しみだった。氷イチゴを一杯食べながら、店内に据え付けられているテレビで、ナイターを見ることができたからだ。

とりわけ、小学校六年生のときの、読売ジャイアンツと阪神タイガースの天覧試合の興奮はいまでもよく覚えている。

同点のまま九回裏を迎えたジャイアンツのトップバッターが長島茂雄だった。タイガースのピッチャーは速球派の村山実。その村山が二ストライクから投げ込んだ高めのストレートを、長島が大根切りのように振り抜くと、打球はレフトスタンドへポールぎりぎりに飛び込んでいった。

サヨナラ・ホームラン！

たぶん長島が、少年の私だけでなく、日本中のスポーツファンの心を鷲摑《わしづか》みにしたのはその瞬間だったろう。もちろん、そのときの私が言葉にできたはずはないが、こう思っていたような気がする。

――こんなことがあるんだ……。

野球には、スポーツには、こんな想像を超える劇的なことが起きうるのだということに、私は茫然としながら家路についたような記憶がある。

やがて、私は「する」スポーツとしては、野球を経て陸上競技に向かっていくようになる。そして、「見る」スポーツとしては、野球からあらゆる種類の競技に関心を向けるようになっていったが、ただひとつ、ゴルフにだけは関心が向かっていかなかった。私にとってゴルフは、「する」ものとしても、「見る」ものとしても、果てしなく遠くにあるものだったのだ。

しかし、「調査情報」からゴルフについて書かないかという打診を受けた私が、最終的に引き受けることになったのは、依頼をしてくれた編集部の三人、今井、宮川、太田の三氏に対する信頼があったからだろうと思う。彼らが面白いと言っているのだから、たぶん面白いのだろう、と。

ただ、それ以外にもうひとつ、その「日米対抗ゴルフ」には、尾崎将司という、私と同世代のゴルファーが出場するという話を聞いたことも大きかったかもしれない。春の甲子園の優勝投手だった尾崎が、卒業して西鉄ライオンズに入ったものの、まったく芽が出ないまま三年で自由契約となり、ゴルファーに転向したというニュースはどこかで読んだ記憶があった。

私は、「日米対抗ゴルフ」と尾崎将司を書くべく大阪に行き、その試合の前日の夜に行われた前夜祭のパーティーから、試合終了後の記者会見までのすべてを取材した。それによって、ゴルフの試合におけるショットやパットの一打一打がどのようにゴルファーのスコアーに影響し、どのように勝敗を分けていくのかの構造がうっすらと見えてくるようになった。

面白くなった私は、さらにその翌日から、「日米対抗ゴルフ」で鮮やかな勝利を収めた尾崎将司の取材を開始した。彼の生まれ故郷である徳島の宍喰《ししくい》に行き、父母をはじめとする家族や、友人、知人らに片端から会っていき、福岡を経由して東京に戻ると、ゴルフ関係者の多くを取材し、最後に、若くして結婚した相手である夫人にインタヴューをした。すると、尾崎の人生が、どのようにあの「日米対抗ゴルフ」と深く絡み合っていたかの綾のようなものが見えてきたのだ。

そこから一気に書き上げたのが「儀式——ジャンボ尾崎、あるいはそれからの星飛雄馬《ひゆうま》」だった。それは「調査情報」誌上に「'72ジャンボ尾崎——あるいは、それからの星飛雄馬」とタイトルを変えて掲載されたが、いずれにしてもその作品は、自分がどのようなテーマに向かっていけばよいかまったくわかっていなかった駆け出しのライターに、二つの方向性を指し示してくれることになったのだ。

ひとつは、さまざまな世界に生きている私と同世代のヒーロー、フロント・ランナーを描くということであり、もうひとつは、勝負の世界、スポーツの世界を描くということだった。

やがて、第一の方向性のものとしては連作集の『若き実力者たち』が生み出されることになり、第二の方向性のものとしては短編集の『敗れざる者たち』が編まれることになった。

連作集の『若き実力者たち』は、「月刊エコノミスト」という雑誌に一年間連載したものだったが、短編集の『敗れざる者たち』はいくつかの雑誌にバラバラに発表されたものだった。だから、それらを書く契機もひとつひとつ異なっていた。

二十年近く前、私は、自分が書いたノンフィクションの作品群をまとめて「沢木耕太郎ノンフィクション」という九冊に及ぶ作品集成を出したことがある。

その際、長編だけでなく、短編にも、その作品がどのような契機で書かれることになり、何という雑誌に掲載され、誰が編集者として担当してくれたかというノートを付した。『敗れざる者たち』の諸短編は第一巻と第五巻に収録されたが、もちろん作品の前にそれぞれのノートが付された。

それをここに掲げれば、以下のようなものになる。

＊

「クレイになれなかった男」についてのノート

この六十枚ほどの原稿を書いた時、それが自分にとってどれほど重要なものになるかわかっていなかった。実人生の上でも、作品の上でも、主人公であるカシアス内藤とはこれ以降も長い付き合いを続けることになる。

もし、この「クレイになれなかった男」を、私とカシアス内藤との関わりの第一部とするなら、「一瞬の夏」は第二部ということになるだろう。そして、「リア」は、第二部のエピローグであると共に、やがて書かれるだろう第三部のプロローグでもある。

仮に「冬の戴冠《たいかん》」と名付けられた第三部を構成する出来事はすでに終わっている。「一瞬の夏」から十年が過ぎたある年の冬、私たちの前に、ひとりの若いボクサーが現われ、去っていった。

いまは、もしかしたら第四部として書かれることになるかもしれない困難な現実に巻き込まれ、悪戦苦闘しているところだ。

これは一九七三年に「調査情報」九月号に掲載された。担当してくれたのは、例によって今井明夫、宮川史朗、太田欣三の三氏である。

「三人の三塁手」についてのノート

私の少年時代のヒーローはやはり長島茂雄だったと思う。東京に生まれ育ったということが大きかったのか、誰に言われるまでもなく自然とジャイアンツのファンになっていた。特に川上哲治が好きだったという記憶はないが、新人として登場するやすぐにその四番の座を脅《おびや》かすことになった長島茂雄が嫌いだった。ところが、気がつくといつのまにか長島のファンになっており、彼の選手としての晩年に王貞治が四番の座を脅かしそうになると、かつての川上の時と同じように王貞治をちょっとだけ憎んだりした。

成長するにしたがって、以前ほど熱い気持でジャイアンツの試合を見ることはなくなっていた。

長島は一九七四年に最後のシーズンを送るが、私はそのシーズンの長島をまったく見ていない。日本を離れ、長い旅に出ていたからだ。帰ってきて、長島の引退のセレモニーを映像で見たが、特に心を動かされるようなことはなかった。しかし、長島がそのままジャイアンツの監督になり、テレビのキャンプ情報などでその姿を見ているうちに、彼について書いてみたいなという気持が湧き起こってきた。

そのとき考えついたのが、長島茂雄を「書かないで、書く」という方法だった。

これは「調査情報」の一九七五年五月号に掲載され、編集者としてはそれまでと同じく主として太田欣三氏が担当してくれた。


「長距離ランナーの遺書」についてのノート

東京オリンピックのマラソンで銅メダルを獲得した円谷幸吉《つぶらやこうきち》を書くことはかなり早い時期から考えていた。「若き実力者たち」が十二回の連載を終えたとき、それを掲載してくれていた「月刊エコノミスト」の編集長だった高守益次郎氏から、ひと休みしたら新しい連載を考えてくれないかと頼まれた。

そこで想を練り、新たなシリーズをいくつか考え出したが、そのひとつに「夭折者《ようせつしゃ》列伝」というのがあった。

第二次大戦後に夭折した十二人の若者を描く。それまで、ジャーナリズムに夭折者として取り上げられるのは、文学者や左翼的な学生運動家や時代を象徴する犯罪者に限られていたが、私の「夭折者列伝」には右翼やスポーツマンなども含まれることになっていた。自死した円谷幸吉もそのリストの中に入っていたのだ。

残念ながら「夭折者列伝」は私が外国へ出て行ってしまうことで実現しなかったが、リストにあった人物は、日本に帰ってきてから単独の作品として描かれることになった。やがて書くことになる「ジム」の大場政夫も、私にとって初めての長編となった『テロルの決算』の山口二矢《おとや》も、本来は「夭折者列伝」に含まれたかもしれない人物だった。

これは一九七六年の「展望」四月号に掲載された。担当の編集者は間宮幹彦氏だった。

「イシノヒカル、おまえは走った!」についてのノート

私はそれまで競馬について多くを知らなかった。知識がないだけでなく、興味もなかった。だから、「調査情報」の編集部から日本ダービーに出走する予定のイシノヒカルという馬を書いてみないかと言われたときは驚いた。馬を書く？　だが、彼らと酒を呑みながら話を聞いていくうちに、いつしか私もイシノヒカルという馬に興味を覚えるようになっていった。

書いてみようかなと言うと、では厩舎《きゅうしゃ》に住み込んでみないかと言う。了解すると、もう話はつけてあると言うではないか。こうして私は、まさに「あっというまに」東京府中にある浅野厩舎に住み込むことになった。イシノヒカルはその浅野厩舎に預託されている馬だったのだ。

イシノヒカルはこのダービーに出走したあと、秋の菊花賞と年末の有馬記念を制し、年度代表馬の栄誉に輝くことになるが、もちろんこのときにはそのような未来はわかっていない。イシノヒカルは、血統のあまりよくない、しかし末脚の鋭い一頭の関東馬にすぎなかった。

担当の編集者は、今井明夫、宮川史朗、太田欣三の三氏だったが、このときもまた、なかなか書き上がらない原稿を太田氏が忍耐強く待ってくれた。

「さらば 宝石」についてのノート

この作品は一九七六年の「オール讀物」三月号に掲載された。

ちょうどこの頃、ノンフィクションが一種の「興隆期」を迎えていたということもあったのだろう、「オール讀物」の茂木一男氏から原稿の依頼があった。あるいは、そういった時代の流れとは関係なく、『若き実力者たち』を単行本化してくれた同じ出版社の新井信氏から、何か書かせてやってくれないかと頼まれた結果だったかもしれない。いずれにしても、小説の雑誌にノンフィクションを書くということに興味を抱いた私は、喜んで書かせてもらうことにした。

当時、私には気に掛かっているひとりの野球選手がいた。彼は長島と同じ背番号3をつけていた巧打者だった。その意味において、これもまた、「三人の三塁手」と同じく、長島を「書かないで、書く」という作品になるはずのものだった。ところが、取材を続けていくうちにその主人公が放っている昏《くら》い光に引き込まれ、最初の意図とは大きく異なる作品に変化していった。そして、これを書き上げたとき、『敗れざる者たち』という書物のタイトルが浮かんできたのだ。

「ドランカー〈酔いどれ〉」についてのノート

先に書いた「さらば宝石」は、掲載された「オール讀物」の目次では熱血読物という枠でくくられており、他にもクラシックな書き方の格闘技の「名勝負物語」といったものが載っていた。

それを読んだある編集者から、私が書いたものよりそちらの方が面白かったという感想を聞かされて、そうかまだこういうものの方がいいと思われているのかと、ちょっぴり失望させられたものだった。

しかし、「オール讀物」の茂木一男氏からは続けて書いてくださいという申し出があり、大いに励まされて書いたのがこの「ドランカー〈酔いどれ〉」だった。

それ以降も、さまざまなスポーツの試合を見ているが、このときの輪島功一と柳《ユ》済《ジェ》斗《ドウ》との一戦以上に心を熱くさせてくれる試合には、そう多く遭遇していない。

　これは一九七六年の「オール讀物」五月号に掲載された。

＊

　それにしても。

　第二の方向性のものとして、勝負の世界、スポーツの世界を描いた短編を一冊にまとめようとしたとき、なぜ『敗れざる者たち』というタイトルを持つものになっていったのだろう。

　それは、すべての発端となったはずの「儀式」が、どうして『敗れざる者たち』に収められなかったのか、という問いに結びつくかもしれない。

　もちろん、「儀式」は、『若き実力者たち』の一人として尾崎将司を取り上げる際、「巨象の復活」という一編の中に主要な部分を取り入れてしまったからということがある。しかし、かりにそうしたことがなかったとしても、「儀式」は『敗れざる者たち』に収められなかったかもしれないと思う。

　なぜか。

　考えてみると、もしかしたら、と思える理由がないこともない。

　私には、小学生の頃に見たプロ野球の試合の中で、長島茂雄のサヨナラ・ホームランと並んで、いまでも鮮やかに記憶しているシーンがもうひとつあるのだ。

初秋の土曜日の午後、父に連れられて川崎球場に行った。

その日、デーゲームに予定されていたのは東映フライヤーズと大毎オリオンズの一戦だった。

当時のパ・リーグは、人気という面における暗黒時代だったため、福岡に熱狂的なファンを持つ西鉄ライオンズを除くと集客に苦労していた。しかし、それだけでなく、その試合がペナント争いに関係のない、一種の消化試合だったこともあって、川崎球場のスタンドには観客がまばらにしかいなかった。

試合は投手戦になり、互いに無得点のまま推移していたが、終盤、フライヤーズが一死三塁という好機を作った。

オリオンズの投手はサウスポーの荒巻淳。メガネを掛けた細身の体で、大きなカーブと絶妙のコントロールで凡打の山を築いていたが、その回、ついに初めてピンチらしいピンチを迎えることになったのだ。

しかし、荒巻はまったく動揺した様子もなく、淡々とピッチングを続けているように私には見えた。

と、次の打者が、何球目かに、突然、バントをした。

スクイズだ。

勢いを殺されたボールは、三塁とピッチャーズ・マウンドのあいだに転がる絶妙のゴロになった。

三塁ランナーは猛然とスタートして本塁に突入した。

次の瞬間、荒巻は素早くピッチャーズ・マウンドを駆け降りると、右手にはめたグラヴでボールをキャッチし、そのまま捕手にトスをした。

グラヴ・トスをしたのだ。

捕手は、ボールを受けたミットを、滑り込んでくるランナーにタッチした。

きわどいタイミングだったが、審判の判定はアウト！

そのあとの細部はよく覚えていない。鮮やかなグラヴ・トスと、直後の荒巻の何でもなかったかのような自然な姿が強い印象として残っているだけなのだ。

そして、やはり、このときも、私はこう思っていたような気がする。

――こんなことがあるんだ……。

ピンチにおいて少しも動じることなく職人的な技能を正確に発揮する。当時の私にそんな言葉は思いつかなかっただろうが、その荒巻の姿はどこか「涼しげ」で、カッコよかった。

ただ、秋の太陽が傾いていき、マウンド上の荒巻の影がしだいに長くなっていくのを見て、なんとなく物寂しく感じていたことを覚えている。それは、消化試合のグラウンドに漂う「陰」の気配を、子供心に感じていたせいかもしれなかった。

満員の後楽園球場において、まばゆいばかりの照明を浴びながら、天皇と皇后を迎えてのジャイアンツとタイガースとの「伝統の一戦」で放たれたサヨナラ・ホームラン。一方、観客もまばらな川崎球場において、秋の夕陽を浴びながら、フライヤーズとオリオンズとの消化試合で披露されたグラヴ・トス。たぶん少年の頃の私は、長島の劇的なサヨナラ・ホームランに興奮すると同時に、荒巻の職人的なグラヴ・トスに強く惹かれる心性を持っていたのだろう。そして、二十代になってライターとして勝負の世界、スポーツの世界を描こうとしたとき、あのときの川崎球場を覆っていた「陰」の気配に感応する心性が前に出てきたのかもしれないと思う。

確かに、尾崎は野球の世界で芽は出なかったが、ゴルフの世界で華麗な花を開かせることになる。とりわけ、「日米対抗ゴルフ」に勝利したあとの尾崎の活躍には目覚ましいものがあった。まさに「敗れざる者」そのものだった。

尾崎は、その魅力的な笑顔に象徴されるような「陽」の世界の代表的な存在になっていった。だが、私が「書く」ものとしての勝負の世界、スポーツの世界に惹かれていったのは、たぶんそれが持つ「陰」の部分であり、戦う彼らが、あるいは戦ったあとの彼らが、グラウンドやトラックやリングに落とす長い「影」だったように思える。尾崎は、私の「敗れざる者たち」ではなかったのだ。

そして、私が二十八歳で『敗れざる者たち』というタイトルの本を出したとき、それは単に私のスポーツ・ノンフィクションの方向性を決めただけでなく、その後に書くことになる他のジャンルの作品の方向性をも導くものになっていた。

以後、私は、常に、地に長い影を曳く「敗れざる者たち」を書くことになっていったような気がする。

沢木耕太郎

解説　Cの想望

北野　新太

I

地下のバーに流れる音楽は、J・D・サウザーの「ユア・オンリー・ロンリー」からビリー・ジョエルの「オネスティ」に変わった。

カウンターの隣に座る沢木耕太郎の声は、騒がしい酒場の中で穏やかに聞こえた。

「僕はいつも相手と対等で在りたいと思い続けてきた。もちろん相手のことを好きになること。あとは……そうだね、相手に対して誠実であることかもしれない」

誠実という言葉が背後に響く歌の名前に重ねたものなのか、偶然の符合によるものなのかを、私は推《お》し量《はか》ることができなかった。

平成二十二年十二月二日、渋谷での夜。二十三時を回っていた。

彼は大切なことをいくつも教えてくれた。子供に読み聞かせた絵本のこと。高倉健に宛てた脚本のこと。ロバート・キャパが残した謎のこと。私が少し前にした羽生《はぶ》善治へのインタビューで『深夜特急』の話になったと伝えると、彼は静かに笑った。

ふと井上陽水の話題になった。

「一昨日会ったんだ。お互い歳を取ったね、なんて随分と長く懐かしい話をしたよ」

ふたりの出会いが描かれた作品を思い出した私は「初対面の井上さんに向かって、なぜ、興味がない、なんて言えたんですか？」と聞いた。

「若かったし、陽水なら面白がってくれるんじゃないかという僕なりの計算もあった」

私は前年のライヴで陽水の「積み荷のない船」を聴いていた。ドラマ「深夜特急」の主題歌はアンコールで語るように歌われた。

「僕との約束だったんだ。一度、コンサートで歌ってくれないかって。聴いたことがなかったんだ。僕が行った時も歌ってくれた。あの歌がすごく好きなんだ」

ステージでの陽水のヴォーカルを追想する。

積み荷もなく行くあの船は　海に沈む途中　港に住む人々に　深い夜を想わせて

深い夜、沢木耕太郎との約束――。少し酔いの回った意識の底で、私は五年前のことを思い出していた。

十七年夏、沢木とカシアス内藤へのそれぞれのインタビューで同じ質問をした。

「真っ白い灰に燃え尽きる『いつか』という刻《とき》を、あれから迎えることはできたのでしょうか」

二十五歳の沢木が「クレイになれなかった男」の終幕に書いた文章は、二十五歳になった私の心に再び反響していた。

人間には、燃えつきる人間と、そうでない人間と、いつか燃えつきたいと望みつづける人間の、三つのタイプがあるのだ、と。

望みつづけ、望みつづけ、しかし「いつか」はやってこない。内藤にも、あいつにも、あいつにも、そしてこの俺にも……。

十四歳の時に初めて読んでからずっと、何かを語り掛けてくる言葉だった。「あいつ」のリフレインの果てに俺もいるんだ、と十代の青さで考えていた。望み続け、望み続けても「いつか」のやってこない者として。

遠い月日が経過した後の答えを聞きたかった。

「E&Jカシアス・ボクシングジム」を開いた直後だった内藤は真新しいリングの中央に座ったまま言った。

「これが俺の目指したいつかだった。あとは自分の手で世界王者をつくること。それが俺の新しいいつか」

代表作になる『凍』を発表したばかりの沢木は少し考えた後で言った。

「うん……宿題にしとくね。でも、いずれは提出することを君と僕との約束にしよう」


音楽はスティーブン・ビショップ、ボズ・スキャッグスと移っていく。

あの時の約束を果たしてもらうには、うってつけの夜だと思った。

日付が変わる。時間がない。席を立つ前に、五年前の問いをもう一度投げ掛けた。

沢木は考えていた。不思議なくらい静かに、別れる前の時間は過ぎていった。

彼はI・W・ハーパーのストレートを折り目正しい手つきで口元へと運び、おそらくは歩んだ日々について思いを巡らせていた。

「……ふたりで目指したいつかには、ついに辿り着かなかった。そして僕自身も……いつかと思える刻を迎えることはできなかったのかもしれない」

返す言葉などどこにもなかった。

酔客の喧騒も、懐かしい音楽ももう聞こえなかった。

暖色の光がカウンターを照らしていた。

私は何も言えず、ただ彼の横顔を見つめた。

Ⅱ

『敗れざる者たち』は昭和五十一年、二十八歳の沢木耕太郎が発表した二冊目の著作である。同世代の先駆者たちを追った『若き実力者たち』から三年。初めてのスポーツノンフィクション短篇集として勝負の世界を生きる者たちの陰影を描いている。燃え尽きることなく翳《かげ》りゆくボクサー、英雄を頂点に運命を交錯させる三人の打者、夭折《ようせつ》する栄光の長距離走者、良血馬たちとの一度限りの決戦に臨むサラブレッド、戦いの舞台から降りてなお狂気を放つ名選手、無謀と嘲笑された挑戦へと疾走する元王者――。ヘミングウェイの短篇に重ね、沢木が「The Undefeated」と定義した主人公たちは孤独に屹立《きつりつ》しているようで、夜空に瞬《またた》く星座のようにひとつの世界を造形している。星々の光度は異なるが、集合体としての不思議な光を闇に浮かび上がらせている。

スポーツノンフィクションは経年への耐久性を厳格に問われる。ある勝負をめぐるレポートなら一年後より一週間後に読んだ方が迫真性は高いに決まっているからだ。ところが、刊行から四十五年が過ぎた今も本作には全く色褪せることのない力がある。一九七六年の読者に与えた夢を、二〇二一年の若者にも届けるだろう。経年はむしろ「不変」という付加価値に導く武器として機能している。

『敗れざる者たち』の個性はいくつかの角度から語ることができる。通底しているのは、書き手と主人公の青春が同時に描かれていること。大抵の場合において、スポーツについて書くことは青春について書くことと同義だが、本作では青春が併存し、時に交錯することで高純度の結晶のような何かを生み出している。

さらに、異なる競技を横断する短篇集という形式を支えるのはアマチュアの視点からプロフェッショナルを見ていること。リング上でのボクサーの技術を詳述する時でもなお、どこか専門性を表明しない姿勢が作品に普遍性をもたらしている。スポーツノンフイクションと窮屈にカテゴライズするより「スポーツに賭ける個の軌跡を描いたノンフィクション」と語る方が相応《ふさわ》しいだろう。

そして何よりも、沢木耕太郎の圧倒的な作家性である。対象の選び方、対象への関わり方、どのように取材するか、どのように自らがシーンを生きるか。得た素材を作品化する際の方法、構成、文体、文章、言葉。さらにタイトルやエピグラフ、あとがきに至るまで、二十代半ばの書き手が残したものは、以降の半世紀で多くのスポーツライターが挑み、届かなかった水準に到達している。将棋という勝負の世界を伝え、時にノンフィクションとして書いている四十一歳の私にとっては、少し信じ難い作品である。

読者は燃え尽きることのない自己を主人公たちに投影する。あるいは、たとえ真っ白い灰にならなくとも、信じた道で燃え尽きることを望む主人公たちに憧憬《しょうけい》を抱く。風変わりな読み手の中には「自分も書き手になってこんな物語を書いてみたい」と願うようになる者さえいる。私くらいかと思っていたが、スポーツの名を冠したメディアで過ごしてきた十八年間に、同類の同業者と数多く出会ってきた。『深夜特急』を読んで長い移動に焦がれ、本当に出発した多くの旅人たちのように。

令和二年十一月、沢木耕太郎に『敗れざる者たち』について聞いた。

彼は「まあ……そうだね、人を動かす力はあるのかもしれないね」と微笑した。

「当時、まだ先行例がなかったものを、という思いはあったのかもしれない。アメリカの『スポーツ・イラストレイテッド』に掲載されているようなノンフィクション、あるいはゲイ・タリーズがニュージャーナリズムで書いた作品を最初は翻訳で読んで、もっと読んでみたいなと思って原書も辞書を引いて訳してみた。するとね、僕が書きたいな、と思うものは原稿用紙にすると六十枚くらいは必要なんだな、ということが分かった。ゲイ・タリーズの短篇集『The Overreachers』もそれぞれ六十枚くらいで。日本の雑誌で一般的に求められるのは三十枚くらいだから、新しいものが生まれたとは思った」

走り始めた若いルポライターに勝負の世界という強烈なイメージを与えたのは、ルポルタージュ「儀式──ジャンボ尾崎、あるいはそれからの星飛雄馬《ひゅうま》」だった。後に「巨象の復活」として改稿され『若き実力者たち』に収録される作品である。

「本当に取材というのは面白いなと思えたし、尾崎将司さんの人生はとても面白かった。あとは自分と同世代の人を書く中で、自分には他の人には見えない面白さを抽出できる能力があるかもしれないと思えたことと、方法が手に入ったこと。彼の試合の流れの中で彼の人生について書いていくことで、極端なことを言えばもう何でも書けると思ったんだ」

「儀式」で手にした方法の力に導かれ、書かれたのが本作の「イシノヒカル、おまえは走った！」だった。沢木自身が今になっても「どうして書けたのか分からない」と振り返るのは、ラストシーンの「ひと塊りの黒い馬群が、四コーナーを回り切った」から「イシノヒカルは、長い直線を必死に走った。差はつまらない」までの十数行である。ある律動の中に馬群の蹄音と歓声が響いている。

「どうして書けたのか、という文章は少ないけれど、あのイシノヒカルの数行だけは書くことの不思議さを感じた。リズムと思いが籠《こも》って、あれ以前の僕にも、あれ以降の僕にも書けないものが書けた。何度か読み返したけど、心が高揚するものがあった。どうして書けたのかは本当に分からない」

　書き手の端くれとしては最後の夜のシーンも「どうしてこんな三行が書けたのか」と唸らされるエンディングである。「イシノヒカル」のみならず『敗れざる者たち』全六篇のラストセンテンスには沢木耕太郎の書き手としての神髄が表出している。物語を包括する余韻、残響であり、本を読む幸福の象徴に他ならない。

才能も個性も、将来の夢さえもなかった中学二年の時、沢木の『一瞬の夏』を偶然読み、何かと出会えた気がした。誰かと会い、話を聞き、書くこと。こんなふうに生きることが出来たら、と初めて思えた。

片端から著作を追った。沢木耕太郎という人は、今までの自分が知り得ていた世界、あるいは想像し得た世界にいる誰とも似ていなかった。会いたい人に会うこと。行きたい場所に行くこと。書きたい何かを書くこと。誰とも群れず、何にも属さず、しかし、あらゆる世界や人々と柔らかく繋《つな》がっている。私立探偵のように何らかの発端を得て、人や出来事に深く関わり、ある時間を共に過ごし、去っていく。何かが残れば作品として発表する。

人より先に一報を伝えるためでもなく、論客を論破するためでもなく、政権を打倒するためでもなく、無限の自由の中で行動し、脳裏に浮かぶ地図を燃やしながら移動する。最高の試合を目撃し、酒場で誰かから何かを学び、異国のバスに乗って車窓の風景を眺める姿は生きる上での最良のモデルに映った。私は時々、想像するようになった。今、自分が生きている瞬間、世界のどこかを旅している書き手の存在を。級友たちがアスリートやアーティストを想うように。

Ⅲ

大学三年になり、どこかへ向かって歩き始めたいと思った。バスケットボール部を辞め、講義は全て欠席した。「SWITCH」編集部に何度も履歴書を送り、アルバイトとして日夜働くようになった。私にとって「SWITCH」は夢の雑誌だった。編集部員が対象と並走し、共に旅をした成果としてのロングインタビューを美しい誌面で表現していた。沢木耕太郎を追い続けている雑誌でもあった。

編集部に赴いた初日のこと。編集長の新井敏記に「君は誰にいちばん会いたいの？」と聞かれた。「沢木耕太郎さんです……」と正直に告げると「じゃ、これから沢木さんへのお使いはお前が行けよ」と笑顔で言われた。えっ、と思った。何の気なしに言ってくれたであろう言葉だったが、私には新しい可能性への開示として聞こえた。自分は昨日まで生きてきた場所とは明らかに異なる世界に半歩足を踏み入れたのかもしれない、という確かな感覚があった。

当時はまだフィルムカメラが中心の時代で、現像所でプリントされた写真を各所に届けるのが任務のひとつだった。スイッチ・パブリッシングが出版した沢木の写真集『天涯』に関連する写真を抱えて、何度も駒沢大学駅前の喫茶店に行った。

目の前に沢木耕太郎がいるという体験は二十歳の私にとって革命的な出来事だった。当然、通常のお使いは「御苦労様」で終わるが、彼だけはいつも学生アルバイトのためにコーヒー一杯分の時間をくれた。私は彼が聞く価値のある話など何ひとつ持ち合わせていなかったが、相手をしてくれた。今夜の天気はどうか、次号の特集は誰が飾るのか、私がどのような夢を抱いている若造か。

現実の沢木耕太郎も、今まで会った誰とも似ていない人だった。年齢や性別、地位も立場も関係なく相手を受容し、肯定するような人だと思った。だからこそ、あのような作品の数々を生み出してきたのだと。


卒業後もライターとして編集部に残りたいと思っていたが、悩み抜いた末、辞めて就職することを決めた。私はどこかで怖かったのだ。あまりに凡庸な二十年を生きてきた人間が今までとは全く別の世界へと船出することが、どこかでずっと怖かった。


平成十二年十二月三十日、最終出勤日の夜。

校了を終えて静かになった編集部で、私は最後の訪問者を待っていた。

十九時を過ぎた頃、ノックの音に気付く。

「こんばんは」

沢木耕太郎がドアを開けた。

写真集『天涯』のサイン本をつくる作業だった。彼が署名していく扉のページに、私はインクが滲まないように一枚ずつ半紙を挟んでいった。銀色のフェルトペンで書かれていく「酒杯を乾して　沢木耕太郎」の文字を私は見つめた。

「さようなら。また来年もよろしく」

音を立ててドアが閉じられてから数秒後、破裂するような衝動が胸を襲った。

気が付くと、私は外へ飛び出して走り始めていた。

元麻布の方向に見える彼もなんと走っている。

「沢木さん！」

彼は何事かという顔で振り返った。

「どうしたの？」

「あの……僕、実は今日で辞めるんです。本当に有難うございました」

「ああ、そうなんだ……辞めちゃうのか」

「あの……でも、僕の夢は文章を書くことなので、これから頑張ります」

「そうか……ねえ、君は僕の仕事場の連絡先分かる？　年が明けたらどこかでコーヒーでも飲みながら話をしようよ」

　私は今でも時々、あの夜の一瞬のことを思い出す。

　あの時の沢木耕太郎の言葉と表情を。あの後、編集部まで全力で走った時のアスファルトの硬さ、頬に受けた冷気、高鳴り続けていた鼓動のことを。

Ⅳ

『敗れざる者たち』について考える時、背景に見据えたいのは旅との関わりである。沢木は「イシノヒカル、おまえは走った！」と「クレイになれなかった男」を発表した後の昭和四十九年、後に紀行『深夜特急』として発表するユーラシアへの一年に及ぶ旅に発っている。作品化する際、大きな役割を担うことになる金銭出納帳の片隅に書いたのが「敗れざる者」という文字だった。

当時、まだスポーツノンフィクションというジャンルは確立されていなかったが、勝負の世界を巡る物語のみで短篇集を編むイメージは異国での移動中に構想されていた。

帰国後、立て続けに発表された「三人の三塁手」「さらば　宝石」「長距離ランナーの遺書」「ドランカー〈酔いどれ〉」は、旅人がラワール・ピンディーやイスファハンの安宿の夜に夢想した何かの結実だと思うと、本書の読み味はより重層的なものになる。

ボクシングをテーマにした「クレイ」と「ドランカー」を読み比べた時、書き手が纏《まと》う空気にはわずかな変化があるように映る。後者では、旅を終えた青年が精悍な強度を手にしているように私には思えるのだ。

『敗れざる者たち』を経た沢木耕太郎は、若い書き手としての絶頂期を迎えることになる。わずか二年後の昭和五十三年、山口二矢《おとや》による浅沼稲次郎暗殺事件をニュージャーナリズムの手法で描いた初の長篇『テロルの決算』を発表する。さらに昭和五十六年には、その後のカシアス内藤と並走しながら「見たもの以外は書かない」私ノンフィクションのスタイルで書いた長篇『一瞬の夏』を刊行する。いずれも、本書の過程で力を手にしたライターが「方法の冒険」に挑み、辿り着いた作品である。テーマも技法も異なるが、出発点は『敗れざる者たち』での格闘にあった。

長い歳月の中で沢木作品を読み続けると、あることを思うようになる。ノンフィクション、エッセイ、紀行、小説、写真、絵本とあらゆる表現を横断し、連動しながら、彼は「沢木耕太郎」という名の長篇を書き続けているのではないか、と。

「そのようなイメージが僕にもある。沢木耕太郎という人生を生きる中で関わった人や事象について文章にする。でも、文章にすれば完結してしまうのではなく、僕の人生に人や事象は存在し続ける。数十年でも影響を受け続けて、影響を与え続けているのかもしれない。そのような人や事象について、もしかしたら新しい作品は生まれないかも知れないけど、生まれるかもしれない。関わってさえいれば、いつも『今』なんだと思うんだ。どんなに古めかしい関係でも。強引な主張なんだけどさ。カシアス内藤君にしても、息子の律樹にも僕は関わっていく。すごく大きな物語から派生している物語だから、どんなふうに決着がつくかは現実だから分からないけど」

連動性の志向は、例えば『敗れざる者たち』のエピグラフにも表明されている。

「あっしは闘牛士なんでさ」

と、マヌエルは言った。

A・ヘミングウェイ

勝負の予兆を鮮やかに想起させる短文のスタイルは、平成元年に刊行されたスポーツノンフィクション短篇集の第二作『王の闇』に継承されている。


「わたしにあって、あなたにないもの」

道化が王に謎をかけた。

B・セルバンテス

十三年の時間を繋ぐ三行に隠した秘密を、沢木は明かしてくれた。

「ヘミングウェイはErnestだからE・ヘミングウェイとするべきなんだけど、引用する時にちょっと語呂が悪いな、と思ったので文章を少し弄《いじ》ったんだ。僕が勝手に弄ったわけだから、EではなくAとした。あえてAとしたのは、これから次々と書いていくであろうスポーツノンフィクション短篇集の一作目であることを示そうと思ったから。『王の闇』に書いたものはセルバンテスの引用ですらなくて、ありもしない文章を僕が勝手に書いた。セルバンテスはMiguelだから全然Bじゃないよね。だから二冊目という意味のBなんだ。当初は次々とスポーツノンフィクションの短篇集を発表していくつもりだったからC・誰々、D・誰々と出していけば、ああそういうことか、と分かってもらえるなと思っていたけど、僕の関心が長篇に向いていったこともあって、AとBだけで止まってしまったんだ」

『王の闇』が世に出て三十二年が経過してもなお、読者は続篇の予感を抱く。

「もしかしたらCは存在しないかもしれないけど、あり得るかも知れない。ちょっとDはないかもしれないけど、Cはあるかもしれないと思ってる。だからA・ヘミングウェイという不思議な名前を通します。もちろん、短篇集を出すくらいの材料は現時点でもあるけど、古いままの作品を集めてもしょうがないから、新しいものを一本でも付与できるなら出してもいいかもしれないね。どこかでまだCはあり得るかもしれないって思ってるんだ」

エピグラフの一文字を通巻のノンブルにする発想は、エッセイ集『ポーカー・フェース』収録の一篇「ゆびきりげんまん」の中でも記しているが、実は同書のタイトルにも沢木らしい仕掛がある。

「当然、本来なら『ポーカー・フェイス』だよね。でも、同じようなスタイルのエッセイ集はナカグロを挟んで前後に音引きがある形で揃えたかった。どうでもいいようなことだけど」

第一作は『バーボン・ストリート』、第二作は『チェーン・スモーキング』。つまり

「ー・ー」のルールを継がせているのだ。

『敗れざる者たち』の最後を飾る傑作「ドランカー〈酔いどれ〉」は『王の闇』において、同じく輪島功一を追った「コホーネス〈胆っ玉〉」という対の続篇を得る。

カシアス内藤との発端の作品「クレイになれなかった男」は代表作『一瞬の夏』に繋がる。内藤は沢木のキャリアの中で無二の対象になっていく。

「駄目な奴だなあ、とどれだけ思っても、手を差し伸べる時があったとしても、彼は一人きりでリングに向かっていく。僕とは隔絶された世界に向かっていく人に対する敬意がある。彼には何かが欠けていた。でも、欠けている彼は僕でもある。燃え尽きることのできない彼は僕なんだと思ったんだ。あの『いつか』は何らかの経験を得たり努力して辿り着ける『いつか』ではないと思う。青春の時代に輝く幻のような何かかもしれない。多くの人は手に入らないけど、稀に手にする人もいるよね」

カシアス内藤を巡る物語には、未刊の続篇『冬の戴冠』が眠っている。

「句読点を打てる時が来たら書く必要があると思っているし、書きたいと思っている」

V

令和二年十一月二十一日、後楽園ホール。

東洋太平洋スーパーライト級タイトルマッチ十二回戦は沈黙の中で行われた。

見えざる敵の脅威も漂う会場で、マスク姿の観客はリング上への賛辞を歓声ではなく拍手で表現した。カシアス内藤が釜山《プサン》で聞いた群衆の叫びも、輪島功一が両国で聞いた狂熱もなかった。

王者の内藤律樹は挑戦者の同級四位・今野裕介を初回から翻弄《ほんろう》する。父と同じサウスポーのボクサーファイターは精巧な技術者を思わせる戦いを貫いた。

七回、今野がアクシデントに襲われる。左肩を故障してガードを上げられない。リングに沈める好機を得た王者だったが、一発の右を警戒してインファイトには持ち込まない。九回終了後、続行不能と判断されるテクニカルノックアウトで内藤は四度目の防衛を果たした。敗北の可能性を徹底的に削《そ》いでいった完璧な勝利だった。

私は想像した。もしリングサイドにいたなら、エディ・タウンゼントは「殺すのよ！」と叫んだだろうか。二十五歳の沢木耕太郎は「やれよ！」と夢を託しただろうか。あの静寂の戦いを、沢木ならどのようなスタイルと言葉で書くだろうかと。

沢木耕太郎は「夢の作家」である。

ノンフィクションの系譜の中では「方法の作家」と語られる。正確な評価だろう。彼が続ける「スタイルの冒険」はノンフィクションの持つ可能性を拡げている。

でも、とも思うのだ。「方法」という個性の前には「夢」があるのだと。

沢木耕太郎は自分の夢を生きる。そして人に夢を与える。

『敗れざる者たち』の物語は続いている。
私は『冬の戴冠』を、そして「C」の短篇集を想っている。
望み続け、望み続け、やってくる「いつか」のノンフィクションとして。

（報知新聞記者）

引用出典

146-147頁）「武田節」（1961） 作詞・米山愛紫 作曲・明本京静

329頁）「積み荷のない船」（1996） 作詞・井上陽水

作曲・井上陽水／浦田恵司

単行本　一九七六年六月　文藝春秋刊

本書は一九七九年九月に小社より刊行された文庫の新装版です。
「沢木耕太郎ノンフィクション」第I巻、第V巻を底本としています。

DTP制作　エヴリ・シンク

文春文庫

敗《やぶ》れざる者《もの》たち

定価はカバーに
表示してあります

2021年2月10日　新装版第1刷
2021年9月15日　第2刷

著　者　沢《さわ》木《き》耕《こう》太《た》郎《ろう》
発行者　花田朋子
発行所　株式会社 文藝春秋

東京都千代田区紀尾井町 3-23　〒102-8008
TEL 03・3265・1211㈹
文藝春秋ホームページ　http://www.bunshun.co.jp

落丁、乱丁本は、お手数ですが小社製作部宛お送り下さい。送料小社負担でお取替致します。

印刷・凸版印刷　製本・加藤製本　Printed in Japan
ISBN978-4-16-791650-3

（　）内は解説者。品切の節はご容赦下さい。

近藤紘一
サイゴンのいちばん長い日
目前に革命政府軍側の戦車が迫っていた。南ベトナム政権が消滅する瞬間を目撃した数少ない記者の一人が、混乱の只中で見た戦争の国に生きる人間の悲しみとしたたかさ。（福田隆義）
こ-8-3

五味洋治
父・金正日と私　金正男独占告白
故・金正日総書記の長男でありながら、祖国を追われ、海外を放浪するプリンスの肉声を、世界で初めてスクープした新聞記者による衝撃の書。インタビュー7時間＋メール150通！
こ-45-1

沢木耕太郎
テロルの決算
十七歳のテロリストは舞台へ駆け上がり、冷たい刃を老政治家にむけた。大宅壮一ノンフィクション賞受賞の傑作を、初版から三十年後、終止符とも言える「あとがき」を加え新装刊行。
さ-2-14

沢木耕太郎
キャパの十字架
史上もっとも高名な報道写真、「崩れ落ちる兵士」。だが、この写真には数多くの謎が残された。キャパの足跡を追ううちに、明らかになる衝撃の真実とは。司馬遼太郎賞受賞。（逢坂　剛）
さ-2-19

沢木耕太郎
キャパへの追走
多くの傑作を撮影したロバート・キャパ。故国ハンガリーを出てからインドシナで落命するまで、その現場を探索し、著者自らの写真により克明に追跡する。（田中長徳）
さ-2-20

佐々淳行
平時の指揮官　有事の指揮官　あなたは部下に見られている
バブル崩壊以後、国の内外に難問を抱え混乱がいまだ続く日本の状態はまさに〝有事〟である。本書は平和ボケした経営者や管理職に向け、有事における危機対処法を平易に著わした。
さ-22-6

佐々淳行
私を通りすぎた政治家たち
吉田茂、岸信介、田中角栄、小泉純一郎、小沢一郎、不破哲三、そして安倍晋三。左右を問わず切り捨て御免、初公開の「佐々メモ」による恐怖の政治家閻魔帳。（石井英夫）
さ-22-19

（　）内は解説者。品切の節はご容赦下さい。

佐々淳行
私を通りすぎたマドンナたち
女傑、淑女、猛女……。彼女たちとの出会いで、私は鍛えられた。政治家、実業家、女優など四十二人に及ぶ美女たちとの交遊録。「ミスター危機管理」、最後の告白。（石井英夫）
さ-22-20

佐々淳行
亡国スパイ秘録
日本の危機管理を創った著者がゾルゲ事件から瀬島龍三まで「佐々メモ」をもとに語るスパイ捜査秘録。各国のハニートラップ術や自身が受けたFBIでの諜報訓練も明かす。（伊藤　隆）
さ-22-21

坂本敏夫
元刑務官が明かす　死刑のすべて
起案書に三十以上もの印鑑が押され、最後に法務大臣が執行命令をくだす日本の死刑制度。死刑囚の素顔や日常生活、執行の瞬間……全てを見てきた著者だからこそ語れる、死刑の真実！
さ-44-1

佐々木健一
辞書になった男
ケンボー先生と山田先生
一冊の辞書を共に作っていた二人の男、見坊豪紀と山田忠雄はやがて決別、二冊の国民的辞書が生まれた。「三国」と「新明解」に秘められた衝撃の真相。日本エッセイスト・クラブ賞受賞。
さ-69-1

佐々木健一
Mr.トルネード
藤田哲也　航空事故を激減させた男
1975年NYで起きた航空機墜落事故。誰も解明できなかった事故原因を突き止めたのが天才科学者・藤田哲也。敗戦からアメリカへわたった彼の数奇な運命とは？（元村有希子）
さ-69-2

「少年A」の父母
「少年A」この子を生んで……
父と母　悔恨の手記
十四歳の息子が、神戸連続児童殺傷事件の犯人「少年A」だったとは！　十四年にわたるAとの暮し、事件前後の家族の姿、心情を、両親が悔恨の涙とともに綴った衝撃のベストセラー。
し-37-1

清水　潔
「南京事件」を調査せよ
戦後70周年企画として調査報道のプロに下された指令は、77年前の「事件」取材？　いつしか「戦中の日本」と現在がリンクし始めた。伝説の事件記者が挑む新境地。（池上　彰）
し-64-1